U0958487

融媒体影视传媒系列教材

媒介运营与管理

邹鸿泽　余俊彤　秦赛一　曾峥 / 编著

MEIJIE YUNYING
YU GUANLI

西南大学出版社
国家一级出版社　全国百佳图书出版单位

图书在版编目(CIP)数据

媒介运营与管理 / 邹鸿泽等编著. -- 重庆 : 西南大学出版社, 2022.3

融媒体影视传媒系列教材

ISBN 978-7-5697-0983-4

Ⅰ. ①媒… Ⅱ. ①邹… Ⅲ. ①传播媒介－运营管理－教材 Ⅳ. ①G206.2

中国版本图书馆CIP数据核字(2022)第016987号

媒介运营与管理

MEIJIE YUNYING YU GUANLI

邹鸿泽　余俊彤　秦赛一　曾峥　编著

责任编辑：刘　平
责任校对：张　丽
装帧设计：闰江文化
排　　版：瞿　勤
出版发行：西南大学出版社(原西南师范大学出版社)
地址:重庆市北碚区天生路2号
邮编:400715　市场营销部电话: 023-68868624
http: // www.xdcbs.com
印　　刷：重庆市国丰印务有限责任公司
幅面尺寸：170mm×240mm
印　　张：20.25
字　　数：342千字
版　　次：2022年3月　第1版
印　　次：2022年3月　第1次印刷
书　　号：ISBN 978-7-5697-0983-4

定　　价：58.00元

目录
contents

第九章　广告伦理及运营管理

第十章　媒介渠道管理

第十一章　媒介营销与市场价格策略

第十二章　媒介管理创新

前言
PREFACE

这是一本写在新时代新形势下的媒介管理工具书。从上面这一句话当中，应划出三个关键词：新时代、媒介管理、工具书。这是笔者基于对当前媒介生态的认识理解而得出的，也希望本书能够通过系统的归纳总结，对从事媒介运营与管理的专业人才起到参考借鉴作用。

2017年10月18日，习近平总书记在党的第十九次全国代表大会上郑重宣布中国特色社会主义进入新时代。至此，“新时代”成为热点词汇，它是对中国当前社会民生和经济发展状态的全新表述。2018年是中国改革开放40周年，回溯40年的历程，中国迎来了从富起来到强起来的伟大飞跃，中国的各项事业稳步推进并得以发展壮大，这当中也包括了传媒事业和新闻舆论工作。我们不难发现，当前媒介的周遭环境正在发生着日新月异的变化，人们获取信息的方式已经有了更多的选择，互联网、移动终端和移动支付的成熟应用，为传媒资源的运营和管理带来了新的挑战。中国互联网络信息中心(CNNIC)发布的第47次《中国互联网络发展状况统计报告》显示，截至2020年12月，我国网民规模为9.89亿，互联网普及率达70.4%，较2020年3月提升5.9个百分点。其中，农村网民规模为3.09亿，较2020年3月增长5471万；农村地区互联网普及率为55.9%，较2020年3月提升9.7个百分点。4G时代，支付宝、网购改变了人们的生活，移动新闻客户端如雨后春笋般诞生上线，抖音、快手等短视频应用被推上了媒介营销的风口。2020年，5G全面投入商用，它将会对人们的生活和整个传媒生态带来怎样的变革？可以预见，随着媒介技术的发展，区块链、三网融合等技术将逐步落地，媒介融合是一个必然趋势，并且传统媒介还在加速融合进程，它将成为干好新时代新闻舆论工作，赢得生存机会、助推媒介转型升级的重要抓手。

环顾过去的三年，媒介融合从形式融合走向了实质融合。中央电视台、中央人民广播电台、中国国际广播电台"三台合并"，标志性地组建成新的中央广播电视总台，部分省、直辖市级媒介组织挂牌成立了"融媒体中心"，城市台和县域级融媒体中心样板打造成型，随之而来的是对新时代、新形势下的媒介运营与管理工作的智力考验。

坚持全面深化改革和"三去一降一补"将是未来媒介发展的总体趋势。改革的浪潮席卷而来，传统媒介的转型升级将激发出其强大的生机和活力。接下来的媒介改革，一是将沿着事业单位企业化管理的路径稳步推进。二是加速向产业化发展。近五年来，"不务正业的媒体人"越来越多，跨媒介经营开始真正落地，如何建立高效的工作机制，将科学管理的精髓应用于媒介组织，这对媒介管理者来说是一个新的问题。三是媒介改革必将围绕消费升级释放红利、拉动增长，从而产生更多的机会，为高等院校莘莘学子的工作就业、学习深造提供新的机遇。

基于此，围绕新时代新形势和正在进行的媒介变革，笔者与本书的所有编者都本着实用的理念，从媒介运营管理的全栈思维出发，围绕媒介运营与管理的关键要素、关键指标系统归纳出了一些理论模型、实操方法，并引用了大量的工商管理、行政管理等领域的知识来丰富本书的内涵。但是，就媒介运营与管理的实操而言，它是一项浩大且系统化的工程，本书涵盖媒介组织、媒介战略、媒介受众、媒介产品、媒介内部运营、人力资源管理、广告管理及伦理、媒介品牌等及其管理观点、方法，但并不能面面俱到，也只能对新时代媒介运营与管理的核心内容进行重点阐述，其他的包括媒介财务管理、媒介资本运作等并未涉及。在本书的编撰过程中，重庆广电集团邹鸿泽老师负责全书绪论及第2章、第6章、第11章、第12章的编写工作，并独立完成全书的统稿，独立编撰约10.5万字；重庆师范大学余俊彤老师负责本书第1章、第8章、第10章的编写工作，并完成本书引用文献的整理，独立编撰10万字；重庆人文科技学院秦赛一老师负责第5章、第7章、第9章的撰写工作，独立编撰约8.5万字；重庆对外经贸学院曾峥老师负责第3章、第4章的编写工作，独立编撰约5万字。

著者学识浅陋，疏漏之处在所难免，恳请专家学者、媒介组织管理者等"大咖"斧正，多提宝贵意见，在此深表谢意！

邹鸿泽

2021年4月

绪论

INTRODUCTION

媒介运营与管理是一门相对复杂的交叉学科，被认为是管理学的延伸。一直以来，媒介管理的课程都属于传媒产业经济学的核心课程，主要是围绕媒介资源、关键要素等，结合管理思维以实现对媒介活动的协调、组织、实施、监督，从而达到科学管理的目的。

“媒介”一词，最早见于《旧唐书·张行成传》:“观古今用人，必因媒介。”在这里，“媒介”是指使双方发生关系的人或事物。其中，“媒”字，在先秦时期是指媒人，后引申为事物发生的诱因，而“介”字则一直是指居于两者之间的中介物或工具。在传播学意义上，所谓媒介，是指利用媒质存储和传播信息的物质工具。按美国著名传播学家施拉姆的见解，“媒介就是传播过程中，用以扩大并延伸信息传送的工具”。所以，本书研究的是信息传递的工具和能使它创造出最大价值的科学管理体系与方法。我们熟知的三大媒介——报纸、广播、电视，是本书研究媒介管理活动的主要对象，当然这是一个互联网时代，全书中也散落着一些互联网运营和管理的重要方法，比如用户中心论、扁平化管理等，方法论之间可以相互印证、相互借鉴。

在日常生活中，媒介运营不仅仅是对资源开发和运作手段的外化，也已经演变成了一项重要职业，不少企业为此设立了“媒介运营专员”这一重要工作岗位。但是，常常会有人把媒介运营与策划的工作混为一谈。实际上，运营的工作范畴要比策划宽泛很多，策划只是一个优秀运营者必须具备的核心能力之一，与数据统计、用户研究反馈等能力并驾齐驱。

管理是一项活动。媒介管理则是指媒介管理者协调、组织、领导和控制媒介员工的工作，充分利用媒介资源来达到既定的媒介发展目标的过程。其实，媒介管理与其他管理并没有本质上的差别，泰勒认为其核心都是科学管理的实践。说到科学管理,必须要提到"科学管理之父"——弗雷德里克·温斯洛·泰勒。泰勒对科学管理作了这样的定义,他说,"诸种要素——不是个别要素的结合,构成了科学管理,它可以概括如下:科学,不是单凭经验的方法。协调,不是不和别人合作,不是个人主义。最高的产量,取代有限的产量。发挥每个人最高的效率,实现最大的富裕"。这个定义,既阐明了科学管理的真正内涵,又综合反映了泰勒的科学管理思想。

科学管理理论经历了一个多世纪的实践与发展,至今不衰,并以此诞生了管理科学学科,也就是我们通常说的"管理学"。管理科学研究的则是人、事、果这三者及其它们之间的关系。

▶ 媒介运营管理的意义

随着经济社会的发展和科学技术的进步,我国的传媒事业及产业得到了迅猛发展。过去的20年,我国传媒领域异常活跃,报纸、广播、电视、互联网等媒体迅速发展,可谓百舸争流、百花齐放。近10年来,随着网络和智能手机的普及,我国已经迈入了网络时代,媒介运营与管理、体制创新和探索应接不暇。越是繁荣,媒介产业之间的竞争越白热化,媒介组织之间的优胜劣汰越频繁,这为媒介组织的运营与管理带来了巨大挑战。

媒介运营与管理不仅是管理科学的重要体现,对于传媒产业的发展也有着积极意义。

一是理论意义。近10年来,由于互联网技术愈发成熟,中国媒介生态发生了巨大变化,其发展的势头不减反增。网络媒介的方兴未艾对传统媒体的传播方式和经营管理模式都提出了挑战,这又不禁让人想起CTR(央视市场研究)总裁徐立军讲的一句话:"现在中国电视人遇到最大的困难不是颠覆性替代,也不是毁灭性的打击,而在于我们对自身能力的不认知。"这些年,学界和业界对于"电视将死""报纸即将消失"的观点从未停止探讨,可能在唱衰传统媒体的论调中,传媒人自己也未曾真正地去理顺自己发展的思路,还在以收视率、收视份额和GMV(指一定时期内的成交总额)等指标去定义市场价值。从"媒介融合"概念的提出,到融合工作进入实质阶段,我们看到:媒介融合将为市场数据的统计带来新的方法,我们应该对这个时代真实变化的媒介信息传播规律、媒介资源的开发、媒介运营模式和管理手段等进行整合,形成一套与时俱进的理论体系。

二是指导意义。媒介管理是管理科学的延伸,科学管理的手段可以为媒介经营管理者的具体工作提供案例借鉴,理论的梳理对于工作实践具有重要的指导意义，特别是在新时代新形势下，媒介融合后的采编工作体系、运营体系和管理体系都有待重新梳理。可以直接地说，报纸、广播、电视三大媒介融合不仅仅是采编业务和技术上的融合，还有人与事之间的融合，媒介边界或将逐渐消失，各自原有的工作模式将被打破，具体到原有的管理绩效和评定办法都将被重新改写。媒介融合后的时代，传统媒介是否走向互联网扁平化管理还难以预料，但是依靠科学合理的运营媒介资源、创新管理手段激发市场活力，提升工作热情肯定是未来媒介生存的不二法门。

三是现实意义。当前媒介融合正处于初步过渡期，但是传统媒介已经体现出将“内容”与“运营”并重的趋势，管理人才的极度匮乏，导致媒介组织转型升级相对乏力。过去20年，三大媒介储备的人才多以内容采编与制作为主，他们的确是输出了大量的优质内容，但是当传统媒介到了“生死攸关”之际，“运营至上”被重视起来以后，传统媒介会发现人才结构相对单一，需要引入运营与管理类人才激发新动能。管理可以触及媒介日常经营活动的方方面面，系统学习这门课程有助于对媒介的日常运作有一个全面且科学的认识。有句俗语说，“不想当将军的士兵，不是好士兵”，这不仅是一句团队激励、人才培养的宣讲口号，还是对进入媒介运营与管理岗位的专业人才成长路径的描述。所有的基层人员都有机会晋升到更高的职位，一个优秀的管理者除了业务精湛外，还应该具有一定的管理水平和理论水平，那么从现在开始系统性地学习媒介运营与管理这门课程，就可以为以后的晋升奠定基础。

▶ 媒介运营管理的研究方法

媒介运营管理主要研究的是“人”以及其所对应的权利义务关系。媒介运营与管理是一项具体的“事”，需要研究做事的方法，以及媒介运营与管理的客观规律。媒介运营与管理系统总是以结果为导向，不同人由于所处环境的不同，做出的决策不同，产生的结果自然不同，所以“果”也是媒介运营管理研究的重要内容。

（1）媒介组织。人们把大众传媒实施信息传播的机构理解为媒介组织，比如报社、电视台、电台、网站等，是一个明确的社会实体。媒介组织就是研究媒介运营管理的“人”的规范称谓，而在管理科学中，我们研究的不仅仅是媒介组织机构，还包括媒介组织的设计、结构、特点以及媒介组织的生态环境等。本书中，编者把媒介组织的概念、结构、设计等基本知识归纳为一个章节，将媒介组织的所处环境及其分析方法作为另一个重要篇章。

(2)媒介受众与市场。当前媒介生态发生了明显的变化,媒介与受众再不是“你播我看”的简单关系,我们熟知的“用户中心论”对于研究当今媒介与受众之间的关系、特点都有着重要的意义,而受众需求和用户偏好直接影响着媒介商品的市场价值。当前媒介市场呈现出产业化、细分化、区域化、行业化等特点,不同媒介所形成的媒介市场与社会发展的进程高度同步,媒介组织面向市场提供的产品已经不局限在文化服务和信息服务,还包括功能化、场景化、个性化的其他公共服务。

(3)媒介资源。资源是媒介组织面向市场竞争的利器,狭义的媒介资源特指版面、时间等,而广义的媒介资源就包括了广告资源、节目资源、知识产权、人力资源、受众资源等,资源的整合有利于媒介产品的研发和集中变现。在媒介运营中,资源的调配是一门大学问,资源的整合和合理配置应紧密围绕媒介组织的竞争战略。因此,媒介资源的整合和竞争战略应该是媒介组织顶层设计中非常重要的举措,不同媒介开掘资源的手段不同,释放的媒介红利也有很大的差别。

(4)媒介体制。体制常常与另外一个重要的词语——“机制”联系在一起,媒介组织内部之间的联系就是靠体制与工作机制来维系,使得整个庞大的媒介生产单元和营销运营单元各自独立运行,彼此之间又有着工作上的衔接。近几年,媒介组织体制机制在改革中不断优化和完善,越来越多的媒介组织完善了法人治理结构,选择直接面对市场竞争。体制机制的“破”与“立”对提升效能、影响力、传播力都有很大的助益。没有一成不变的媒介体制,只有适应时代的发展变化,不断深化体制机制改革,才能激发媒介组织内部的生产活力。

(5)媒介战略。战略是媒介组织对参与市场竞争做的总体设计,一个成熟的媒介组织对于战略的规划应该非常清晰,媒介战略既包括了顶层设计的总体战略,也涵盖了业务战略、栏目(部门)战略。如果按照时间的长短划分,可以梳理出短期战略、中期战略和长期战略;如果按照战略类型划分,又可以梳理出竞争战略、紧缩战略。对于不同的媒介产品应该采取不同的战略和实施手段,实现对媒介资源的最大化利用,让产品找到具体抓手,稳步推进媒介组织的渠道生态化、内容产业化。

(6)人力资源。早在二十世纪就广泛流传着一种说法,“二十一世纪的竞争是人才的竞争”,人力资源是最重要且最为宝贵的资源,是催生企业创新的关键要素。随着我国媒介产业的快速发展,人才结构正在不断优化,媒介的人才需求不仅仅停留在记者、编辑、主持人等岗位上,近几年传统媒介也释放出一些媒介运营策划、新媒体运营等岗位需求，各个岗位所对应的管理与激励机制各有不同。不管岗位需求如何变化，科学完善的激励机制是留住人才和激发人才创新活力的重要抓手。本书的读者群是即将走上管理岗位的专业性人才，在他们的身上还呈现出其他的专业技能，可以说是“一专多能”的应用型人才。本教材将人力资源的管理作为一个重要章节，围绕媒介生产规律细述了人力资源在媒介组织中的运用，特别是针对广播电视媒介总结了播音员主持人的管理与评价，这一部分内容是应国家广播电视总局（简称广电总局）加强宣传工作和重要岗位的管理而特别编撰的。

（7）媒介品牌与营销。内容、版面等都是媒介产品，在本书中编者系统归纳了媒介产品的类别和属性，产品都应该具备市场竞争的品牌属性，它应该具备关联度、认知度、美誉度，等等。本教材围绕媒介品牌的打造、品牌营销管理做了一个章节的梳理，并罗列了大量的我国媒介营销和品牌打造的案例，以点带面地总结了当前媒介品牌管理的常见手法。

▶ 融媒体时代媒介运营管理的思路

媒介融合带来的直接影响是渠道生态化，对于解决单一媒介影响力下滑的问题的确是一剂良药。然而，融合之后媒介组织内部更加庞大，管理难度加大，产品种类增多，这为原来就疲于应付媒介运营管理工作的媒体人带来了新的问题。所以，媒体需要创新一些管理手段，去刺激原来的经营主体和具体的责任人，从而推动媒介融合后的大船朝着正确的方向前行。编者认为，未来媒介的运营管理需要解决几个核心问题，恰好这些点也是创新的方向：

一是媒介的功能化、服务化、产品化。过去的十年，中国互联网产业快速崛起，网络产品层出不穷，从支付宝、微信、滴滴打车到美团外卖，一批极具功能性、服务性的产品伴随着4G的成熟稳定，逐步改变了人们的生活，一个新的工作岗位进入了人们的视线——产品经理。这是一个极具时代感的职位，不仅要对产品的功能、运营、策划、用户习惯、数据等进行科学合理的监测规划，还需要围绕产品战略部署、市场定位等开发新功能。在传统媒介的运营管理中，我们需要适时地引入产品经理和产品思维，优化我们产品使之与时代一同快速迭代。这或许会对新时代媒介产品价值提升，优化用户结构和改善用户体验起到很大的作用，这样的媒介产品才具有时代感，才能赢得更大的市场。除此之外，媒介转型升级还需要深化服务意识。过去传统媒介提供的内容主要是新闻信息、综艺文化，随着中国特色社会主义进入新时代，受众对文化产品的需求远不止这些，比如在健康养生、旅游消费、出国留学、婚恋交友等方面都体现出了强烈的需求，受众也更乐意接收具有公信力的媒体平台，以及媒介提供的功能性、服务性产品。那么，媒介组织如何依靠公信力提供有价值的产品来提升经营收益呢？在本书的创新篇目中，笔者就列举了一些具有代表性的案例。

二是事业合伙人机制的引入。有不少媒体从业人员曾自我调侃，十年前和十年后的收入并没有变化，这种现象的确在传统媒介中存在。近几年，邱启明、张泉灵、罗振宇、张羽等传统媒体人出走，或到互联网公司，或自己创业，开放的合作形式让传统媒体人的价值得到了发挥，激励机制的重塑也开始引起了传统媒介管理者的思考。以电视台为例，制片人是一档节目的最高执行长官，在体制内他们既要承担起把关人的角色，有时还要为节目的创收而奔走，但实际上获得的回报却是极少的。如果把制片人比作未来媒介生态中的一个产品经理，他们将承担的责任就不仅是为内容把关，还需要为产品集聚资源找出路、找机会，就需要更合理的激励机制，适配适当的权力，明确相关的义务，事业合伙人机制可能会成为未来传统媒介管理的一种新模式，激发更多的传统媒体人从思维上转型，与媒介组织一同成长。2018年，湖南卫视推出工作室制，首批挂牌成立了7个工作室，随后又增加到了12个工作室，这不仅仅是一个生产单元主体上的变化，更是传统媒介机制改革的重大举措，一时间引发了全国电视人的集体关注，这样的创新机制与事业合伙人机制，能够带来哪些可喜变化？在本书的创新管理篇章中，笔者会做进一步的梳理。

三是事业向产业转型。回溯中国媒介的发展历程，媒介组织已经从单一信息内容提供者、单一广告经营者，逐渐转型成了多渠道多产业发展的综合服务商。媒介产业是文化产业的一部分，跨媒介经营为开拓更宽阔市场提供了新思路，比如探索行政管理下的公共服务，是“媒体+服务”的一个创新，特别是可以在文化与旅游、成长与社会公益、社会公共服务中寻找一些产业机会。我们可以感受到媒体行业中的斜杠青年越来越多，比如做互联网产品、会展、电商、房地产、婚恋婚庆、会演等，跨界领域广泛，他们将媒体思维模型渗透到各行各业的底层逻辑中，创造出了一些新的玩法。在媒介生态环境复杂化的时代，只有不断创新寻找产业增长点，才能逃出媒介单一盈利模式的怪圈。

第一章

媒介组织与领导

随着媒介技术的飞速发展，中国媒介组织的基本格局被完全颠覆。当媒介融合成为大势所趋时，媒介组织可以通过变革组织结构以适应新时代的内容生产模式，提高生产效率和利润，并且愈发需要重视、发展、壮大产业链条。组织结构是推动媒介融合的核心要素，要想媒介融合实质落地，就不能停留在技术、政策、经济、渠道等层面的融合，只有深入组织结构融合，改革利益分配方式才能标本兼治，在融合改革的浪潮中获得一席之地。

第一节　媒介组织形式与结构设计

媒介组织指的是专门从事大众传播活动以满足社会需要的社会单位或机构。[①]如今，传媒组织的概念被扩大化，传媒业不仅包括广播、电视和报业，以计算机为技术支持，以互联网为传播载体的都可称为媒介组织。组织结构是媒介组织架构的核心。媒介组织结构指的是媒介渠道内部治理结构和媒介部门之间的管理结构，包括组织部门的构成、组织层次的划分、职能结构的组成和职权结构的控制。媒介组织结构是由各个职能部门和业务部门组成的，不论在国内还是在国外，广播、电视和报业等媒介渠道的部门构建在大体上都是相似的。

一、媒介的组织形式及特征

当前中国媒介组织形式泛而言之包含两个范畴[②]：

1.属于事业单位性质的媒介组织

中国几乎所有的新闻媒介渠道，包括报社、电台、电视台，以及报业集团、广电集团等，国家明确规定属于事业单位。

2.属于企业性质的媒介组织

属于企业性质的媒介组织又分三类，第一类是属于企业性质的媒介集团，如发行集团、电影集团等；第二类指事业单位性质的媒介组织中根据国家政策允许将采编业务从经营业务中分离出来组建而成的公司；第三类是媒介类上市公司，如电广传媒、东方明珠等上市公司。

媒介组织是社会组织系统中的重要构成，并且有一些明显的特征。

（1）媒介组织的一般属性

媒介组织的一般特性与媒介本身的属性息息相关。一方面，按照马克思主义关于经济基础和上层建筑的相互关系原理，媒介组织作为社会舆论

---

① 钱晓文.当代传媒经营管理[M].广州：中山大学出版社.2008:33.

② 张辉锋.新型战略机遇期中国传媒组织治理结构创新[J].国际新闻界,2004(1)：22—25.

机构，是社会上层建筑的组成部分，具有意识形态属性，被视为影响社会文化与价值观念的文化机构；另一方面，媒介组织作为生产媒介产品的经济组织，以生产信息产品为己任，以提供信息来满足人们的需求。媒介产品为受众所需要，具有使用价值，同时也是媒介工作者同广大受众交换而生产的，也具有交换价值。媒介产品的使用价值和交换价值通过市场交换得到了实现，这表明媒介产品具有商品性，这决定了媒介产业属性的客观存在。

(2)三重属性兼备的中国媒介组织

中国媒介组织作为政府舆论宣传导向的喉舌有较强的政治特色，同时为社会服务的媒介组织承担着公共责任并因此具有社会性，而且又作为第三产业的机构以生产文化和精神产品获得经济利益，即具有经济性。如李良荣所言，中国媒介组织集三类组织的特征于一体，是“绝无仅有”的组织形式，中国媒介组织具有的“政治、公益、产业”的三重属性使组织内部呈现出政治、社会与经济功能的统一：首先，媒介组织作为党和政府的喉舌，实际上是党和政府的一个宣传机构，具有国家机关的政治属性；其次，媒介组织以向社会公众提供信息为主要功能，同时也为公众提供娱乐、知识，具有公益属性；最后，中国绝大多数媒介渠道已不再拥有国家的财政津贴，而成为独立核算的市场主体，独立承担民事和刑事责任，像企业一样缴纳增值税和所得税，而且不少媒介渠道的利润还需上缴上级部门，其经营从产业属性出发追求利润最大化。

二、传统媒介组织的结构设计

媒介企业流程的主体是组织，媒介组织结构支撑着媒介企业流程的运行。科学地设计媒介组织结构有利于保障其流程运行的质量，进而保证媒介企业高效运作并实现其目标。因此，媒介组织结构设计也应遵循一些基本原则：

1.效益目标原则

媒介组织结构设计要服从媒介组织中每一项工作的任务和目标，媒介内各职位设置的目的必须与媒介组织的整体目的相一致。媒介作为一种特殊的经济组织，营利是其重要目的。同时，媒介还必须通过其提供的产品和信息服务，满足人们的文化生活需求，以实现其社会效益。因此，媒介的机构设立、调整、撤销、合并以及部门之间的联系方式都要服从媒介经营目标，注重实效,因事设职、设岗,因职配人,才职相称,使媒介组织内部形成良好的运行机制,有利于提高媒介组织的工作效率,确保有效地实现媒介企业的经营目标,不断提高其经济效益和社会效益。

2.分工协作原则

媒介工作的复杂性使得个人无法胜任其全部工作,而必须进行劳动分工和专业化分工,因此媒介企业各部门各单位应尽量按专业化分工原则设置,以便使各项工作顺利进行和高效运转。同时,媒介组织所有的专业化工作任务都不可能完全独立完成,需要在不同工作中进行某种程度的沟通和合作。也就是说,媒介企业既要注意在分工基础上加强协作,又要重视各项专业管理工作之间的横向联系和综合管理,避免部门分割、各自为政。

3.统一指挥原则

统一指挥原则就是指媒介组织中每个职务都有人负责,每个人都要明确其直接上级是谁、直接下级是谁,上级不得越级指挥下级,下级也不能越级请求上级,一级只能指挥一级,一级只对上一级负责,避免"一事有二管""政出多门"等造成下级无所适从、管理秩序混乱。

4.权责对等原则

权责对等原则要求媒介组织结构中的各个部门和个人不仅要有明确的工作任务和责任,还需要有相应的权力,即权责相适应。在媒介组织中,各级管理者要有职有权,职权与职责要对等对称,责任到人就要求权力到人,不能有责无权或有权无责。没有一定的职权将无法尽到责任去完成一定的任务。有权无责则易造成滥用职权"瞎指挥"的现象。

5.合理管理幅度与层次原则

管理幅度是指媒介组织的一名上级领导能直接有效地领导下级的可能人数。由于媒介组织管理的复杂性和领导者受自身知识、经验、时间、精力、条件等方面的限制,每个部门、每位领导都要有合理的管理幅度。幅度太大,无暇顾及;太小,不能完全发挥作用。对一个特定媒介企业来说,管理幅度越大,管理层级就越少,反之则增多。管理层级过多就会造成决策迟缓、指挥不及时、贯彻不迅速、人浮于事,影响工作效率。因此,应统一考虑管理幅度与管理层级。

6.集权与分权原则

集权是统一目标经营的需要,分权则是灵活应变经营的需要。为了保证媒介组织的有效管理,促使各部门协调一致地开展工作,必须要有一定的集权。但是媒介组织在实行统一领导时,应重视分权管理的原则,做到有集有分,统分结合。对于事关大局的问题和战略决策权应该集中于最高管理层,而一般的日常管理决策权应尽可能下放到中层或基层管理者,以便调动各级人员的积极性、主动性和创造性。

在讨论媒介的组织结构设计时,我们只能就一般意义而言。接下来,就以广电媒介组织为例来介绍中国媒介的组织结构设计。

一是集团党委会领导下的台长负责制。其集团党委会是媒介组织集团的最高领导和决策机构,通常由台长(总裁)、副台长(副总裁)、党委书记和副书记组成。台长(总裁)通常是媒介组织集团的法定代表人。在委员会下设编播委员会和经营委员会。编播委员会负责节目的编辑、播出业务;经营委员会负责报纸的经营业务。

二是台长领导下的总监制、总经理分工合作制。台长是媒介组织集团的法定代表人,领导总监制和总经理。总监制负责节目的编播业务,总经理负责节目的经营业务。

三是董事会领导下的总经理负责制。这种形式多被媒介组织集团等股份制媒介企业采用。董事长是媒介组织集团的法定代表人,总经理由董事长聘任,并向董事会负责。总经理负责集团的生产与经营,旗下子频道设总监制、经理等。

传统媒介组织集团的组织结构则基本采用两种方式:集团管理委员会领导下的台长负责制和集团党委领导下的台长负责制。集团管理委员会领导下的台长负责制以湖南广电集团为代表。湖南广电集团的最高领导层为集团委员会,台长是集团的法定代表人,总监制和总经理在台长的领导下,分别负责集团中的采编系统和经营系统。集团基本由三大板块构成:电视频道;属下系列频道(《湖南卫视》《湖南经视》《精鹰卡通》等)、广播电视报出版社、金鹰网、芒果TV及其他传播组织;集团社委办、经管会、人力资源部、法律部、计财部、出版部、技术部等经营管理部门及属下传媒公司、物业公司等多种经营企业实体。台长、总监制、总集团社委会委员,由湖南省委任命。集团党委领导下台长负责制的代表是重庆广电集团。重庆广电集团党委设党委书记、副书记和党委委员。集团党委书记兼任台长(总裁)负责集团的全面工作,党委副书记兼任副台长主管新闻宣传、频道、出版社和业务建设,另设一专职党委副书记负责党务、人事工作。其他党委委员分别监管广播频率、电视频道、产业等板块。集团设总编室、办公室、经营中心和人力资源中心等机构。集团领导由中共重庆市委任命,中层干部由集团聘任,职工实行全员聘用制。整个集团的编播、经营等主要业务工作全部由集团统一部署、管理。

我国广电媒介组织的发展大致经历了四个阶段:

(1)**媒介组织的台网联动阶段**

2004年之前,中国媒介组织稳居媒介渠道主导地位,这个时候与互联网的融合属于初级阶段,也就是广播台和电视台的网络化过程,将广播和电视节目内容搬到网站上的过程。①这个时候媒介组织的组织结构几乎没有变动,仅是在原部门增设几个岗位负责网站内容的更新和技术维护即可。

1996年,广东人民广播电视台第一个建立网站,1997年,中国国际广播电视台随后设立网站,但栏目内容固定,更新内容少。央视国家网络和《综艺大观》的台网联动开启了先河,随后,不少地方广播电视台纷纷设置了自己的网站,将电视栏目与网络内容联动,扩大广播电视节目内容的覆盖率和传播到达率。

这个阶段的台网联动主要就是内容互动,传播渠道在互联网平台上的延伸,采编、管理和经营三大系统组织结构都没有变动,处于捆绑在一起的媒介形态。

(2)**媒介组织的台网互动阶段**

2010年之前,广播台、电视台和互联网新兴媒介渠道处在一个"趋近"的地位,这时媒介组织纷纷开始向数字化转型,利用互联网的优势,实现的是"+互联网"的媒介延伸模式。这个时候媒介组织的组织结构发生了一些变动,纷纷单独成立了广播电视网络台部门,采编、经营和管理的组织权限也相应独立开来。

湖北、湖南、成都、央视等广电媒介渠道都建立了自己的网络平台。2009年是三网融合的破冰期,各省市级广电媒介渠道开始构建IPTV播控平台,湖北广电就在2010年启动了这项建设,还推出了智能电视IPTV业务,能够实现实时点播、直播。北京广播网也是在2009年进行组织结构转型,进行全国性内容分发。台网互动阶段,不局限在内容互动上,还进行平台互动。比如凤凰网作为一个门户网站,包含着丰富的新闻资讯、视频资料、网络社区、电子商务等业务,其点击量在传统媒介渠道中排名第一,领先CCTV、BBC等②,深圳广电集团在台网互动阶段,不仅调整了组织结构,还增加了考

---

① 雷跃捷,辛欣.网络传播概论[M].北京.中国传媒大学出版社.2010:47.

② 王飞,王全超.台网互动模式解析——以凤凰卫视与凤凰网为例[J].新闻知识,2012(10):6—8.

核节目的“融合力”。

(3)**媒介组织的台网融合阶段**

2010年之后，随着微信、微博、手机客户端的爆发式增长，广播电视和互联网走到了一个共存的态势，广电系统纷纷成立新媒体部门、新媒体公司来独立负责新媒体业务平台。这个时候媒介组织的组织结构发生了较大变动，新媒体和传统媒体处在相对独立、平等的局势下。

2014年，湖北广电在广州成立了微摇公司，开启了全国微信“摇电视”的先河。通过微信摇一摇，观众的手机屏和电视屏被联系起来，观众可以通过手机与电视进行实时互动，参与竞答、赚积分、购物、抽奖赢大礼等。湖北卫视开播的《如果爱》通过微信“摇电视”，就能购买明星同款产品，这也开启了中国电视T2O产业集群模式。2014年后，微信“摇电视”在全国100多个电视台纷纷上线，实现台网深度融合。广电系统还在产业集群上寻求融合方式，2012年，湖北广电采取“渠道+频道”的方式，成立了垄上传媒集团，原来的电视频道组织结构全部重构，实行转企改制，形成了农业内容服务平台。湖北广电还启动了“TV+”战略，利用广播和电视的内容关联性优势，与美食、汽车、教育等行业实现线上线下互联互通。

(4)**媒介组织的全媒体探索阶段**

随着媒介融合的进一步加深，不少媒介组织集团步入了全媒体探索阶段。为了促进广电媒体与新兴媒体深度融合，实现资源的一次采集、多次加工、多次消费、多元分发的新媒体融合平台，不少广电媒体构建全媒体融合传播平台。此时，广电媒体的组织结构需要进行重大变革，才能打破原有的利益格局。

2012年以来，湖北广电建成融媒体新闻大楼，成立融媒体新闻中心，整合全台资源实现采编分发一体化。2014年又成立了湖北广电长江新媒体集团，推出长江云App和同名的微信公众号，实现了湖北广播频率、电视频道和长江云资源的共享。无锡广电则是通过构建“智慧无锡”的格局，打造“两微一端+频率频道+网站”的融合媒体平台。还有一些广电系统试图结合资讯集结用户，做电商、政务、城市生活服务等泛媒体化平台。不难看出，新媒体和广电传统媒体在业务上交叉互融，在组织关系上错综复杂，这就需要统一建立起大型采编播平台、技术处理平台、市场营销平台，才能实现“你中有我、我中有你”，把融合工作推向实处。

三、融媒体中心组织结构设计

目前，中国媒介组织大多沿用的是频道制、频率制式的职能型科层制组织结构，具有明确的部门化工作分工，集权程度高，部门间不能充分协同工作。然而，媒介融合背景下中国媒介组织要实施全媒体的布局，组织结构需进一步优化。

1.以采编、经营、技术为主体的三线部门

在媒介融合时代，互联网技术飞速发展，新的组织流程和盈利模式要求媒介组织不同部门间进行协同工作，突破广电媒体长期以来重采编、轻经营管理和技术的弊病。

因此，中国媒介组织要实施全媒体生态布局促进组织结构变革，建立起台长领导下的三线部门，即总编辑带领下的内容生产部门、总经理带领下的经营管理部门、总工程师带领下的信息技术部门，实现媒介组织结构之间的相互融合（如图1-1所示）。

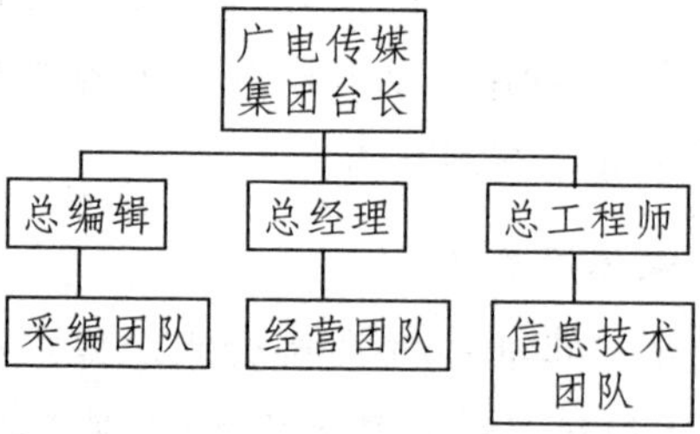

图1-1　广电媒介组织三线部门设计

第一，中国媒介组织应成立以采编为主体的内容生产管理部门，将各频道、频率 和新媒体的采编从业人员纳入一个统一的组织结构中来，打破原有的部门化格局。由“记者中心制”向“编辑中心制”转型，新闻记者不再是单枪匹马地跑新闻，而是由一个团队协同作战；记者的发稿平台不再是单一、各自为政的平台，而是统一的集成管理平台。以采编为主体的生产团队，不仅仅充当新闻报道者的角色，还向知识生产者角色转型。将新闻、信息进行高度聚合和裂变，通过重构内容产品，将新闻、信息做成新的产品，延伸到知识和服务领域，做成媒介产品链条和价值链条①。

以采编为主体的生产团队，应该扮演“信息辨别者”的角色。互联网爆炸式的信息鱼龙混杂，社交媒体谣言数量与日俱增。采编团队在利用UGC用户内容生产的时候，一定要学会辨别信息真假，在组织结构中设置社交媒

① 蔡雯.媒介融合带来新闻编辑部角色变化——从新闻采编到知识管理[J].新闻与写作，2007(4)：16—18.

体信息审核等新兴岗位，如BBC、新闻集团等都有这类岗位，以保证新闻信息真实这条生命线。

第二，中国媒介组织应成立以经营为主体的营销管理部门，由“二次售卖”转为“N次售卖”，由“产品中心”转为“用户中心”，由“经营媒体”转为“经营产业链”。一直以来，重采编、轻经营是中国广电媒体的通病，但在媒介融合时代，最缺乏的是复合型经营管理人才，尤其是全媒体营销人员。在全媒体生态布局下，对组织能力要求最高的是品牌经营、延伸经营和市场营销，其不再像传统媒体时代一样只单一重视内容生产。湖北广电除了已经公司化的频道外，广告仍采用集中经营的模式，成立的湖北长江广告有限责任公司，旗下设置了广播广告部、地面频道广告部、卫视广告部，并将手机电视、城市电视和移动电视平台广告纳入其中，实现协同经营管理，2015年实现了广告业务收入超18.07亿元，并且连续三年增长超过15%。由此可见，成立广告公司，并建立统一的全媒体营销平台组织结构至关重要。

负责全媒体营销的人员不仅要对每种媒介平台的广告传播效果了然于心，还应了解用户需求，才能设计出符合用户需求的营销方案和媒介产品。中国媒介组织以往用问卷调查等方式做市场调研，通过机顶盒等方式考察收视率、收听率，如2014年湖北卫视的收视份额1.17%，但这种方式具有滞后性和不准确性。现在的用户也许根本不知道自己需要的是什么，栏目、媒介产品间可替代性强，营销人员如何配合采编人员设计吸引用户的广告内容才是关键，这也驱使着广告向着媒体化、电商化发展。中国媒介组织为了保证内容生产的独立性，信息内容不受利益影响，采取采编、经营两分开的管理模式。但是这样的方式割裂了产品和销售的内在联系性，采编和经营就相当于企业里的生产部门和销售部门，处在同一条产业链上，必须协同合作，否则再好的内容也不会有良好的市场效应。

第三，中国媒介组织应成立以技术为主体的信息技术部门。技术的迅猛发展是推动中国媒介组织变革的根本动力，因此，必须提升技术人才在媒介组织中的地位。技术与工作任务、职位管理相互依赖，包括交互式、顺序式和集合式三种类型，这导致了组织结构的变化。广电媒体大数据平台、OTT互联网电视、IPTV、手机客户端等新技术系统纷纷涌现，要实现这些新媒体技术融合的协同发展，必须从技术层面出发，解决流程再造、组织重构等环节的因素。在全媒体生态布局层面，中国媒介组织有必要设立首席技术官（CTO），首席技术官可参与媒介组织集团的战略决策，为媒介组织发展提供技术支持，并配合采编和经营团队，共同承担起媒介组织全媒体平台的运营工作。如今，新兴技术层出不穷，如《穹顶之下》在视频中运用了Flash动画、游戏、电影特效、访谈、无人机拍摄等技术手段，48小时内各大视频网站播放量超过2亿。目前，中国不少媒介组织的技术设备已升级，搭建了全媒体新闻平台，能实现播控平台的360度旋转、能进行大屏全景拼接等。因此，在中国媒介组织中，重视技术与采编、经营管理人员的团队合作已是全媒体组织流程转型的趋势，技术团队的后期制作是组织流程中的重要一环，如信息设计、数据挖掘、插图绘图、HTML编程等。

当下，中国不少媒介组织开始促使以台长领导下的“采编、经营、技术”为主体的三线部门协同合作。如湖北广电在三线部门的协同工作下，内容生产的数量和质量大幅提升。在以新闻立台的理念下，湖北广电每年推出50多项主题新闻报道，开辟新闻专栏200多个，完成大型直播200多次，尤其在全媒体生态布局的实施下，长江云App在2015年全国两会上的报道转载量多达4500次，并且湖北广电从多维度讲好湖北故事，在2016年，新闻上央视的多达1200条，取得了一系列佳绩。

综上，中国媒介组织实施全媒体生态布局，组织结构上应建立以采编、经营、技术为主体的三线协同工作部门，打破三个部门间的组织壁垒，实现工作内容流程化，才能整合媒介组织内部资源，适应媒介组织结构的融合。

2.构建一体化运作模式

中国媒介组织设置了新媒体部门、成立了新媒体公司来运营微博、微信、手机客户端等新媒体业务。中国媒介组织拥有众多广播频率，如交通广播、音乐广播、农村广播、经济广播、生活广播等；拥有众多电视频道，如卫视频道、经视频道、影视频道、教育频道、购物频道等；拥有新媒体集团，形成台内两微一端等新媒体产品矩阵的布局，如重庆广电台内已开发多达400个新媒体产品。众多的电视频道、广播频率、PC端、WAP、微博、微信和手机客户端等资源分散、割裂地存在于媒介组织中。尤其是传统的频道、频率和新媒体的运营，实际上是两块牌子、两套人马，没有实现一体化运作。中国媒介组织要想解决割裂的运作模式，必须在组织结构上建立统一的一体化运作架构。通过成立全新的制播流程，形成统一的平台，进行不同节目内容的策划、采集、制作和分发，并在多媒体平台上展现出来。独立的制作团队就像一个个项目，这些项目都井然有序地在统一的平台进行流水线的工作。只有在统一的平台工作，才能有统一的调配方式、人才队伍和激励机制，通过整合媒介组织内部资源，实现团队项目一体化运作。媒介融合背景下中国广电新旧媒体一体化运作的模式如图1-2所示。

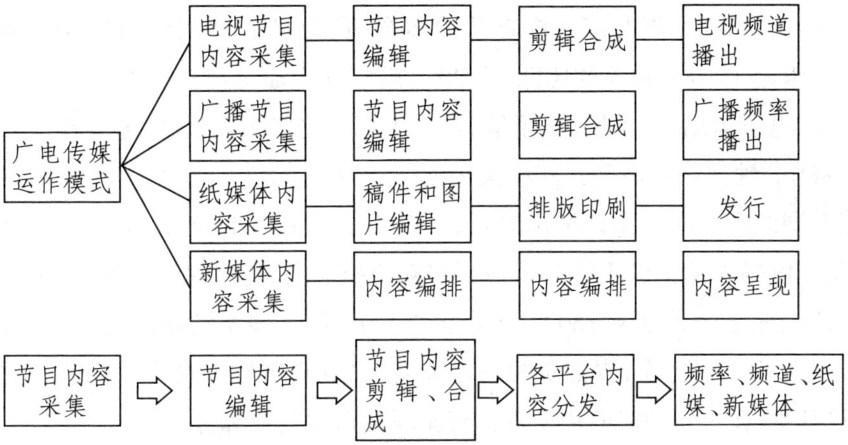

图1-2　媒介融合背景下中国广电新旧媒体一体化运作组织结构模型

中国媒介组织经历了从“中心制”到“频道制”的组织结构变革，在现行频道制模式下，媒介组织的融合大多是机械式的叠加，组织结构中“你中有我、我中有你”，理不顺主体和组织关系，没有真正实现流程型融合媒体。要想实现流程型融合媒体，必须采取一体化运作模式。随着媒介融合的深化，英国BBC探索出“频道+中心”混合制，即“大中心制”的组织结构模式，这和中国广电媒体独立封闭式运营的频道、频率制不同。英国BBC有视频部和新闻部两大内容生产部门，这两大部门统领BBC所有频道。视频部负责娱乐综艺、电影电视剧、文化历史、商业、专题片和教育等10多种节目类型的制作，新闻部负责国内、国际和国会新闻的制作。这两个部门制作出各类型节目内容产品后，把内容产品细分到不同时间段，在各个频道、频率进行播出，以取得最佳传播效果。这种组织结构能够实现台内资源的统筹管理，实现一次采集、多次加工、多屏分发。中国媒介组织也可以学习这种组织结构模式，将节目类型进行划分，不同频率、频道分属不同部门管理，建立统一调度的大中心制模式。

3.建立全媒体中央厨房系统

“中央厨房”系统也叫“全媒体中心”或“中央编辑部”，是一个打破广播、电视和新媒体间条块分割状态的系统，但其组织流程和结构整合得并不充分，目前也没有哪一个广电媒体能实现“中央厨房”的日常化运行。但成立并理顺全媒体中央厨房运营系统是中国媒介组织结构融合的大势所趋。

2015年，湖北广电成立了800平方米的全媒体新闻中心，通过“中央厨房”系统打通了频道、频道与新媒体之间的界限，不同平台、部门的采编、技术、经营人员可以跨部门、跨平台组建临时团队，成立“超级报道团队”。在面对暴雨洪灾时，湖北广电打通了20多个频道的新闻栏目组和74个官方新媒体，组建了1000多人的团队，在20天内实现广播电视直播26300多分钟。湖北广电还运用“中央厨房”系统，运作了东方之星沉船事件，累计播出时长超3800分钟。《湖北新闻》在“中央厨房”系统的运作下，1个月之内播出17篇《五个湖北进行时》，累计播出时长超100分钟。在2015年全国两会报道中，湖北广电融媒体记者手持“八爪鱼”多频直播装备，通过议程设置，多平台传播，让湖北之声传播到160多个国家。“中央厨房”体系的顶层设计、多级策划，团队的协同合作，内部资源的互通互联，使得各路人员在相同的主题下各尽其责，在更短的时间内实现内容素材的多次集成和分发。

但是，从目前中国媒介组织“中央厨房”系统的运用来看，该系统的运作大多局限在新闻热点和突发重大事件上，如两会、芦山地震大救援、东方之星沉船事件、暴雨洪灾等方面。而且“中央厨房”系统的运用集中在部分频道、频率和新媒体上，并没有达到整合全台频道、频率和新媒体的高度。因此，建设轻量级的全媒体“中央厨房”系统，理顺不同部门间的组织结构和不同岗位人员的工作职责是重中之重。只有这样，在面临重大新闻事件时，才能临时抽调不同部门的人员组建全媒体团队，运作“中央厨房”。因此，笔者认为中国媒介组织应该搭建起以素材系统、编辑系统、分发系统和后台系统为核心的全媒体“中央厨房”系统，如图1–3所示，该子系统模块在后文模块化组织结构中具体阐述。

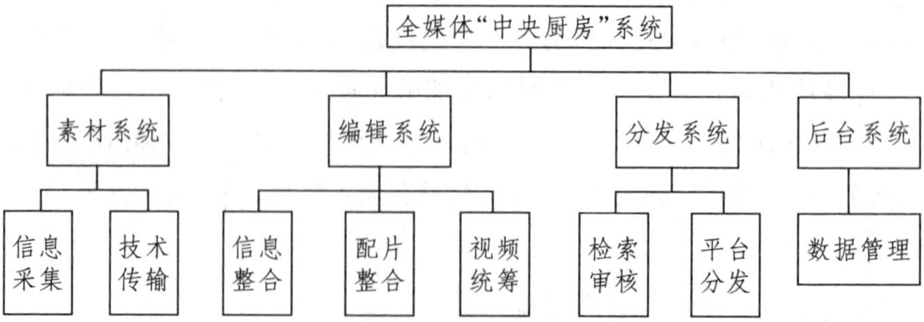

图1–3　平台化战略推进组织结构变革

中国媒介组织在构建“中央厨房”虚拟平台系统的同时，还应该调整传统组织结构的考核方式。目前看来，中国媒介组织内部，拥有开放的稿库系统，不同频率、频道和新媒体岗位上的人员可以共享稿件，但是不同平台的考核方式不同，这使得新闻从业者只会在各自资源充分的情况下才愿意将资源提供给其他平台，由此可见这种“中央厨房”系统并不是完全平等、开放的。平台化、网络化是当前融合时代媒介组织呈现的主要特点。在平台化战略下,中国传媒组织机构的组织结构力图向“扁平化、模块化、网络化”趋势发展。

第一,中国传媒组织机构组织结构的发展趋势从科层制到扁平化。媒介融合时代,信息传播分秒必争,以往直线型科层制的组织结构不能适应当下的快节奏。只有打破传媒组织机构内部的行政化力量,在组织结构上进行扁平化改造,才能适应新旧媒体融合的步伐。中国传媒组织机构的扁平化主要体现在节目内容生产上,传媒组织机构各个业务部门和上下级之间进行及时、便捷的沟通,达成一致意见,协同生产,而不是一层层地听从领导的指令,割裂部门之间的联系,闭门造车,各自为政,而且扁平化组织权力分散,能更好地避免遗漏错误。①目前,扁平化组织结构已在各大广电媒体实施运用。2003年,江苏广电开启了以事业部形式为主的组织结构,近10年又打造完善了目标管理体系组织架构,采取分类管理的原则,分别是组织形态层的分类管理、业务形态层的分类管理、岗位形态层的分类管理。②

第二,中国传媒组织机构组织结构的发展呈现模块化趋势。模块化指的是计算机与互联网行业的规模化生产组织方式的结构化表述。③“中央厨房”体系建构的就是模块化的运营方式。每一个模块都有相应的输入、输出的接口,负责某一块工作流程,不同的模块在功能上彼此独立,共同构成传媒组织机构整体的组织结构。由于目前中国传媒组织机构的“中央厨房”系统并没有实现常态化运营,笔者认为构建模块化系统来支撑“中央厨房”体系很有必要,即设立四大系统模块:素材系统、编辑系统、分发系统和后台系统。每个系统分别设立不同的功能模块,素材系统模块组织结构汇集了信息源,负责新闻线索的展示、选用和发布;线索审核通过后指派人员报选题,完成节目内容策划、选题提交;记者模块负责文字、音频、视频、图片等素材的采集和上传工作。

编辑系统模块组织结构如图1-4所示,分为编辑和主任两个模块,编辑团队负责文字、配音、剪辑、包装等信息整合加工环节,在技术合成环节可运用VR虚拟现实技术,中国传媒组织机构可以学习借鉴央视的经验。

① Csascar FA. Organizational Structure as a Determinant of Performance : Evidence from Mutual Funds[J]. Strategic Management Journal. 2012(6):611—632.

② 李声.广电传媒目标管理体系建设的路径探析与策略思考——以江苏省广播电视总台(集团)为例[J]. 现代传播(中国传媒大学学报).2013 (10): 98—103.

③ 吕尚彬,戴山山."互联网+"时代的平台战略与平台媒体构建[J].山东社会学.2016(4):13—18.

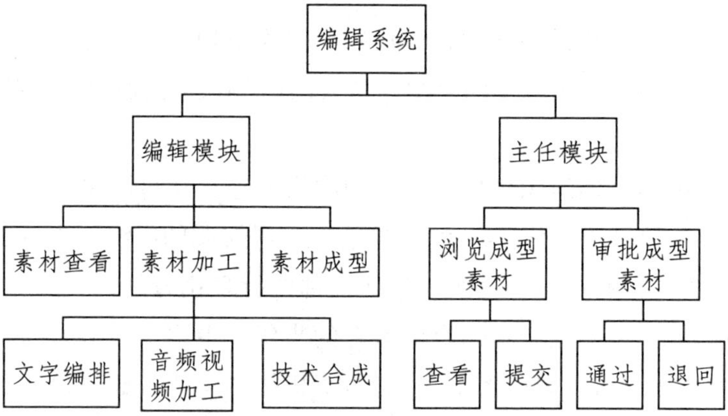

图1-4　媒介融合背景下中国传媒组织机构编辑系统模块组织结构模型

2015年央视的《新闻联播》“一带一路”节目内容播出时，主播在实景现场做虚拟，实现了在不同国家间的视觉穿越，在70多个国家的虚拟场景中瞬间转移，开启了动画片中“任意门”的功能：主任负责节目内容的浏览和审批。

分发系统模块组织结构如图1-5所示，包括节目内容的检索、查看、采纳和分发，每个平台人员都有权限检索和浏览素材库里的文字、音频、视频、图片等节目内容，在分发界面，具有权限的人员可以通过分发接口，将加工后的素材内容分发到 电视频道、广播频道以及新媒体平台，并且通过审核的被采纳和分发的素材内容会保存在发布库中，也能记录各平台分发素材的情况，作为绩效考核的指标和依据。

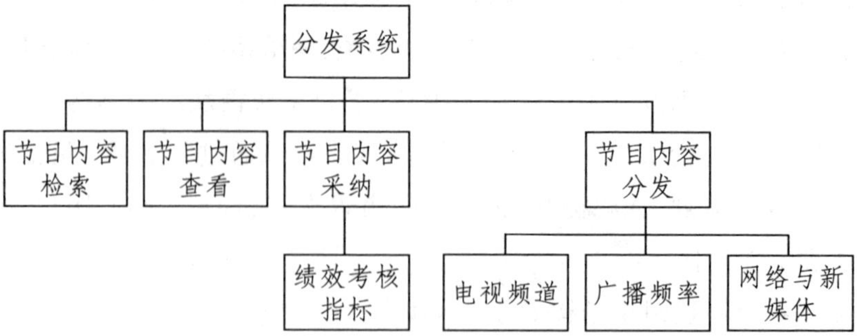

图1-5　分发系统模块组织结构模型

后台系统模块组织结构，主要负责整个“中央厨房”体系的统筹安排工作，包括用户管理，在用户管理界面，可以设置中国传媒组织机构集团内部每个员 工的使用权限。设备管理，在设备管理界面，可以管理采编人员采集素材、加工素材所需的设备，如摄像机、照相机、笔记本电脑、录音笔、采访车辆等。数据管理，在数据管理界面，一方面可以统计电视、广播、网络和新媒体平台分发节目内容素材的数量，如点击量、转发量、评论量等，按照不同部门、不同栏目、不同人员进行分类 统计，作为绩效考核指标；另一方面可以进行数据挖掘、数据备份，找出受众感兴趣的内容需求点，定制节目内容。素材库管理，在素材库管理界面，可以对所有已经分发的素材进行整理，分为永久保存、非永久保存，也可以进行增添和删改。还有部门管理和栏目管理界面，分别用于中国传媒组织机构内部组织结构的调整和栏目的增减等。

第三，中国传媒组织机构组织结构的发展呈现网络化趋势。一方面是传媒组织机构内部沟通平台的网络化，媒介内部员工通过微信、QQ、在线平台、论坛等方式进行沟通，通过微信和QQ群组的即时讨论，节目内容的采集和制作能随时进行动态调整，群组的讨论也能进行头脑风暴，激发创意灵感。另一方面是传媒组织机构内部搭建的全媒体平台的网络化，通过全媒体平台，能够实时连接内部员工和各媒体接口。

第二节 媒介管理者与领导

一位学者说过，在当今世界和未来，社会媒体的生存发展，越来越取决于运行机制的活力与从业人员，尤其是管理决策层的素质。媒介管理是为了实现媒介组织的目标，在它的运行中，人是最重要最活跃的要素和资源，直接或间接地影响组织的效果。媒介管理者队伍是媒介产品生产和交换全部经营活动的主要承担者。因此媒介管理水平的高低，除受环境政策制度等外部因素的影响外，更直接地取决于媒介管理者的素质。传媒事业的发展，需要提高媒介管理水平，而管理水平的高低直接取决于媒介管理者的素质。

一、媒介管理者

研究媒介管理者离不开对管理与媒介管理、管理者与媒介管理者等问题的认识。管理是有效地支配和协调各种资源并努力实现组织目标的过程。

1.媒介管理者的定位

媒介管理是指运用媒介的人力、财力、物力等资源，以期有效地实现媒介所设置的目标。

当前经济社会日益全球化、信息化的趋势和国内外信息产业、文化产业的蓬勃发展，要求中国媒介的管理要符合现代媒介管理的基本要求；一是追求经济效益与追求社会效益相结合；二是由经验型管理转向科学型管理；三是建立媒介管理创新体系。

本书所讨论的传媒媒介管理者是指在传媒媒介组织中既有管理职权又担当领导角色的中、高层管理者。传媒媒介管理者在现实的管理中要实践如下职能：

第一是计划，即确定媒介组织目标及实现这些目标的方法、措施等的过程。管理者要全面掌握内、外部环境，着眼未来发展制订媒介计划。

第二是组织，即由管理者在媒介组织内部安排、协调任务合理配置资源以最高效率完成计划确定的目标。

第三是人事管理,包括员工的聘用、培训、流动等各个环节。管理者一方面需要知人善用、人尽其才:另一方面善于开发人才资源。

第四是控制,即管理的沟通职能。管理者必须向员工解释组织目标并协调组织目标与员工个人目标之间的关系。

第五是创新,即不断创造出更新、更好的管理办法,包括内部创新和外部创新。

2.传媒媒介管理者全方位的素质要求

(1)**要具有较强的综合素质**

这是当今社会中科学、产业、经济日益整合为一体的要求,也是广播电视媒介多方位发展的要求,具体而言:①对自己专长的某一职能以外的其他各方面职能都要有广泛的了解和经验;②能够平衡经济目标、社会目标、科技目标以及政治目标之间的关系;③善于与各方面专家沟通,利用他们的知识与经验增强管理决策的科学性、准确性、适应性和前瞻性。

(2)**要具备相应的管理技巧**

广播电视媒介管理者要具备三方面的技巧:

第一,专业技术方面,要具备业务能力。广播电视媒介涉及广泛的专业领域和科学技术领域。管理者必须具备广博的专业技术素养,了解广播电视传播、工程、节目、市场等各方面的基本状况,同时精通负责管理的领域。

第二,人际关系方面,要具备人际交往能力。管理者必须具备良好的沟通能力,善于调动员工积极性、鼓舞员工士气。其中最重要的是要有统一协调、促进员工合作共事的能力。

第三,现代化理念方面,要具备概念形成能力。广播电视媒介是现代化媒介,其管理者必须具备现代化的理念。

(3)**要具有胜任角色的能力**

广播电视媒介管理者具备了上述技巧就具备了胜任其角色的基础条件。角色分为三大类:

第一,在人际关系方面,作为组织的象征。广播电视媒介管理者有三种角色:领导者,即发挥高度的指挥功能、人际关系领袖内外部的联络者。

第二,在信息传递方面作为组织的"神经中枢"。广播电视媒介管理者要扮演三种角色:信息监听者、内部沟通者、外部发言人。

第三,在决策制定方面,由于在组织策略制定过程中的责任,广播电视媒介管理者要扮演三种角色：媒介资源分配者、冲突协调者、谈判者。

(4)要有良好的心理素质

广播电视媒介管理者应具备的心理特质是：①与时俱进的创新能力；②当断则断的决断能力；③灵活机动的应变能力；④强大的心理承受能力。

对应变力的理解要注意三个方面：一是应变行为的总目标不能变就是说行为的变化不是随心所欲的而需符合活动的总体目的；二是应变行为要有新意，大胆探索适应新形势的新思路和新方法；三是应变速度要快，因为媒介市场的竞争激烈。

广播电视媒介管理者具备了以上四种心理素质就有了较好地驾驭各种复杂局面的心理基础，从而有利于做好媒介管理工作。

(5)良好的个性特征也是值得注意的素质要求

管理者的个性特征是管理人员选拔和培养中更值得注意的素质要求。它包括较强的管理欲望、正直的品质、饱满稳定的情绪、换位思考的意识、高度的责任感和成熟的心智。

二、媒介管理者的需求层次与职业能力

1.当前媒介管理人员的需求特点

(1)媒体视野广阔、知识结构多元化人才更具有竞争力

媒介融合时代，越来越具有竞争优势的网络媒体并不是对传统媒体的替代，而是与其进一步交融。对媒介管理人员的要求已不再局限于专业的知识技能，而对专业技术与行业背景两方面同时提出了较高要求，宽泛的知识结构和扎实的传媒专业功底同样重要。

(2)对人才创新性、团队协作性要求尤其突出

媒体行业的内容创新、艺术创新及技术创新等已经成为今后发展的着力点，将会带来大量的创新型人才需求。应注重与上下游环节的配合协调，采、编、播、控诸环节的紧密衔接，也要求从业者必须具有高度的团队协作意识。

(3)媒体技能成为相对竞争优势

媒体平台发挥自身作为专业机构的公信力、权威性和专业能力，由渠道垄断者转向做媒介内容整合和信息解读的内容集成商。精深的媒体技能是重要保证，从业者是否具有“T”字形知识结构对广播电视媒体在整个行业的综合竞争力具有重要意义。

2.媒介管理人员的需求层次细分

一个课题组[①]对长三角地区若干家省市电视台、出版社、文化传播公司从业人员进行访谈，以访谈报告和招聘信息相结合，对媒介管理人员的需求层次按照学历与效能进行细分，具体如图1-6所示。

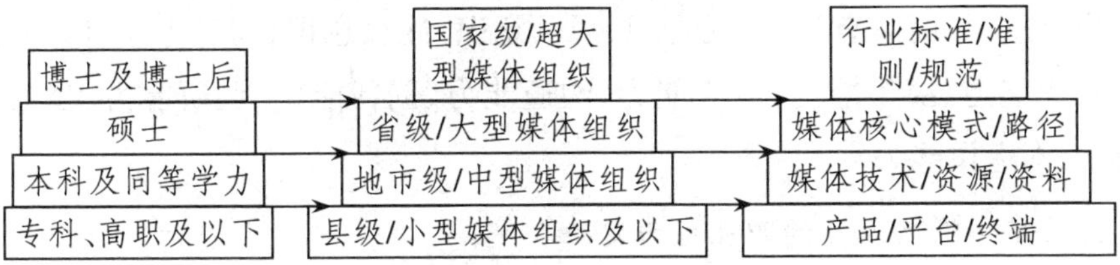

图1-6 媒介组织管理人员岗位需求层次

媒介组织内部管理人员也可以进一步细分，高层管理人员作为媒介组织的主要负责人，对组织整体负责，往往是行政领导或行政长官，如台长、社长、总编等。中层管理人员处于媒介组织中间层次，在最高决策层与执行层中间具有桥梁作用，负责媒体企业的战略执行，如部门经理。基层管理人员监督媒介组织运作，承担一线管理具体职能如策划、财务、公关等。

根据加拿大著名管理学家亨利·明茨伯格（Henry Mintzberg）的管理思想，经理的工作对组织有巨大作用，这一点已经在无数管理实践中得到有效证明。而作为人才密集、技术密集、资金密集型的传媒产业，传媒组织的发展，更需要各种层次管理人员，特别是处于中间层次的媒介职业经理人。

3.媒介管理人员的职业能力定位

（1）管理人员的职业胜任素质

对于管理人员职业胜任素质，国外学者已经有比较成熟的研究。麦克里兰（1994）认为，管理人员具有普遍观测效度的胜任素质可以概括为六大类，即：成就类群、服务类群、影响力类群、管理类群、问题解决类群、个人效能群。中国人民大学彭剑锋（2003）在理论和实证研究的基础上，认为管理人员通用胜任素质模型包含的维度为：影响力、成就导向、团队合作、演绎思维、主动性、培养人才、自信、信息搜寻、领导能力、归纳思维、专业知识与技能。

作为具有事业和企业双重特性的组织，媒体组织运作模式也在不断变迁，媒介管理人员的地位也在悄然发生变化。特别是在媒介融合时代，经营

① 江苏省教育厅2011年度高校哲学社会科学研究指导项目《就业导向下项目教学模式在媒介管理人才培养中的应用研究》阶段性成果（2011SJD630041）；中国传媒大学南广学院教改科研项目阶段性成果（201103JJJG）。

管理人员相对缺乏的背景下，对其胜任素质的系统研究也在兴起。阚平(2005)认为，媒介管理人员的胜任能力包括综合素质、业务能力、人际关系能力、概念形成能力、创新能力、决断能力、应变能力及心理承受能力。马天剑(2007)认为，媒体管理人员应具备市场意识、竞争意识、营销意识、品牌意识、受众意识、商品意识、大局意识、团队意识、忧患意识，同时应具有学习能力、营销能力、决策能力、应变能力、沟通能力、创新能力、调研能力、公关能力和资本运作能力。

(2)媒介管理人员的职业能力定位

该课题组依据国内外学者对该问题认识的基础，设计了“媒介管理人员胜任力调查问卷”，对业界媒介从业人员进行访谈及调查，归纳出业界对“经营管理类”从业者胜任力的要求，取前六项依次为：①应变能力；②写作能力；③沟通能力；④营销能力；⑤团队意识；⑥创新能力。

高层管理人员。由于长期受计划经济体制的影响及媒体的特殊地位，传统媒介组织的高层管理人员，大多出身于新闻采编业务部门，缺乏足够的经济管理专业背景及对媒体经营管理的把握，甚至主观回避组织内部“事业转企业”的变革，难以适应与国外媒体的激烈竞争。媒体融合时代催生了大型、超大型传媒集团，对既懂业务，又懂管理的高管提出了更高要求。

职业能力要求：中国传媒产品兼具政治属性和商品属性的双重性特征，相辅相成。高管必须深谙国家方针政策，有比较敏感的政治意识，把握好政治导向，同时，又要有经济管理专业教育背景和敏锐的商业眼光、应变能力，并能积极主动地适应新媒体的挑战，推进变革，以应对新形势的冲击。

专业背景：受过经济管理或媒体管理专业教育，熟悉传媒资本运营及媒体财务管理规范，有媒体市场运营的专业知识和市场管理的综合能力。

中层管理人员。媒介组织承接具体项目、栏目的角色往往由中层管理人员扮演，他们是媒介组织乃至行业的中坚力量，如节目制片人，出版业、报业项目经理等。

职业能力要求：中层管理人员承担着上传下达信息、独立带项目的职能，沟通协调的人际技能、团队意识即成为其能力体系中不可或缺的构成。另外，与媒介技术人员的区别之一在于其职业特征的综合性，即专业性较强的复合型人才。中层管理人员对媒体运作流程及事务的操控性要甚于高管，因此其管控、执行、营销、谈判能力的重要性尤其突出。

专业背景：项目管理、媒介管理、营销管理、人力资源管理或文化产业管理等相关管理专业,或从事技能型媒体专业的资深执业人员,积累了相当管理经验或曾受过经济管理相关培训。掌握制定经营规划、商务计划及实施方案的专业技能以及信息搜集、整理、分析的方法,并有丰富的销售管理、广告促销、创意策划、合同法、经济法等方面的相关知识。

基层管理人员。从事具体事务的执行,往往会决定项目的效率与产出,如活动策划、节目营销、创意、宣发、公关等。他们一方面直接参与项目流程,管控日常进度,使其符合中高层决策的预期目标,另一方面策划、包装、运作项目,使媒体资源得到收益充分体现。如果说高层的战略决策会影响到媒体的发展方向,那么基层管理人员的执行力则会关系到资源的效益。

职业能力要求:基层管理人员的操作性能力要求甚于其他能力,如写作能力、创意能力等。有较强的计划、组织、协调、控制能力,人际沟通能力、应变与危机处理能力。值得指出的是,专业传媒院校培养的应届生往往是对接这部分管理人员,特别是本专科学生,应尤其注重上述实践应用能力的培养。

专业背景:媒体策划与营销、媒体财务管理、广告学、媒体人力资源管理、制片管理、文化经纪人等。

优秀媒介管理人员的缺乏,特别是结构性缺位已成为影响媒体发展进程的重要因素,高管的告急更是成为产业发展的瓶颈,而缺乏优秀的媒介职业经理人及刚刚走出校门的基层管理人员所出现的眼高手低、动手能力差的现状也不容忽视。这需要业界与专业院校整合资源,探索与现实情况相适应的人才培养模式,以适应当前媒体管理人员的需求。

小结

管理是一门科学,也是一门艺术,是科学和艺术的有机结合。管理是一门科学,就是说媒介管理工作是有客观规律可循的。同时,管理还是一门艺术,具有技巧和方法,管理作为科学是来源于管理艺术的,只有在大量的管理艺术中,精选比较符合实践意义和规律性的东西,它才有可能形成科学。管理艺术又是发展的,它还被外界多种因素影响和制约。我们必须适应现代化传媒企业管理和市场信息变化的要求,以前瞻性与创新性思维,用定量分析和定性分析相结合的方法去丰富及把握管理的艺术性和科学性。

第二章

媒介管理的环境分析

媒介环境是传播学与媒介管理学科中横贯中外，追溯传播活动历史和经济社会变革极为重要的篇章，研究范畴既包括政治、经济、文化、社会等构成的宏观环境，也包括媒介事物生存的微观环境。本章就是围绕媒介生存的大环境到小环境，外部市场环境到内部生态环境列举了不同的媒介管理的环境分析方法，它们的适用场景也各有不同。笔者希望透过不同的视角折射出当前媒介面临的各种环境，以便读者形成全局思维，为后续章节“媒介商品的差异化竞争”提供更多的理论支撑。

第一节 媒介环境与媒介生态

我们生活在一个媒介多元化的时代，不仅有以报纸杂志为代表的纸质媒介、以广播电视为代表的视听媒介，还有网络媒介、渠道媒介等，随着技术的发展未来可能会不断催生出新的媒介，媒介形态的多样化给受众获取信息提供了更多的选择。21世纪，媒介之间的竞争愈发激烈，从当下中国媒介发展形势来看，我们还是可以找出一些当下媒介环境与媒介生态的共性：

一是媒介视域全球化。20世纪90年代，随着数字媒介和多媒体的出现，媒介信息的传播开始以数字符号的形式记录和发布。今天我们正处于一个网络便捷化的时代，受众可以通过网络链接访问一些你想要关注的政治、经济、军事、文化等领域，原来信息传播相对独立的城墙被网络技术击碎，人类信息交流的全球化更加明显，新闻传播的代际也消失了。与此同时，媒介管理、媒介战略、媒介营销、媒介品牌等方面都体现出全球化趋势。以香港凤凰卫视为例，凤凰卫视旗下凤凰中文、凤凰资讯、凤凰香港等频道实现群组资源共享，在全球大多数国家设立了记者站，通过网络即时连线和视频内容的数字化调用，极大地保障了电视媒体的新闻时效性。

二是信息交互网络化。从台网融合到内容融合、技术融合的媒介大融合、真融合、深融合，这背后的重要推手就是时代进步技术的迭代，特别是大数据和云计算在媒介中的运用实践，受众的消费倾向和需求被充分认识，我们可以深刻地感受到媒介与受众之间的互动性、参与性都得到了明显提升。几年前，微信公众号作为一个“新物种”出现，开始利用广播电视引流实现新媒体与传统媒介之间的即时互动，这种依靠网络和技术搭建起来的新的沟通方式成本大幅下降，诸如甩屏、打赏、抢红包、评论上屏等一系列的互动手段体现得淋漓尽致，我们看到的是4G时代网络技术的成熟可以弥补广播电视互动的短板。

三是媒介受众用户化。当前媒介环境的重要变化就是通过多种手段把受众变成用户，特别是在一些广播电视的节目中经常会出现扫码加入微信群的操作，目的是通过内容引流来挖掘受众价值，实现受众到用户的转变。在笔者看来，从受众到用户的转变，最为重要的一个环节就是“订阅”，这是受众从被动接受到主动关注的一个积极互动行为，这种操作习惯在网络媒介中使用极为广泛。比如今日头条、凤凰新闻、腾讯新闻、ZAKER、喜马拉雅FM等网络媒介都推出了UGC、PGC共建机制，受众在媒介浏览海量信息的同时，可以根据个人喜好随时关注内容的提供者，即成为订阅内容的用户，尤其像喜马拉雅FM等通过内容的精细化打磨，对用户进行了分层管理，从而促使用户购买优质内容，实现长期的盈利。

四是效果评估全局化。2018年12月26日，国家广播电视总局广播电视节目收视综合评价大数据系统基本建成并开通试运行，欲从源头上解决近年来收视调查等方面出现的问题。截至2018年底，收视综合评价大数据体系汇聚了来自不同地域的2254万有线电视用户和1969万IPTV用户收视数据。从数据采集分析的体量上看，广播电视媒介传播效果研究数据范本大幅度提升，并且还弥补了跨终端数据的采集短板。特别是随着智能化设备的广泛普及，受众选择媒介信息获取终端多样化，既可以是电视，也可以是手机、IPad、各类型机顶盒等移动终端，那么移动端的点击率也应该作为收听收看数据的重要组成部分。

以上四点是对当前媒介环境与媒介生态变化的总体描述。那么，究竟什么是媒介环境，它与媒介生态之间又有何差异？媒介环境学正式进入中国学界视野，要从何道宽教授在2006年发表的《异军突起的第三学派——媒介环境学评论之一》说起。在那份研究中，他第一次明确地将“媒介环境学”的概念引入了中国，而这篇文章将中国学者对该学派的研究和美国已有的Media Ecology学科联系了起来。按照Media Ecology的英汉字义翻译应该是“媒介生态学”，何故又命名为媒介环境学呢？这不得不提何道宽教授当年的无奈，因为早在他将媒介环境学引入到中国以前，1996年国内学者尹鸿教授就在《电视研究》第5期发表了《电视媒介：被忽略的生态环境——谈文化媒介生态意识》一文，他当时就提到了“媒介生态学”这一概念。遗憾的是，中国所谓的“媒介生态学”与美国的Media Ecology虽然同名，但在所指上有巨大差异。二者的比较见表2-1：

表2-1 西方的媒介环境学与中国的"媒介生态学"比较

	西方媒介环境学	中国"媒介生态学"
媒介的内涵	媒介形态尤其是媒介技术	媒介组织及传媒行业/产业
基本命题	媒介对人和社会的影响	社会(政治、经济、文化等)对媒介的影响
研究方法	历史的、比较的、思辨的方法	接近政治经济学和媒介经营管理学

译者为了与中国已有的"媒介生态学"区别开来,避免接收时的歧义,本来应当翻译为媒介生态学的 Media Ecology,只好以"媒介环境学"命名这一学派。[①]中外学者关于 Media Ecology 究竟是媒介环境学还是媒介生态学,曾经展开过一场大讨论,但是作为一本应用型教材,在这里就不过多地叙述这当中的细节。我们需要知晓的是,学者们根据学派的根本性质和主要追求,最终达成了共识,即使用"媒介环境学"。

笔者认为,媒介环境是社会环境的一个子系统,受社会环境的制约。媒介环境是社会环境的一个有机组成部分,媒介环境中媒介的运作规律以及与人的相互关系都影响着社会环境,媒介具有强大的力量,对社会具有影响力,同样社会环境也可以对媒介环境产生影响,媒介环境中的受众也不能随心所欲地选择媒介,他们的选择受社会环境的制约。因此研究媒介环境变化因素时,社会环境是必不可少的一个方面[②]。基于这样的认识,笔者在本章中重点介绍和阐述的,就是媒介环境在社会环境这一特定语境下的生态形势。

首先要说的是传媒影响力。从3G时代到4G时代,人类社会已经全面进入了新媒体信息时代,我国受众花费在新媒体上的时间明显增多。据 e-Marketer 报告显示,2015 年用户每天花费在媒体上的总时长为 6 小时零 8 分,其中,数字媒体为 3 小时零 5 分,电视为 2 小时 40 分,收音机为 11 分钟,印刷(纸质)媒体为 11 分钟。新媒体大大消解了受众原本在传统媒体上的使用时间,也迅速填充了用户的碎片时间。新媒体获取新闻资讯的便捷性和易得性,对新闻资讯功能突出的传统主流媒体的冲击极大。[③]

2016年CSM媒介研究人员曾在国内北京、上海、天津、广州、武汉、深圳、南京、成都、重庆、沈阳、西安和长沙等12座城市开展了媒介受众基础研究,不同时段媒介接触率如表2-2所示:

① 陈力丹,毛湛文. 媒介环境学在中国接受的过程和社会语境[J]. 现代传播(中国传媒大学学报),2013(10):35—40.

② 毛成凤. 新的媒介环境中电视发展研究[D]. 华南理工大学,2010.

③ 强月新,夏忠敏. 当前我国主流媒体影响力的调研与分析[J]. 新闻记者,2016(11):35—43.

表2-2 被访者中不同时段主要媒介接触人数的占比(多选)

时间段	上网	看电视	看户外广告	看手机电视	接触其他媒体	听广播	看车载电视	读手机报	看楼宇电视	阅读报纸	读书	阅读杂志
06:00–06:59	0.6%	1.3%	1.2%	0.1%	0.9%	2.2%	0.3%	0.1%	0.2%	0.2%	0.0%	0.0%
07:00–07:59	2.4%	3.7%	12.5%	0.2%	3.6%	5.1%	4.1%	0.9%	2.6%	0.9%	0.1%	0.1%
08:00–08:59	7.7%	4.8%	24.3%	0.8%	6.0%	5.7%	7.6%	2.1%	5.6%	2.5%	0.4%	0.6%
09:00–09:59	16.8%	6.9%	14.6%	1.6%	4.0%	2.6%	3.2%	2.5%	3.5%	2.7%	0.5%	0.3%
10:00–10:59	23.6%	8.7%	8.5%	2.8%	2.9%	1.5%	1.4%	2.5%	1.3%	1.9%	0.5%	0.3%
11:00–11:59	24.0%	10.6%	5.2%	3.6%	1.9%	1.0%	0.7%	2.3%	0.8%	1.3%	0.4%	0.3%
12:00–12:59	23.4%	15.3%	7.2%	5.3%	2.3%	1.2%	0.8%	2.9%	1.7%	1.9%	0.1%	0.4%
13:00–13:59	20.1%	10.3%	5.6%	4.7%	1.7%	0.9%	0.9%	1.8%	1.3%	0.9%	0.2%	0.2%
14:00–14:59	21.7%	6.8%	4.5%	4.5%	1.3%	0.6%	1.0%	1.4%	0.7%	0.5%	0.4%	0.2%
15:00–15:59	23.9%	6.6%	4.9%	5.0%	1.5%	0.9%	1.0%	1.3%	0.8%	0.6%	0.5%	0.2%
16:00–16:59	21.5%	7.3%	7.4%	4.7%	2.1%	1.5%	1.4%	1.2%	0.9%	1.2%	0.5%	0.1%
17:00–17:59	17.1%	11.5%	14.4%	3.9%	4.1%	3.0%	3.9%	1.4%	2.3%	1.2%	0.3%	0.2%
18:00–18:59	17.1%	34.5%	12.5%	4.6%	3.8%	2.6%	3.9%	1.5%	3.0%	0.6%	0.1%	0.1%
19:00–19:59	22.4%	62.4%	4.4%	7.4%	1.3%	0.9%	1.3%	1.2%	1.0%	0.4%	0.2%	0.1%
20:00–20:59	30.4%	62.5%	1.5%	12.1%	0.5%	0.6%	0.3%	1.3%	0.2%	0.4%	0.3%	0.2%
21:00–21:59	34.9%	47.7%	0.8%	14.6%	0.4%	0.8%	0.1%	1.5%	0.2%	0.3%	0.5%	0.1%

续表

时间段	上网	看电视	看户外广告	看手机电视	接触其他媒体	听广播	看车载电视	读手机报	看楼宇电视	阅读报纸	读书	阅读杂志
22:00–22:59	29.7%	24.7%	0.3%	12.0%	0.2%	0.7%	0.1%	1.4%	0.0%	0.2%	0.3%	0.1%
23:00–23:59	14.2%	7.7%	0.1%	5.0%	0.2%	0.4%	0.0%	0.6%	0.0%	0.1%	0.1%	0.1%

数据来源：CSM12城市基础研究

12座城市的调查数据显示，在被访者中，每天都接触"互联网"的人数占比为74.53%。紧随"互联网"并大幅度领先其他媒介接触行为的媒介中每天都接触"电视(在家里)"的人数占比为73.83%，由此可见，在家里看电视仍然是社会大众最为重要的媒介消费行为之一。接触人数占比在10%及以上的媒介或媒介接触行为还有户外广告、在线观看网络视频、广播和户外电视，其接触占比分别是42.22%、30.54%、13.46%和12.25%。电视和互联网是受众最常接触的媒体。广播作为传统媒体，其使用或者接触人数的占比领先于户外电视、楼宇电视等。

从以上内容，我们可以清晰地看到单一媒介的影响力正在下滑，特别是传统媒介的影响力正在被网络媒介稀释，随着移动互联网便捷高效的特征逐渐显现，移动媒体正成为受众获取信息的重要媒介。当前，我们衡量媒介影响力的价值有很多的算法和评价体系，最常见的是媒介资源评价法、客体归类法、专业威望评价法、二级传播评价法、综合评价法等。在笔者看来，还是要从媒介信息的接触、接收、保持、提升的媒介信息传播的环节规律，从广度、深度、强度和效度的"四个维度"(或"四个因子")去综合媒介影响力的价值。国内就有学者提出了为因子赋值，比如广度因子27%，强度因子26%，效度因子24%，深度因子23%，每个因子都对应着一种影响力战略。[①]媒介影响力评价指标体系如表2-3所示。

① 郑丽勇，郑丹妮，赵纯．媒介影响力评价指标体系研究[J]．新闻大学，2010(1):121—126.

表2-3　媒介影响力评价指标体系

环节	接触	接收	保持	提升
因子	广度	深度	强度	效度
指标	发行量 阅读量 转阅率 收听率 收视率 点击率	平均阅读时间 平均收视时间 平均上网时间	需求满足水平:满意度 内容质量感知:真实性、完整性、全面性、客观性、准确性、平衡性 媒介品牌形象:行政级别、独立性、公正性、社会责任感、平等、批判精神和人文关怀 媒介品牌体验:及时、深度、独家、生动、格调 品牌忠诚度:美誉度、忠诚度	决策力 消费力 二次传播力
赋值方法	综合评分法			
权重100%)	27%	23%	26%	24%

通过表2-3,我们可以很简单地推导出媒介影响力算法公式:

媒介影响力指数MII=广度因子WF+深度因子DF+强度因子SF+效度因子EF。

广度(受众规模)一直以来是国内外学界衡量媒介影响力最为主要的指标,而随着媒介市场意识的增强,近几年来效度成为最受关注的客观指标,特别是在后面我们要介绍的媒介营销、广告经营与管理的篇章中,实际上效度指标在这当中起到了至关重要的作用。

其次,我们说的变量指标是受众需求。需求本身是一个经济学名词,是指人们在某一特定的时期内在各种可能的价格下愿意并且能够购买某个具体商品的数量。如果用经济学思维理解何谓"需求",那就是"我想我能",即是我想有这种需要,并且我能够为此进行支付。当然,这里的支付并不是实际意义上的资金支付,而是指包括时间、资金等在内的广义支付概念。我们如果要认识媒介需求,还是要从国内外最为熟知的马斯洛需求层次理论去探究。亚伯拉罕·马斯洛是美国著名的社会心理学家、人格理论家、比较心理学家,他提出的需求层次学说在心理学、管理学界还有传播学界广泛应用,马斯洛将人的需求划分为生理的需求、安全的需求、社交的需求、尊重的需求、自我实现的需求共五个层次,并且指出人的需求是从低到高逐一满足的(如图2-1所示)。

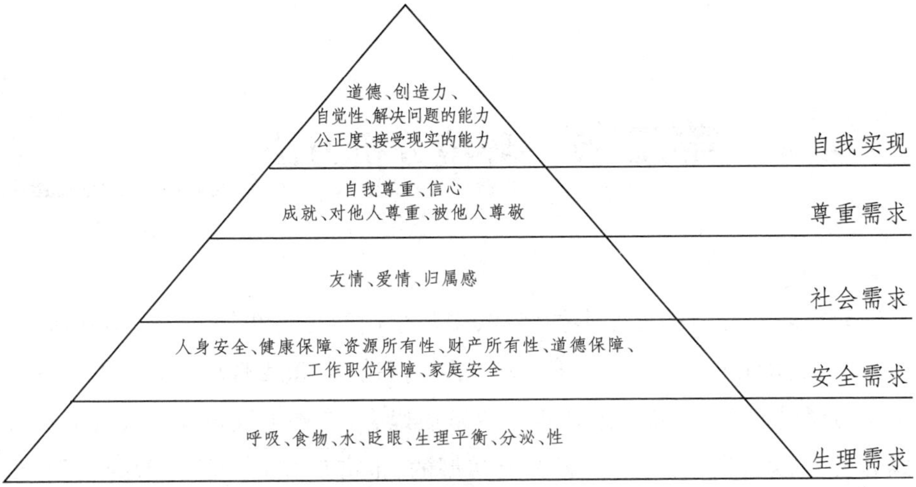

图2-1　马斯洛需求层次理论(1943年版)

媒介需求是在马斯洛需求层次理论的基础上延伸出来的受众获取媒介信息的具体需求,应被视为一种社交需求。受众通过媒介获取信息,受众通过媒介建立社交关系,这是当前媒介最为常见的需求,在网络媒介中多数移动媒介建立的核心就是重塑社交关系,比如微信、微博、豆瓣、小红书等等。受众通过广播电视、纸质媒介获取信息,亦是通过"媒介即信息"满足个人社交需求。

第二节 环境分析方法

研究环境分析的方法多种多样，多数采用的是定性分析法。笔者认为，媒介组织、媒介产品、媒介内容、媒介品牌营销、媒介战略及其竞争方式有着千丝万缕的联系，尤其是近几年来以纸质媒介、广播电视媒介为代表的传统媒介转型，既有从媒介组织形态上转型的，也有从媒介产品转型的，还有事业向产业转型新增项目合作的。所以，我们在学习媒介环境分析方法时，应从媒介组织的一盘大棋上系统全面地分析，而不同的分析方法适用的层级不同，故而才将管理学中经典的内外部环境分析方法引入到媒介运营与管理的课程体系中来。

我们需要强化一个重要的理念，那就是对于媒介组织而言也是有内外部之分的，内外关系差异构成了笔者所指的内外部环境分析方法体系和研究价值。以湖南广电为例，对于江苏、浙江这样的省级层面的媒介竞争对手，它们就应被视为是外部竞争；回归到湖南广电旗下的各个频道频率，它们又是内部竞争关系；如果又以电视、广播、纸质媒介、网络媒介来划分，那么不同媒介之间就是外部竞争，同媒介属性的就是内部竞争；而湖南卫视《歌手》、浙江卫视《中国好声音》这样的同类型的具体内容产品，又都在省级卫视一较高下、竞争市场份额的，应属于外部竞争。所以，在接下来的外部环境分析法和内部环境分析法的区隔中，不同的分析方法笔者就逐一列举实例供大家理解。

一、外部环境分析法

环境分析法是一种识别特定竞争风险的方法。媒介组织与企业所面临的外部环境都包括政治、经济、社会、技术等。媒介组织还有内容生产的成分在，所以除了以上的宏观环境，还有经营环境、法律环境等。这些环境之间相互关联相互影响，并且呈现出复杂性、多面性、动态性等特点。

1.宏观环境分析法

宏观环境分析法又被称作PEST分析法，比较适合新媒介组织的诞生前和媒介组织中的新产业项目环境分析，亦适用于媒介项目进行不同阶段时期的动态环境分析。PEST分别指政治因素（Political）、经济因素（Economic）、社会因素（Social）、技术因素（Technological）。一般运用宏观环境分析法，多从PEST四个方面，即政治、经济、社会、技术四个维度入手，除此之外研究和分析媒介环境还可以从环境因素、法律因素等入手。在本书中，笔者就介绍媒介环境分析的常规套路。

政治（Political），我国媒介的政治环境影响较为显著，媒介组织传播党和政府的政策，并且由党管一切工作，媒介宣传的主阵地由中央宣传部统一部署，各地方宣传部具体落实，并且还有文化和旅游部、广电局等政府单位实施内容监管，市场监督管理局对通过媒介发布的广告进行审核，集中管理口径严把意识形态关，有利于新闻源管理和舆论导向的控制，有利于整合资源实现层层宣传无缝覆盖。另外，研究媒介环境的政治因素还要考虑《广告法》等的修订，以及业务主管单位最新出台的宣传要求和实施规范。

经济（Economic），尽管媒介是信息交互的介质，但是我国媒介组织实行的是事业单位性质、企业化管理，并且从事业向产业纵深发展，因此媒介组织的发展易受宏观经济的影响，并且传媒经济的增长紧紧围绕我国消费升级密切发展。《中国传媒产业发展报告（2018版）》显示，互联网保持良好发展态势，传统媒体继续下行，其中广播电视行业虽然整体收入基本与上年持平，但国家广播电视总局财务司的数据显示，2017年广播电视广告收入首次负增长，较2016年下降1.84%。报刊广告和发行则继续“双降”，整体市场下滑14.8%，其中报纸广告市场的跌幅更是超过了30%，市场整体规模不足150亿元。研究结果表明，传统媒介下滑的总体原因受制于用户增长瓶颈、广告形式单一、相较于网络媒介精准程度较低等多方面原因。与此同时，在电视地面频道上充斥着大量的二类广告，包括保健产品、电视购物等，尽管媒介组织产出得以稳定，但这实质上是对传统媒介公信力的消耗。

社会（Social），中国已经进入了老龄化社会，老年化程度正在逐步加深。数据显示，截至2017年底全国60岁以上的老年人口已经逼近2.5亿，占总人口的17.3%，预计到2025年全国60岁以上的老年人口将达到3亿，直到2040年我国老年化程度将达到顶峰。电视的收视人群越发老龄化，主要集中在45岁及以上年龄，而广播随着私家车的增加，呈现出年轻人群较为集中的优势。目前，我国受众呈现媒介选择不均衡的趋势，广播、电视、杂志、报纸、网络及户外媒介使用率不同。男女受众对于媒介需求出现较为明显的差异，男性受众更倾向于通过媒介获取新闻资讯，而女性受众则更希望通过媒介获取综艺文化专题类信息。

技术(Technological)，这里的技术泛指媒介传播技术，媒介技术的发展在很大程度上提升了社会大众舆论监督的热情，特别是在信息交互平台化成为大趋势的背景下。正是因为这些速度快，传播范围广的各种媒介技术的存在，才使得越来越多的人开始履行自己作为公民的监督权。我们不难发现，媒介传播技术的进步使得新闻和舆论监督的门槛越来越低，媒介传播的速率大幅提升，受众意见越来越被重视。同时，技术升级还带动了大众传媒向分众传播、精准传播的方向迈进，用户精细化管理几乎已经成为网络媒介的标配，而传统媒介转型也正在朝着这一方向发展。

媒介环境的宏观环境分析法是通过总结政治、经济、社会、技术等方面对媒介传播经验进行归纳总结，这有助于从宏观环境的演变和发展脉络中找到媒介环境的因变量和自变量，还有助于研究媒介组织的新项目的相关产业发展的趋势和前景，并且可以借助其他的外部环境分析方法综合佐证。

2.行业生命周期分析法

行业生命周期是从产品视角延伸出的生命周期论。媒介产品作为一种服务社会大众的文化产品，会随着受众需求、文化风潮等外部媒介环境因素的变化，经历从导入、成长、成熟到衰退的演变。以电视为例，电视媒介产品的生命周期一般比较持久，版面产品的更替频率基本上保持在2—5年，这主要是由于电视媒介的营销周期相对较长，具有明显的延展性和持续性，而电视的运营成本又较高，受众的接受程度相对缓慢，所以生命周期的频率相对其他媒介而言就要缓慢一些。行业生命周期分析法比较适应于分析媒介产品的环境变量，并由此制定不同的运营策略。那么，媒介产品如何识别行业生命周期，不同的生命周期又该怎么样进行决策呢？媒介产品的生命周期如图2-2所示。

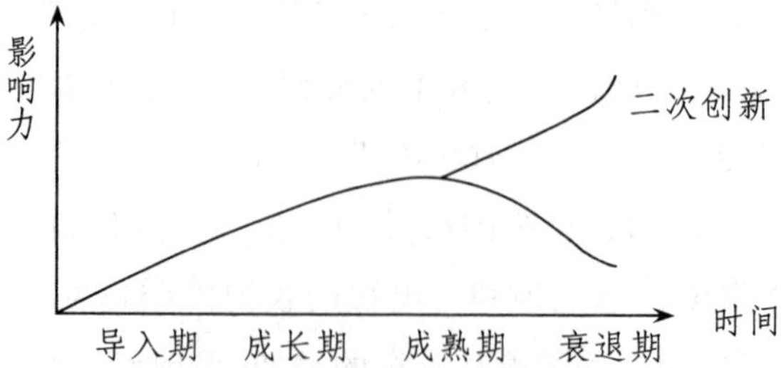

图2-2　媒介产品的生命周期图

以湖南卫视《歌手》节目为例。2013年《我是歌手》栏目正式亮相，7位实力唱将同台竞演并且根据现场受众反馈进行排位，这种新的内容创作手法使得该节目在当年一炮而红，一度成为一档现象级电视综艺节目。从节目预热造势开始，一线流量唱将的导入的确为《我是歌手》进行了强有力的加持，但是到了《我是歌手》第二季这种延续的模式就使得内容产品迅速成长，其影响力远超过当年《中国好声音》等以草根选秀类等音乐综艺节目。基于此，总导演洪涛才在第三季中开始引入踢馆赛，这是一个从内容创作上的小幅度创新，导演团队并未请一线唱将来踢馆，而是选择了一些有特质的音乐人加入，才让电视观众看到了像苏运莹、王晰等青年歌手，这样的小幅度创新对于节目当年的影响力确实奏效，踢馆的歌手无论踢馆成功与否都一夜之间成名，可见《我是歌手》辉煌时代的造星实力。但是，这样的创新影响力毕竟是有限的，《我是歌手》从成长到快速成熟随之正式更名为《歌手》，转眼《歌手》已经到了第三季，首发的歌手阵容也一贯强大，但最终难敌《歌手》影响力下滑的严峻形势，《歌手》已不再是一档现象级的爆款音乐竞演综艺节目了。这一方面是缺乏形式上的内容创新，另一方面是受众对于节目舞美和风格的审美相对固化，缺乏撩拨人心、激发人内心世界的期待感。

从《歌手》的案例看，创新始终是围绕媒介产品行业生命周期的重要支持。这里，就需要介绍一下美国哈佛大学的阿伯纳西（N.Abernathy）和麻省理工学院厄特拜克（Jame.M.Utterback）A-U创新模型。他们把产品的创新及组织演化分为了三个阶段：即不稳定期、过渡阶段、稳定阶段，并且画出了一张与生命周期创新过程相符合的图（如图2-3所示）。

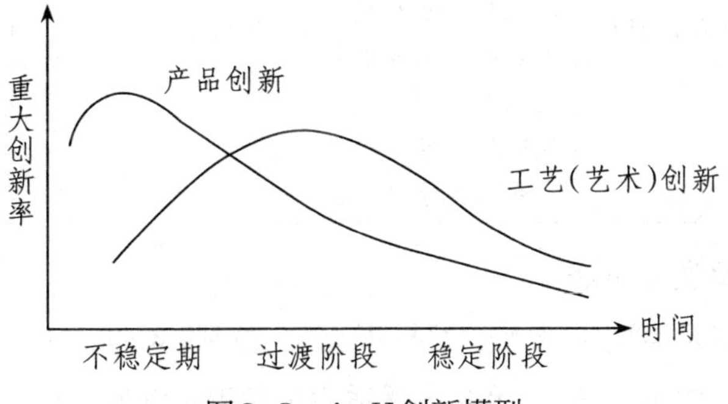

图2-3　A-U创新模型

媒介产品识别行业生命周期的主要指标有：舆论影响力、受众规模、产业化程度、营收增长率、竞争者数量、艺术价值、技术变革等。媒介产品在对应不同的生命周期时所进行的技术性决策也不同，笔者通过对不同生命周期的规律特点进行总结，从而归纳出了“媒介产品不同生命周期规矩及决策方向”（如表2-4所示）：

表2-4　媒介产品不同生命周期规矩及决策方向

规律及决策	生命周期			
	导入期	成长期	成熟期	衰退期
特点	几乎没有同类型媒介产品，或媒介产品需求与供给明显不饱和，存在较大的市场缺口；媒介产品导入易于形成独占资源性优势，品牌塑造力相对较强，受众口碑和忠诚度相对较高	媒介内容产品模式流程相对固定，市场影响力加速上升，受众需求明显随影响力正向递增	媒介产品模式相对固化，影响力波动较大，外部的同类型竞争对手明显增多，容易受外部环境干扰，且呈现出影响力分化的局势；同类型的媒介内容供给趋于饱和，受众审美出现疲劳，其他创新媒介产品上线，受众偏好基本兼顾	媒介产品影响力明显下滑，产品变现能力退化，产品内容和形式创新乏力，竞争对手大批量退出
决策技术	根据受众需求反馈和市场定位及时调整内容产品设计，较快地度过不稳定期；树立典型打造爆款内容，增加媒介产品的影响力	围绕媒介产品开辟线上线下的内容，打造大屏小屏多渠道的互动生态，进一步稳固品牌影响力，媒介产品的重点突出，有一定的代表性，易于成果展示。积极布局内容产业化，加速对市场的占有率和领导力	媒介产品需要较大幅度地创新打造全新生态、创造玩法，重新树立产品标杆；着力向媒介产业转型，保住产品的线下市场价值	采用紧缩战略或者退出战略，即或缩小媒介产品生产的体量，严控生产成本，提升媒介产业化程度，补足产品变现短板，或退出市场竞争，媒介产品完全转型

3.五力模型分析法

五力模型是美国哈佛大学教授迈克尔·波特（Michael Porter）于20世纪80年代初提出的重要理论，至今广泛适用于管理学领域，是外部环境竞争分析方法中非常重要的一种手段。1980年，波特在《竞争战略——分析行业和竞争者的技术》一书中将行业结构分析、竞争者分析和行业演化分析整合为一体，提出了著名的五力分析模型（如图2-4所示）。波特认为，影响企业盈利能力的因素包括：企业所处行业的盈利能力（行业的吸引力）和企业在行业内的相对竞争地位。在既定的产业环境下，供应商、购买者、现有竞争者、新进入者、替代产品的生产者中任何一个力量的改变都将对企业盈利产生影响。[①]

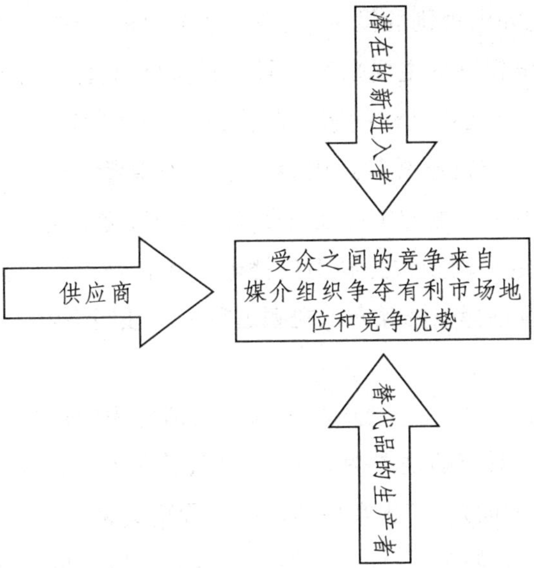

图2-4　波特五力模型的基本构造

笔者以电视为例，从潜在的新进入者角度看，我国电视产业的布局是中央到地方四级办台，省级层面还开设了卫视频道，部分地级也因特殊发展开设了卫视频道，形成了与中央台一样的全国卫星落地覆盖。其中，全国性的频道包括中央台和省市级卫视频道覆盖全国，省级地方频道又称省级地面频道覆盖全省，而省属二级城市的电视频道则覆盖市辖区、下属区（市）县，县域级电视频道仅覆盖当地县（地级市）。我国现有电视频道2000多个，媒介之间的竞争无疑是白热化的，新增电视频道的可能性几乎很小。电视受众的收看趋于饱和，人均电视收看的分钟数一再下滑，受众人群结构明显偏向于老年化，年轻受众流失比较严重。

从替代品的生产者角度看，电视与广播、纸媒、网络等媒介是媒介环境的竞争对手，这种竞争呈现愈发激烈的态势，且呈现出“传统媒介+网络媒介”的复合传播趋势。一方面是创办手机台，比如在重庆全市各区县都完成了网络手机台的建设，电视直播流和节目点播等版权内容都搬到了手机上，适应于媒介传播移动化的趋势；二是借助网络传输实现的户外电视，比如移

① 缪俊.对五力模型的理论反思[J].商业文化(学术版),2007(8):228.

动电视、楼宇电视等。可替代品的发展越好，电视的竞争优势就会衰减更明显，影响力自然就会出现快速下滑。

从供应商的角度看，电视的供应商包括节目、资讯、信息等，供应方的竞争能力的强弱，还是主要取决于供应商产业的市场状况以及他们所提供的媒介产品的重要性。比如电视剧的供应、电视综艺节目的供应，这都是顺应了制播分离发展趋势，电视剧的主要来源是影视制作公司，像《中国好声音》这样的节目也来源于灿星文化这样的影视制作机构，他们都获取了广播电视节目制作视听许可，是丰富电视频道内容的重要提供者。近两年受众也可以感受到，电视剧为电视频道的供应在不断优化模式，比如湖南卫视的金鹰独播剧场，所播出的电视剧多数是湖南广播电视台自身投资或独家购买播映权的优质剧目，还有选择电视媒介卫视频道首发再在网络媒体做VIP点播的模式。

从购买者的角度看，一方面是受众对于内容的消耗为此产生的时间支付，受众的停留时间长短对应的是消费的价值偏好，关联到广告客户的直接进线率和转化率。另一方面是，广告客户的投放时段购买，4A广告主看重的主力人群为25—35岁人的都市人，而地方性的广告直投客户的关联受众就要宽泛得多，受众层次、年龄、受教育水平等都没有那么严苛。购买是媒介内容变现的重要手段，电视的盈利模式也是早期的流量模式，这样的盈利模式与当下网络媒介的盈利如出一辙，只是网络媒介在此基础上将受众分层管理做得更加精细化，这是外部技术迭代产生的必然趋势。

通过以上的举例说明，我们对电视媒介的外部环境有了全景式的认识，当然不同层级的电视媒介所处的外部环境还是会有很大的不同，特别是中央台与省市级地面频道、城市台之间的媒介环境千差万别，所以还是需要具体问题具体分析，不能一概而论。

4.战略群分析

战略群是迈克尔·亨特(Michael S.Hunt)提出的一个重要理念。1972年，亨特从生产组织的角度提出了适应于市场竞争的“战略集团”的说法，但是当时并未引起重视。直到1980年迈克尔·亨特从战略管理学的角度引入了战略群这一重要竞争组织主体，并对战略群进行了划分和标明了识别方法，有关于战略管理的板块将在本书的第六章重点讲述。

战略群分析方法比较适应于高度集群化的媒介组织，通过识别外部媒介环境的竞争对手，找差距补短板促增长进一步提升战略群的自身竞争实力。在现有的媒介环境中，我们也经常会遇到以战略群的形式出现的分析，这里笔者就以重庆的电视媒介为例。在重庆广电通过索福瑞数据统计收视率报告中就明确划分了中央频道组、重庆频道组、省级卫视频道组、其他频道组等四个组群，于重庆广电而言分析的竞争媒介组织战略群是重庆频道组，就包括重庆卫视、重庆新闻、影视、社会与法、时尚生活、文体娱乐、科教、少儿、新农村等10余本地的电视频道，他们与中央频道组、省级卫视频道组、其他频道组之间是直接的竞争关系。图2-5为媒介战略群分析图。

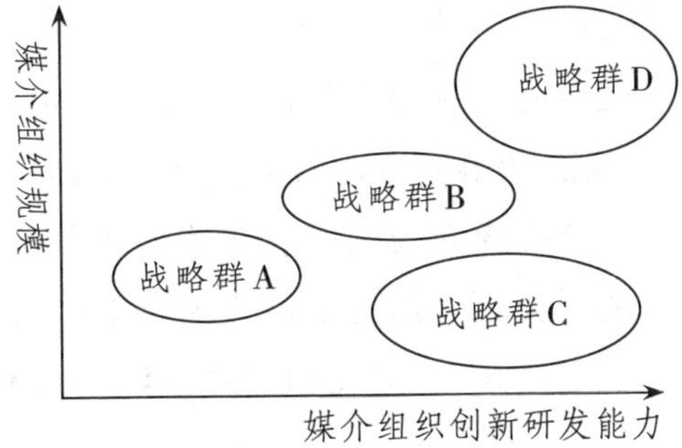

图2-5　媒介战略群分析图

如果按竞争战略群的重要性划分，就可分为主要竞争战略群、次要竞争战略群、潜在竞争战略群等几个层次；如果按竞争战略群的类型划分，可分为搏斗型竞争战略群、纵容型竞争战略群、竞赛型竞争战略群、战略伙伴型战略群。从现在媒介的竞争态势来看，多数以搏斗型竞争战略群为主，当今的媒介竞争已经愈发激烈，媒介组织的诞生和退出比以往任何时候都要频繁。同时，并不是媒介外部环境完全都是激烈的竞争，也有跨区域的城市台战略群之间能够深化合作达成战略伙伴的共识，比如每年春节期间就有举办城市台春晚，发起合作的媒介组织都包括北京电视台等全国数十家省市级电视频道群。

从不同的口径划分出的战略群各有不同，但总体也有一种参考方法：一是选取划分战略群组的两个主要变量，比如媒介类型、规模、受众层次、区域等；二是变量应该能够体现出各个竞争媒介组织的特点，并且具有一定的差异性；三是多选取一些参考变量，从多个维度、多个视角划分出不同的战略群分析图，从而反映出媒介组织外部环境的竞争关系。

二、内部环境分析法

作为管理科学的延伸，媒介管理必须要清晰地认识到自身的优势，发现媒介环境中的变化，及时调整竞争的策略，才能在媒介环境中一直稳定存在。

1.核心竞争力分析法

当前,媒介之间的竞争已经高度白热化,并且还有愈演愈烈的趋势。面对网络媒介的崛起和网络用户的激增,传统媒体感受到的不仅是发展的压力,有的媒体甚至已经到了生存的边缘线。媒介组织和媒介产品应该如何认识并建立自身的核心竞争力?

一是公信力和品牌优势,以纸质媒介、广电媒介为代表的传统媒介经历了几十年的发展,从新闻采编的源头管理建立了三审三校的内容审查体系,长期沉淀下来的是受众对传统媒介公信力的认同,尤其当前网络媒介加速了自媒体的发展,网络新闻事实逆转的闹剧频频上演,对网络媒介的公信力具有极强的杀伤力。传统媒介与网络媒介的公信力还有很大的差距,电视仍然是最具公信力的媒介。公信力是传统媒介生存的生命线,而网络媒介的内容源也应该建立起OGC、PGC、UGC的内容生态,不断增强网络媒介的公信力。

二是人才与创新创意。在融合时代有这样一种现象:纸质媒介的编辑学会了做视频,而广电媒介的编辑学会了写评论,这对于媒介人才的业务水平提出了更高的要求,不管媒介融合怎么发展,“内容为王”这一核心竞争力没有发生变化。媒介融合时代,创意是传媒的核心竞争力。具有故事性、娱乐性和一定意义的原创内容是媒介融合时代传媒的核心产品竞争力;从掌握各种媒介的优势入手,创造性融合媒介进行传播,是媒介融合时代传媒的核心技术竞争力;运用大数据解读受众,从情感上理解受众,创新连接受众的能力是媒介融合时代传媒的核心市场竞争力。只有从产品、技术和市场层面重视创意这一核心竞争力的培育,才能在媒介融合时代的传媒竞争中立于不败之地。①

三是从发展的眼光看媒介环境变化,着力提升有效传播力。几年前,我们对于网络媒介的认知还停留在信息及时、互动的阶段,是从传播学的角度解读媒介信息交互的过程,信息沟通的及时性、有效性、准确性的确是传统媒介的短板。时移世易,近两年来我们在网络媒介中听到最多的词语是“算法”和“流量”,算法是基于用户大数据建立起来的用户精细化管理机制,使传播的有效性、准确性得到了大幅提升,媒介产品、广告主都可以通过这种网格化标签化的传播精准地传达到目标受众,而“广而告之”的大众传播早已成为过去式。“流量”的盈利模式并不是近年来网络独有而形成的,广播电

① 刘琛.创意:媒介融合时代的核心竞争力[J].传媒,2014(22):23-24.

视的内容停留时间、千人成本的传达率都是流量盈利模型的先驱,只是网络媒介用户的绑定机制,为流量的个性化生成提供了更多的可能性,媒介的价值正朝着有效传播迈进。媒介的发展与科技的进步息息相关,即将进入的5G商用时代,柔性屏的普及可能会对电视媒介的发展带来新的挑战。所以,未来传统媒介的转型还需要运用科技手段赋能,不断提高有效传播力。

2.价值链分析法

“价值”一词在人们的生活和工作行文中广泛运用,一指衡量达到某种精神高度所产生的资源耗费,表现为具有积极的作用;二指商品里的社会必要劳动,是一个数量值。在管理学、伦理学等学科里面对“价值”一词都有相当篇幅的提及,那么当价值变成了“价值链”又该做何解释?管理科学中,对价值链的定义是企业为满足客户和利益相关人士创造价值所进行的一系列经济活动的总和。我们可以从这句话当中理解,价值链关注的是整个产业链条上的经济效益和社会效益的总和,产生价值的关键点就是生产要素和资源的合理配置以及市场利益的最大化。对于媒介组织而言,不仅仅要关注媒介信息和媒介产品产生的经济效益,还包括了其社会的正向引导力等主流价值,在媒介组织的绩效考评体系中往常都是由社会效益和经济效益组成的“双效考核”,就着眼媒介组织及其产品的资源合理化运用,延长媒介产业价值链条为视角。

一是媒介组织内部资源的整合利用。从默多克新闻集团的诞生,再看国内中大型的传媒集团,媒介组织的业务板块和市场触手越来越广,以国内的中央广播电视总台为例,已经打造成了集电视、广播、报纸、网络于一体的媒介矩阵,各媒介相互独立发展,彼此之间又构成了内部的竞争关系。对于媒介资源的整合运用还不够,但又面临着同样的政治、经济、文化、技术、社会等方面的问题,媒介组织的产品内容和走向又大致决定了媒介产业的总体规模。

二是跨媒介模式的系列化延伸。跨媒介延伸作为现代媒介发展的主要路径,不仅能够迅速地扩大媒介经营范围和经营规模,还可以使媒介价值链得到优化,高效地使用配置资源,多渠道地销售媒介产品,可以有效避免单一媒介的传播形态所带来的风险。跨媒介模式有助于媒介产品的品牌化形成,并且容易形成资本积累来扩大再生产,后续还可以通过延伸产业价值链,比如上市、兼并、收购等,当然这一块对于本科教学有一定难度,涉足的经济金融和资本运作的知识,就不作过多的阐述。

从以上两个关键点可以看出，不管是分析媒介环境还是分析媒介产品所处的自身环境，价值链分析都不仅要着眼于当下，还要放眼全局并且从媒介组织的一盘大旗全面分析考虑，避免同媒介环境下一个媒介组织媒介产业化产品的重复开发。

3.波士顿矩阵分析法

前面列举的核心竞争力分析法、价值链分析法可以说从媒介产品所处环境的"自变量"中总体概括了媒介组织和媒介产品应该具备什么样的竞争力、价值链以及怎样识别，但在媒介组织中往往会在不同阶段运营不同项目，而这些具体项目所处不同的媒介环境又该如何识别。接下来要重点介绍的波士顿矩阵分析法可以说是具体问题具体分析的一个模型，是在当下媒介研究领域中较少使用却又很实用的方法。

波士顿矩阵是美国著名的波士顿咨询集团自创的一套分析方法，从市场占有率和市场增长率两个维度建立了一套模型，并且以"幼童"(问题产品)"金牛""明星""瘦狗"四个矩阵来对一个子项目价值，通过这种矩阵模型来认识项目问题所处的环境，从而为管理者提供决策依据(如图2-6所示)。

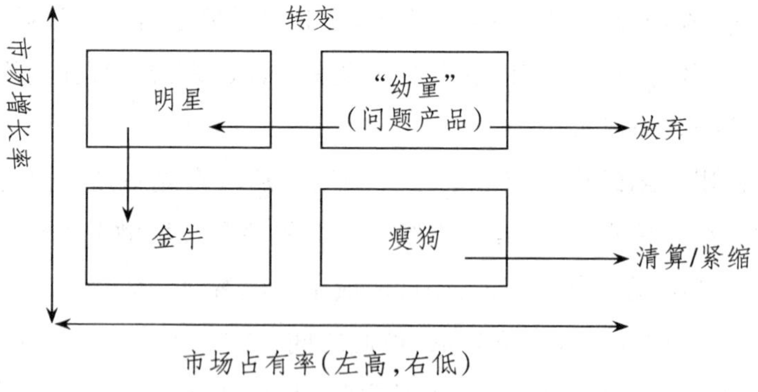

图2-6　波士顿矩阵分析图

"明星瘦狗"组合，明星产品是指市场占有率比较低，而市场增长率比较高的产品群，这说明该产品所处的环境正在经历最好的成长时期，是一个具有发展潜力的项目，比如中央台的《国家宝藏》《朗读者》等一些慢综艺节目，既切中了市场需求的痛点，又在传承中华传统文化的宏大背景中找到了市场未来的增量；瘦狗产品，是指市场占有率比较低，但是市场的增长率偏低的产品群，一方面可能是受制于市场需求总量的放缓，另一方面可能是由于受众偏好受到外部环境其他的产品干扰出现了修正。除此之外，"幼童骑牛"组合对应着问题产品以及修正产品这两种媒介环境。

除了以上三种方法外，还有内部因素评价矩阵等分析方法，通过矩阵建立数学模型而从计量分析识别媒介组织的优势与劣势。由于这种方法在媒介管理与运营中使用甚少,而且本书又是一本本科阶段的应用教学课本,在此就不具体涉及,如果后续作为项目经理人可自行深化学习,进一步提升媒介组织产品所处竞争环境的分析能力。

三、综合分析法(SWOT法)

综合分析法又称SWOT分析法或态势分析法,是一种在管理科学中最为常见的分析方法。SWOT分别指,S(Strengths)是优势、W(Weaknesses)是劣势、O(Opportunities)是机会、T(Threats)是威胁,SWOT分析法是基于外部环境和内部环境建立起的一个分析方法,运用这种方法可以对媒介组织和媒介产品所处的具体环境进行全面的、动态的分析(如图2-7所示)。使用方法就是通过调查列举,将实际掌握的情况对应地填入以下的区块中,形成一套相对完整的思维以应对不同环境。

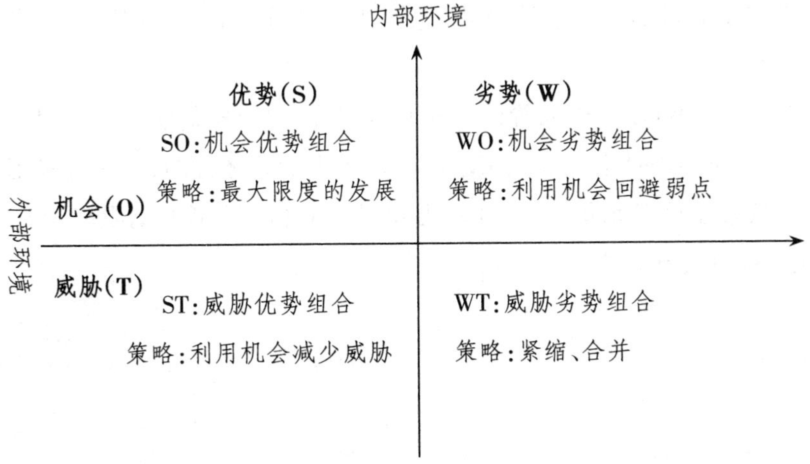

图2-7　SWOT分析法模型

这里笔者以电视相亲交友类节目《非诚勿扰》为例,试用SWOT分析法识别媒介环境。十几年前,重庆电视台《缘分天空》节目的诞生拉开了电视相亲交友的序幕,十年前江苏卫视《非诚勿扰》节目一夜之间全国走红,节目中女嘉宾的雷人雷语当时刷遍了全网,随后各地电视台的相亲交友节目如雨后春笋般诞生,人们似乎能感受到电视相亲交友节目的井喷式增长。经过几年的发展变化,《非诚勿扰》高收视率的现象被打破,开始进入了电视相亲交友节目的成熟期。

从《非诚勿扰》的内容模式创新看,其优势在于“一选多”和参与者的“高净值人群”，节目内容朝着真人秀的方向发展，使得节目的冲击力更加完善；威胁在于省级卫视播出平台基因决定了节目的贴近性和服务性不足，线下板块的发展受到制约，节目的故事化程度不够，容易给受众造成缺乏真实性的错觉。回头看省级地面频道和城市台的相亲交友节目，他们则多以“一对一”相亲交友模式，故事化和情节更为丰富，能够为普通受众开放链接突出媒介信息交互的平台优势。劣势在于模式和内容个性化较少，容易造成受众审美疲劳，加之省级卫视频道的竞争高度激烈，国家广播电视总局对于电视相亲交友类节目的管理也较为严格，禁止由演员、模特、富二代、成功人士等身份的嘉宾占据荧屏，不得选择社会形象不佳或是有争议的人物担当主持人，不得以婚恋的名义对参与者进行羞辱或是人身攻击，设置谈论低俗性内容，不得展示和炒作拜金主义等不健康的婚恋观。《非诚勿扰》这类卫视相亲交友节目失去了“炒作”的理由，编剧指导下的相亲交友时代已经过去。《非诚勿扰》的机会则在于卫视频道的全国影响力，其多次探索国际化视野，把嘉宾的选择来源放到了国外，继续在“高净值人群”身上下功夫，这与非卫视相亲交友节目划了分水岭，牢牢把握住了优质人群，为铺垫4A广告的营销打下了基础。

因此，从SWOT分析来看，首先《非诚勿扰》中短期仍然可以使用增长型战略，这是应国内社会发展的需求趋势而得出的总体方向，其次应采用防御性竞争策略注重多元化经营，即着力发展线下和产业板块，围绕“高净值人群”做好精英交友社群。

第三节 当前中国各媒介的生态环境

通过前面两个小节，我们可以运用具体的分析方法来认识当前媒介环境，这对于后面我们要重点介绍的媒介战略、竞争策略是有非常重要的铺垫作用。因为只有准确地认识到了产品的特性、优势与劣势，掌握媒介组织所处的竞争环境，才能从媒介之间的红海竞争中找到一丝生存的机会。紧接着，我们需要梳理近几年来不同媒介各自生存的环境以及发展的趋势，从中找到解锁媒介转型升级大门的"钥匙"。

一、纸媒媒介生态环境

早在网络盛行的初期，就有学者提出了报纸消亡论。十几年弹指一挥间，纸质媒介进入到频繁退出媒介环境的衰退期。据统计，2017年度共有16家报纸宣布休刊，2018年又新增45份报纸宣布休刊，其中包括《法制晚报》《北京晨报》《申江服务导报》等曾经全国知名的纸媒。然而，在纸质媒介成倍退出媒介竞争环境的这一年，仍然有1842种报纸存在。不少纸媒在2018年末的最后一刊中，带着些许不舍，告诉读者"不说再见！融媒体矩阵见"，这样精简直白的文案说明，纸质媒介转型向融媒体矩阵发展丰富传播生态，已经是铁板钉钉的事实。以《人民日报》为例，不仅开发了移动新闻客户端，还运营了微信公众号、抖音号等，可以发现传统的纸质媒介发展方向正在向平台网络化突围，迫切地寻找和重塑自身的媒介环境定位。

尽管纸质媒介环境正一步步恶化，但仍有一丝生存空间。纸媒的发展受制于信息传播的单向性、区域性，难以适应当今媒介全球化视野，并且随着纸张价格的上涨，其生存空间被进一步挤压，纸媒转型是不可逆转的趋势。如何转型，还是需要重新认识纸媒的优势：一是以文字为正式沟通的载体，具有权威性，可信度较高；二是依赖于人们长期以来形成的纸质媒介阅读习惯，有稳定的读者群；三是拥有强大而且专业的采编团队；四是纸质媒介具有一定的收藏价值。

从眼下媒介转型的趋势来看，媒介环境发生的深刻变化的底层逻辑就是媒介融合。那么，纸质媒介转型突围以后还会经历哪些挑战呢？就纸质媒介融合发展的变迁来看，首先急需解决的是技术短板问题。回顾网络媒介的快速成长至成熟，能够在短短的十几年抢占了传统媒介经营了几十年的生态环境，毫无疑问支撑起的就是计算机科学技术的发展，尤其是近五年来，大数据、云计算在人类信息交互的过程中扮演了越来越重要的角色，像今日头条、凤凰新闻等移动应用对于用户画像和用户的精准识别，为受众信息获取偏好起到了至关重要的作用，“精准触达”成为网络媒介对话广告主的重要砝码。反观纸质媒介、广电媒介，首先，都缺乏技术基因，对于计算机科学技术的认知还相对片面，长期以来的人才结构又相对单一，传统媒介还需做进一步的优化和提升；其次，当前从中央到地方都在抓紧推进媒介融合，既有以纸媒为初始基因的融合也有以广电为初始基因的融合，两者之间未来竞争的媒介环境就落到了同一客体，而当前纸媒转型后的商业模式还较为基础薄弱，尚不足以形成竞争的壁垒，纸媒还需探索多元化发展，比如探索独家评论的付费订阅、开发文化创意与纸媒的周边产品、对内容版权的运营等等。

二、广播电视媒介生态环境

2018年4月19日，原中央电视台(中国国际电视台)、原中央人民广播电台、原中国国际广播电台正式挂牌成立“中央广播电视总台”，标志着中国广播电视事业进入了新的发展阶段。从中央三台的合并看，广播与电视媒介的合并是发展的必然结果，全国省级广播电视媒介的合并也在前一两年基本完成，城市台、区(市)县级也按照相关部署设立了融媒体中心。

从2018年下半年起，全国大多数的城市台、区(市)县级广电媒介也完成了与当地纸媒、网络的融合，挂牌成立了融媒体新闻中心，其中北京大兴、浙江长兴、重庆潼南的融媒体中心走在了前列，成为全国广电媒介融合改革参考的样板。就当前复杂的媒介环境，媒介融合是最好的解决方案。但是，我国“四级办台”现有广播电视台2000多座，开办频道超过4000个，产能严重过剩，不少媒介组织的融合改革也是在不断的试错中艰难前行，有的媒介组织还处于新闻采编和内容分发业务基本实现融合的阶段，对于非新闻电视频道和新闻广播频率而言，仍处于名义上的“融合”，学界研究的国内外媒介融合案例中，尚未提出融合发展的最佳解决方案。

当前，广电媒介由于网络媒介的冲击，媒介环境形势严峻。一方面，省级卫视频道综艺混战抢滩周末档，高成本请来流量明星也只是赚个吆喝，电视剧板块应受众渠道选择偏好影响流量减小盈利能力明显下行；另一方面，国家广播电视总局对广电媒介的广告管理态势日趋强硬，严控广告形式、广告内容，广电媒介创收难度加剧。省市级广电媒介组织基本是实行自收自支的企业化管理，人力成本居高不下，内容变现能力日渐退化，科层制行政管理体制制约了广电媒介创新。城市台广电媒介人才流失严重，人才创新、内容创新极度匮乏，影视剧、栏目剧、纪录片板块制作能力和变现能力较弱，为控制生产成本而大量引进内容，导致内容贴近性丧失时段资源变现能力加速退化。区（市）县级广电基本完成了与纸媒的编制融合，挂牌融媒体新闻中心和传媒集团，事业编制员工保留身份并由财政扶持，传媒集团企业聘用制员工原则上自收自支，基本实现媒体中央厨房构想，但整体内容仍然匮乏且形态单一，媒介组织传播力和影响力并未实现较大突破，盈利模式还较为单一。

当前，省会城市的广电媒介环境竞争进一步加剧，省、市两级广电媒介竞争的主力媒介市场高度重叠，在省级广电媒介的影响力明显强于省会城市台的大背景下，省级地面频道、广播市场价格下探挤压了城市台创收空间，而活动营销、产业板块的资源明显倾向于省级广电媒介，同时省会城市台在缺乏财政支持的情况下，推动媒介转型向融合生态发展难度较大。

三、网络媒介生态环境

20世纪的末尾，人类社会实现了利用计算机拨号上网“链接”全球。21世纪以后，网络技术不断发展使得人们访问全球更加便捷高效，地球村的概念得以初步实现。在传统媒介推进转型和加快融合的进程中，几乎所有的传统媒介都开辟了网络媒介的官方账号，包括新浪微博、微信公众号、头条号、短视频号、移动新闻客户端等等，传统媒介在网络的“官宣”行为日益频繁。新闻成为网络媒介流量的主要入口，网络媒介的平台化特征日趋明显，OGC、PGC、UGC共建了网络内容生态，但在“人人都是新闻中心”的时代，网络新闻舆论反转的事件时有发生，距离比较近且影响力较大的要数重庆市万州区公交车坠江事件，可见网络媒介的公信力仍待加强。近两年，网络媒介的商务拓展转向具有采编权利的传统媒介寻求合作，引入第三方审核机制加强了对内容质量的管控，但就目前的管理形势来看，受众话语权的加强导致网络媒介监管宽度幅度难度逐渐增大，与传统媒介形成了“两个舆论场”的现象仍未消除，一些网络低俗用语“低级红”“高级黑”屡禁不止，管控形势十分严峻。

国内规模较大的BAT公司单一媒介产品容易形成寡头，受应用海量的影响单一产品的使用周期开始出现下滑，影响力开始走低，所以网络媒介产品亦朝着生态化发展。以手机新闻客户端为例，中大型网络公司开始布局移动应用产品生态，且建立了相互之间的内在关联，朝着MCN（多频道的网络产品形态）方向发展，与PGC内容有效地联系起来。比如深圳腾讯公司，腾讯新闻、腾讯视频、微视频、天天快报、QQ浏览器、腾讯官方网站相互连接，内容源实现同步化发布；再比如字节跳动公司，今日头条、抖音、西瓜视频等产品也是以“头条号”为端口，一端管理多端迸发。与此同时，网络流量造假的情况也日渐突出，新闻策划与策划新闻学术边界模糊，部分网络自媒体内容底线缺失，注重于现实经济利益，断章取义刻意炒作的现象频频发生。由于网络信息海量，而受众关注订阅的账号增多，PUSH成为网络媒介营运拉新促进用户活跃的手段之一，推送频繁使得网民感觉网络生活闹哄哄的。

从2016年以来，“算法”开始成为网络媒介的核心竞争力，今日头条、腾讯新闻等网络媒介把算法视为对用户推荐内容精准化、定制化的重要技术，使得用户偏好、隐私进一步暴露在网络平台，同时用户通过网络媒介获取的信息源越来越窄，算法所带来的过度智能开始成为广泛涉猎信息受众的兴趣担忧。

当然，网络媒介提供的产品丰富多元，基础应用、商务交易、网络金融、网络娱乐、公共服务等都应作为网络媒介生态的有机组成部分，网购作为网络媒介提供商务交易服务的方式，其市场规模逐年攀升，还带动了物流、交通运输等领域的发展。但是，网购的投诉率也一直是居高不下，有的购物平台上充斥了大量的假冒伪劣产品，对实体经济、商家知识产权等都造成了极大的影响，网络媒介不应成为法外之地，市场准入门槛应进一步提高，打击网络犯罪和网络造假是重中之重。

小结

尽管我们正处于一个媒介环境瞬息万变的信息大爆炸时代，但从上述的梳理学习还是能领悟到媒介环境的变与不变。不变的是媒介对“内容为王”的要求越来越高，任何一个媒介的生存都离不开优质的内容，并且优质能力将会成为流量的入口，网络媒介如此，广播电视媒介亦如此；变的是单一媒介的传播力和影响力都在下降，传统媒介促进与网络新兴媒介的融合是发展的首要任务，而网络媒介也需要与传统媒介互为依托，形成具有传播力的媒介生态。媒介之间的融合是这个时代不可逆转的发展趋势，媒介环境的深刻变化也影响着媒介盈利模式、媒介竞争力的重塑，作为媒介组织运营与管理的核心人员，需要充分地认识这些变化，与时俱进地不断调整媒介产品形态和媒介战略，才能赢得生存的机会。

第三章
媒介受众分析

“传播媒介”(mass media)指在传通路线上有机器(用来复制和分配智据符号)与传播组织(报社与广播电台)来居间的传通方式。[①]包括报纸、书籍、杂志、电影、广播与电视,有时简称传媒。“受众”(audience)指在传播的过程的另一端的读众、听众与观众的总称。美国的传播学集大成者宣伟伯·施拉姆在《传学概论——传媒·信息与人》一书中对“传播媒介”“受众”首次作出定义,也是早期传播学研究范畴中对“媒介”与“受众”的定位与解读。随着时代的进步与发展,媒介技术的日益成熟,新兴传播媒介的广泛使用,“媒介”与“受众”的范畴有了更广泛的定义,“媒介”与“受众”之间的关系也不再只受限于“传—受”关系,传统研究中受众一词的所指(referent)正在被消解,换言之,我们仍然在沿用熟悉的词语去指称事物,而事物本身却正在消逝。[②]把“媒介受众”当作是一个完整的集合群体对象的概念已经成为最传统的认知视角。

① [美]宣伟伯·施拉姆.传学概论——传媒·信息与人[M].余也鲁,译.北京:中国展望出版社,1985:121.

② [英]丹尼斯·麦奎尔.受众分析[M].刘燕南,等译.北京:中国人民大学出版社,2006:2.

第一节　媒介受众需求

熟知不同领域的媒介受众需求能够帮助媒介新产品的设计与研发、推动媒介产业的发展，以“媒介受众”为本位作为研究视角，从心理学、传播学、社会学层面进行深入研究媒介受众的心理需求、传通需求与社会需求。

一、媒介受众心理需求

研究媒介受众首先需要从心理学层面，挖掘电视观众、电影观众、期刊读者、手机用户、网络用户等多个媒介受众群体的心理需求。多年以来，中外一些传播学学者们对于媒介受众的分析往往建立在心理学的基础上，运用行为心理学、精神分析心理学、人本主义心理学、认知心理学等不同心理学领域的理论基础来进一步佐证和阐述媒介受众需求。所以，结合心理学的理论基础来分析媒介受众，是在“以人为本”的视角下对媒介受众需求的本质性探索。

1.受众的求知欲

“心理学研究表明，人不仅有‘新闻欲’，而且有‘求知欲’。所谓‘求知欲’就是人所具有的力求认识世界，渴望获得文化科学知识和不断探索真理的一种带有情绪色彩的意向活动。”[①]大众媒介的诞生，对人类求知欲的探索与开拓做出了杰出的贡献。人类对于自然世界与现实世界保持着最原始的求知动力，心理学表明，人们从孩童时代开始，就逐渐对自然、科学、地理、文学、艺术等世界各个领域建立起好奇心，随着成长过程中，广播、报纸、杂志、期刊、电视、网络、手机等多种媒介对于大众生活的渗透，大量的文字信息与视频信息的频繁接触，一部分“大众”在求知欲的驱动下开始不断吸收媒介信息，并在大脑中不断地进行加工、转化、过滤、整理，把“媒介信息”最终转换成对世界的“认知”。而在这一过程中，这部分“大众”转变成了存在着明显求知欲的“媒介受众”。

① 童兵.受众的求知性和新闻的知识性[J].新闻与写作，1989(6):10—11.

2017—2022年发布的中国期刊杂志行业研究及发展趋势研究报告中显示,“2016年《瞭望》入选亚洲品牌500强,2016年《特别关注》发行量突破了300万份,2016年《儿童文学》杂志月发行量突破百万,2016年《格言》杂志月发行量超100万。”[①]在图书期刊行业逐渐走下坡路的趋势下,这些带有很强科普性、教育性、文学性的杂志期刊依然有着庞大的、固定的受众群体。

2.受众的分享欲

随着多个网络社交平台的广泛性运用,无论是名人、明星、普通群众都可以通过各个社交平台实时发布图片、视频、文字等信息,社交平台就像是一个没有边界的庞大容器,它把人与人之间的交流距离缩小到最小化,社会等级身份被解构,在这个平民化、大众化的容器里,孕育出的媒介受众都具有一个共同的需求:分享欲。例如朋友圈作为腾讯微信上的一个社交功能,在2012年4月19日微信4.0版本更新时诞生,这一功能不仅可以使受众发布短视频、短文、图片,还可以分享网站链接。从2012年至今,微信官方数据显示,每天有超过七亿人使用朋友圈功能。

无论是吃饭、行走、工作、旅行、看书等等生活细节,受众都可以通过使用朋友圈转发功能来完成一次又一次的实时分享,在获得其他受众的点赞、评论之后,大部分的受众会形成一定程度的心理满足感,会激发他们的下一次分享欲望。这种受到其他受众关注之后产生的刺激反应,实质上就是分享欲的产生。而受众的“分享”只是一种行为,如果仅仅把“分享”当作一种行为,而忽略了这种行为背后的真正原因,那么就走入了行为心理学的形而上学的研究逻辑。从心理学的角度来看待这一现象会发现,使用朋友圈功能的受众的分享欲实质来自以下五个原因:a.表达情绪;b.分享生活;c.社交需求;d.展现自我认知维度;e.获取认同感。

3.受众的偷窥欲

精神分析学派的心理学家西格蒙德·弗洛伊德通过对精神病患者梦境的不断研究和分析发现了“潜意识”,他认为每一个意识都是具有一个潜意识的原始阶段,而潜意识也许停留在那阶段上,不过却具有完全的精神功能。潜意识乃是真正的“潜意识”[②]。虽然弗洛伊德的这一观点在现代心理学派的研究者看来这一切都只是一种假设,没有科学数据论证,但在现实世界中,个体与群体的梦境经验印证了“潜意识”的存在。电影理论家劳拉·穆尔维通过对美国好莱坞电影的研究发现,大量的好莱坞电影都对女性角色

---

① 2017-2022年中国期刊杂志行业研究及发展趋势研究报告[R].北京:智研资讯集团,2016.

② [奥]西格蒙德·弗洛伊德.梦的解析[M].罗生,译.南昌:百花洲文艺出版社,1996:325—326.

进行了模式化的塑造，女性形象在电影中通常以性感的形象示人，充当着电影受众对性欲望满足的角色，这些女性角色通常没有丰富的情感和性格，只有满足男权审美的标准化外表。而这一现象的出现，实际上是电影制作者对于电影受众“偷窥欲望”的迎合。主流电影的实体，以及电影有意演变的惯例，通过视听语言手段描绘出了一个相对封闭的世界，它忽略了观众的存在，神奇地表现出来并为他们创造了一种分离感，刺激了观众的性幻想。电影受众在观看电影时所隐藏的偷窥欲，一方面来自人性本能的原始欲望，一方面来自观看电影的环境营造。当电影观众一走进电影院，进入电影观看大厅，电影开始前会关掉所有灯光，只留下大银幕与音响环绕声，电影院“黑匣子”的空间设计变成了群体梦境的场所。人们通常感受的观众席的黑暗（这也隔离了观众）与屏幕上移动的光影图案的耀眼光线之间有了极端的对比，也有助于促进窥视的错觉。虽然电影确实是为人们放映的，但放映条件和叙事刻板印象给观众营造出了一种他们正在观看一个隐秘世界的感觉。从20世纪初好莱坞电影黄金时代开始，电影工作者们就意识到了这一点，并要求演员在表演时不能观看摄影机，这种假设观众不存在的表演方式，也是为了让电影观众进入到“偷窥”的潜意识中，并从中获得“偷窥”的满足感。

4.受众的狂欢欲

随着时代的发展，媒介的不断进化，移动互联网与互联网的语境开始逐渐向“娱乐至死”的方向发展，“全民狂欢”已经从非理性、非常态的传统认知转变为理性、常态的现状。除夕之夜，全民收看春节联欢晚会也成了最典型的“狂欢”活动。《汉语大词典》把“狂欢”释义为“纵情欢乐”。[①]这意味着“狂欢”一词的特质是带有强烈自由主义色彩的。在苏联著名文艺学家、文艺理论家、批评家巴赫金的博士论文《拉伯雷的创作与中世纪和文艺复兴时期的民间文化》中解读了“狂欢”的本质，在巴赫金看来，狂欢意味着颠覆、解构、融合、戏谑、粗鄙、混乱、界限的消弭，是脱冕的“国王”与加冕的“小丑”不分彼此的混乱状态，是对“生活严肃性的完全摆脱”。[②]把这一实质延伸到如今的媒介环境中，媒介与资本的相互融合，以娱乐为表象，消费为目的的宣传模式，实则是捕捉到了大部分的媒介受众都具有“狂欢欲”的心理。即使大部分的媒介受众看清了媒介与资本融合的经营模式，还依然会选择主动买单，这正是狂欢欲望的不断趋势。

阿里巴巴官方正式公布2019年天猫“双11”购物节最终成交额为2684

① 罗竹风.汉语大词典[M].上海:上海辞书出版社,2007:2744.

② 余星宇.狂欢的消费转向:传播政治经济学视角下的媒介生态研究[J].新闻传播,2016(6):4—5+7.

亿元，再破纪录。网络消费总额不断攀升的背后，潜藏着受众强烈的狂欢欲。如今的网络媒介形成了一个大容量的"拟态社会"，产生了大量网红、大量具有狂欢气质的综艺节目、大量狂欢式网络游戏与网络直播，大部分的媒介受众都在"狂欢欲"的驱使下竭尽全力地寻找不同的媒介平台来宣泄压力、释放情绪、表达自我、寻求认同。

二、媒介受众传播需求

如今的大众媒介产品的不断研发与制作，都离不开对媒介受众的分析与研究，甚至在很大程度上要迎合受众的需求。我国著名传播学者陈崇山曾提出"受众本位论"的看法，她认为"大众传媒在信息的传播活动中，应以最大限度地维护受众的根本利益为出发点，以满足受众获取多方面信息的需要为己任，以帮助受众提高思想素质、政治素质、道德素质和科学文化素质为目标，全心全意为受众服务"[①]。

1.受众的传通需求

"传通"指"用来替代'传的行为'这个观念的一个名词，也可以做动词用。英文communication一字来自拉丁文的communis，有共通的意思。我们用传的行为来与人家建立起'共通'。它也是英文communication（传的普通意义）或to communicate的中译。"宣伟伯·施拉姆提出，"人类的传统欲望的来源可以追溯到单细胞的活动时期，在人体内有一种叫阿米巴的细胞，可以接收到外界环境的数据，并且对这些讯息有一定的认知意识，知道哪些是营养物质，哪些是不能吸收的。"[②]在远古文明时代的人类生存过程中，就已经是靠着"传"来建立起人与人之间的共通。可以说，"传统"需求实质上是人类得以生存的本质性需求，是一种无可抵抗的天性行为。

2.受众的依赖需求

随着社会的变动对人造成的不确定感，会影响受众对大众传媒的依赖程度。社会的变动越剧烈、社会愈复杂，受众对大众传媒的依赖就会越深。如果在未来的科技文明发展中，依然没有出现能够代替大众媒介来满足媒介受众的各种不同需求的新型产品，媒介受众就会对大众媒介产生持续性的依赖。随着媒介平台的不断增长，媒介渠道多种多样，媒介产品庞杂丰

---

① 陈崇山.受众本位论[M].北京：社会科学文献出版社，2008：4.

② [美]宣伟伯·施拉姆.传学概论——传媒信息与人[M].余也鲁，译.北京：中国展望出版社，1985：6.

富，媒介信息大量聚集，让媒介受众对互联网媒介与移动互联网媒介的依赖关系更加牢固。

三、受众的“使用与满足”需求

20世纪80年代，美国传播学研究者伊莱休·卡茨（Elihu Katz）将媒介接触行为概括为一个“社会因素+心理因素”“媒介期待—媒介接触—需求满足”的因果连锁过程，提出了“使用与满足”过程的基本模式，其中包括：

（1）人们接触使用传媒的目的是满足自己的需要，这种需求和社会因素、个人的心理因素有关。

（2）人们接触和使用传媒的两个条件：a.接触媒介的可能性；b.媒介印象即受众对媒介满足需求的评价，是在过去媒介接触使用的经验基础上形成的。

（3）受众选择特定的媒介和内容开始使用。

（4）接触使用后的结果有两种：一种是满足需求，一种是未满足。

（5）无论满足与否，都将影响到以后的媒介选择使用行为，人们根据满足结果来修正既有的媒介印象，不同程度上改变着媒介的期待。

通过这一研究表明，媒介受众不是被动的接受者，而是具有一定的支配能力，卡茨强调了媒介受众的个人理性，并强调了媒介受众的满足心理会直接影响媒介印象与媒介选择，并且大部分的媒介受众都具有惯性选择的倾向，即一开始选择了某一媒介平台，在使用过程中获得了一定程度上的满足之后，有可能在接下来的媒介平台使用中会一直保持不变动的状态。“使用与满足的基本内容是不同的人可以将相同的大众传播消息用于完全不同的目的。”[①]无论是出于何种心理状态，媒介受众从传播学的角度来看，都具有强烈的使用与满足需求。

四、群体表达的需求

媒介受众在使用媒介时，通常还具有群体表达的需求。群体表达是相对于个体表达的一个概念，个体表达往往是依托于群体表达之上的。当发生一个社会事件时，个体表达如果持有某一观点时，通常不会立即发声，而是选择推迟和等待，在小部分个体开始持相同观点，同一时间段开始发声

① 葛进平.受众调查与收视分析[M].杭州：浙江大学出版社，2015:47.

时，这时与这个群体持相同观点的个体，才敢站出来勇敢地表达自我。这就是"沉默的螺旋"法则。我们可以回想，每当一个社会事件产生时，都会有无数个受众群体开始相互集结、相互抱团，并开始群体性地发表同一观点。由于在现实世界里受到高强度的生存压力，形成了在网络世界里的个性化、极端化的媒介受众，这些媒介受众都具有强烈的集体表达欲望特质：

1. 媒介受众的社会需求；2. 受众的消费需求；3. 社交需求；4. 文化精神需求；5. 追求真理的需求。媒介受众的需求价值不仅仅提高了媒介产业的发展，还需要担当起监督媒介生态环境的良性进步的责任，共同推进社会环境的进步。

第二节 媒介受众的细分及其变量

媒介受众首先研究的是媒介受众的需求，其次是对媒介受众的详细分类与变量因素进行详细分析。

一、媒介受众的细分

随着从媒介环境发展的宏观格局来看，媒介受众细分的必要性在媒介时代的发展中已经被逐渐消解，在以互联网与移动互联网主导下的新媒体时代中，媒介受众已经呈现出“全龄化”的发展趋势，开始越来越模糊媒介受众的个体差异，大量的电影、电视节目、网络游戏等媒介产品开始逐渐由清晰的受众定位过渡到符合全龄参与的生产方式。但从媒介管理者的角度来看，通过不同的视角来总结和归纳媒介受众的基本规律可以促进媒介产品的研发以及推动当代媒介产业的发展。

1.按年龄段划分

以大众转变为的媒介受众为例，分成少儿受众群体(3—12岁)；青少年受众群体(13—18岁)；青年受众群体(19—35岁)；中年受众群体(36—59岁)；老年受众群体(60以上)。可以看出，目前的电影、电视、图书、网络产品等都有针对不同年龄阶段受众人群的相关媒介产品，例如央视及地方电视台开设的少儿频道、以儿童为主要受众群体来创作的儿童动画电影、针对3—12岁儿童系列图书等。各年龄阶段都有着属于这一阶段的普遍性需求，因此部分媒介管理者与媒介制作者目前依然会站在不同的年龄阶段来定位受众群体。

2.按性别划分

按性别划分媒介受众可以划分为女性群体与男性群体。目前有部分媒介产品依然有着非常清晰的性别定位，如女性电影的产生，这类电影站在女性的视角，讲述女性的故事，表达女性的渴望，解读女性的心理，阐述男女平等的主题表达，这类电影称为“女性电影”。如2017年在中国台湾电影市场上映的电影《血观音》、在中国大陆电影市场上映的影片《嘉年华》都是以女性受众为核心受众来进行创作的电影。而大部分以权谋、悬疑类为题材制作的影视剧多以男性受众群体为标准来进行创作。

3.按个性偏好划分

按照个体的不同兴趣、爱好组合而成的媒介受众，丹尼斯·麦奎尔的研究中提出了一个关于个性偏好的定义：满足群组（gratification set）。“用来指称基于与媒介相关的兴趣、需求与偏好等多种可能性而形成或重组的受众。”[①]不同的满足群组有着不同的偏好，例如对游戏类、体育类、探险类、文艺类、肥皂剧类、综艺类等有不同范畴的倾向性选择。甚至有些极端个性偏好的满足群组，形成了对个体的迷恋或崇拜。

4.按媒介类别来划分

当下的媒介类别主要包括报纸、杂志、图书、电影、广播、电视、互联网、移动互联网这八大类。对于媒介管理者而言，通常会把媒介类别也划分成两类：传统媒介与新兴媒介。传统媒介包括了报纸、杂志、图书、电影、广播、电视。新兴媒介包括了互联网与移动互联网。从传统媒介过渡到新兴媒介与传统媒介相互融合的过程中，媒介受众也从传统受众过渡到新媒体受众。其间，大量的受众实际是重叠的，观看电影的受众也会观看报纸和图书，同样使用新媒介的受众同样也存在继续使用传统媒介的可能性。按照媒介类别的划分，因为存在大部分的“重叠受众”，无法用更详细的调查数据进行分类统计，所以，这样的划分方式价值并不高。

5.按照媒介运营者的视角来划分

作为媒介的运营者与管理者，当媒介产品投放到市场运作时，如果判断这一媒介产品所显示出来的成效，这时需要借助媒介受众的细分来详细分析该媒介产品的特征及未来存活的潜力与空间。以媒介运营者的视角来划分媒介受众，可以分为实际受众、目标受众、潜在受众、可能受众。实际受众指的是实际达到的受众群体；目标受众是媒介运营者在媒介产品运营之前根据市场情况、同类型媒介产品投放市场的数据值所做出的预估，实际的到达率有可能偏高或者偏低；潜在受众指的是未曾达到但具有选择性倾向的媒介受众；可能受众指的是在实际受众圈层以外具有试探倾向的受众群体。

6.按照社会形态来划分

从社会学的角度来看，根据不同的社会形态，呈现出了不同形态的媒介

---

① [英]丹尼斯·麦奎尔.受众分析[M].刘燕南，等译.北京：中国人民大学出版社，2006:41.

受众群体，其中包括：娱乐型受众、求知型受众、经济型受众、政治型受众、粉丝型受众、竞技型受众等。娱乐型受众指的是以娱乐消遣为主要目的受众群体，比如宅在家里观看各种肥皂剧、拿着爆米花走进电影院、沉迷在网络游戏中的行为，都是典型的娱乐性媒介受众的行为特征。

7.按照行为意识来划分

主要分为主动型受众与被动型受众。主动型受众可以通过媒介平台与媒介创作者或其他媒介受众进行交流、对话，通过不同的发表态度的渠道来表达自我的观点。主动型受众通常会给媒介运营与管理的发展带来反哺的作用，不仅仅是媒介产品带给受众信息、娱乐体验、精神内容的满足，主动型受众同样也会给媒介产品的生产、研发、制作，媒介平台的运营媒介平台的管理，媒介产业化的发展带来新的意见与思路。而被动型的受众，通常如“魔弹论”中提到的“靶子”，他们没有自我反思的能力，是纯粹的被动接受者。在目前的媒介环境中，已经出现了越来越多的主动型受众，很多被动型受众被“唤醒”，开始由“被动”转变为“主动”，这让大众媒介与媒介受众之间的关系由“受众控制”逐渐向“受众自治”过渡，这是媒介变革对于媒介受众意识革新的推动作用。

二、媒介受众的变量

研究受众的细分离不开研究受众的变量，大众受众因受到社会阶层、宗教、种族、政党、民族地域化等社会环境的影响，受众个体存在着巨大的差异，这种差异从表面来看，体现在行为、举止、穿着、谈吐、爱好、生活习惯的不同，从精神层面来看，则来自审美品位、阶级观念、世界认知、价值观念等的差异。

因此，媒介受众从来都不是一个固定的群体，他们随着时间与空间的改变也在不断地解构与重组，对媒介受众的细分只是前提，受众的变量会影响受众的群体规模和群体效应，因而研究媒介受众的变量才能更深入研究受众。

1.区域化环境

从民族志研究视角来看，因世界各国区域都存在着不同的民俗文化和生活习惯，所以研究民族志的工作人员需要进入研究地进行实地考察，收集不同地区的传统习俗、民族礼仪与生活方式的大量资料，并对其进行实践性的整合分析。媒介民族志研究是站在媒介受众本位论的角度，来充分尊重和客观记录媒介受众对于媒介接触的行为习惯背后存在的多重结构性行为的差异。由社会大众演变而来的媒介受众由于自身的生活状态发生改变，比如从农村或小城镇进入城市生活的"小镇青年""打工仔""农民工"等受众群体，在进入城市生活之后，因为前后生活的空间环境不同，被多元化的信息、丰富的媒介资源影响，所接触的媒介信息都有一定程度上的变量。如2015年城乡青少年对于网络接触的差异，在城乡青少年的网络接触率存在着明显的差异，尤其是在交流沟通与商务交易的板块中，由于受到来自不同地域教育文化程度与使用意识的影响，青少年网络受众群体之间存在着较大的差异化特征（如表3-1所示）。

表3-1　2015年城乡青少年网民在各网络应用上的使用率差异

类别	网络应用	城镇%	农村%	城乡差异%
信息获取	搜索引擎	87.6	84.2	3.4
	网络新闻	76.2	69.9	6.3
网络娱乐	网络游戏	67.8	63.1	4.7
	网络视频	78.0	68.6	9.4
	网络音乐	81.7	76.5	5.2
	网络文学	46.8	38.9	7.9
交流沟通	即时通信	93.5	89.6	3.9
	微博	41.3	28.0	13.3
	电子邮件	38.1	24.9	13.2
	论坛/BBS	20.7	11.2	9.5
商务交易	网络购物	66.0	49.0	17.0
	网上支付	66.6	49.9	16.7
	网上银行	49.9	34.3	15.6
	团购	30.6	18.4	12.2
	旅行预订	41.9	23.6	18.3
	互联网理财	12.7	9.1	3.6

数据来源：中国互联网信息中心

2.亚文化与媒介品味

"亚文化"与"媒介品味"原本是两个不同的概念，但在研究媒介受众变量时，可以融合在一起。"亚文化"即主流文化之下的"次文化"，"亚文化是一种普遍而又独特的文化现象，是人类社会文化结构中不可或缺的组成部分，与处于社会主导地位的文化形态共存于同一个社会、经济和文化体系中，但它通常又是一种与主导文化具有明显差异的文化形态”①。结合当下的媒介时代背景可以看出，亚文化可以包括二次元文化、街头文化、摇滚文化、朋克文化、网络语言文化等多种带有“非主流文化色彩”的次文化。

随着时代的发展，亚文化的范畴越来越广泛，也不再“边缘化”，而是与主流文化“同生共存”。“毫无疑问，新媒介是生产亚文化的良田沃土，同时，新媒介也是最自觉、最迅速再现亚文化的空间。”②媒介受众在接触大众媒体时，因受到不同亚文化的冲击与影响，在选择媒介类型、媒介产片与媒介内容时，都会存在一定的差异。这种亚文化差异所带来的变量往往还伴随着媒介受众个体品味的差异。

3.媒介产品价值

除了媒介受众自身受到成长环境、生活空间改变的影响外，与媒介受众相对应的媒介产品的价值变动，也同样是改变媒介受众选择的主要因素之一。媒介产品的价值包含了商业价值与内容价值。在媒介产业运营过程中，所有的媒介产品都被定义为商品，包括媒介受众本身，也属于商品，“受众既包括一系列付费的消费者，也包括被人以每一媒介产品为单位讨价还价，转售给广告商的人头数和钱数”③。除开媒介产品的商业价值，大部分的媒介产品在投放到市场时，媒介受众对于媒介产品的性价比、产品质量、技术含量、艺术价值等都会给出大量的反馈意见。这里的反馈意见在不同的媒介平台中，通过不同的媒介功能来呈现。比如电视节目的“收视率”就属于“反馈意见”，电视的媒介特质决定了媒介受众无法同一时期与媒介管理者与运营者进行互动对话，只能通过数据来展现“反馈意见”。

电影的“反馈意见”渠道相对更加宽泛，包括票房数据、影评人评论、大众网络评论、电影媒介平台的影片评分值、媒介平台的弹幕评论等。这些包含了客观数据与主观对话的受众反馈都可以被看作是“反馈意见”。而“反馈意见”所代表的媒介内容价值往往与媒介商业价值相互作用、相互影响。如果某媒介的内容价值风评较低，有可能会影响媒介受众对其媒介产品放弃使用，而媒介受众的行为变动，也会直接导致媒介商业价值的降低。相反，某媒介产品的风评较高，内容价值就会上升，媒介受众大部分都存在“跟风”心态，所以媒介产品的商业价值也会随之上涨。如近几年的国产故事

① 马中红.中国青年亚文化研究年度报告2012[R].北京:清华大学出版社,2013:2.

② 马中红.中国青年亚文化研究年度报告2012[R].北京:清华大学出版社,2013:12.

③ [英]丹尼斯·麦奎尔.受众分析[M].刘燕南,等译.北京:中国人民大学出版社,2006:46.

片，当出现《驴得水》《我不是药神》《无名之辈》《流浪地球》《红海行动》《我和我的祖国》等既卖座又口碑良好的国产影片时，国产电影的内容价值在不断提升，改变了电影受众对于中国电影的价值判断，从早期中国电影无人问津、一片萧条的局面到如今国产电影市场蓬勃发展的盛况，都体现了媒介产品的价值变化，很大程度上影响着媒介受众的行为变化与消费选择。截至2019年，我国内地总票房排行榜前十名的电影中，只有一部好莱坞电影上榜，其余9部都是国产电影（表3-2）。与十年前的电影票房做对比，2011年总票房排行中，有高达6部的好莱坞电影大片。数据表明，观看国产电影的受众在不断增长，而变量的根本原因就来自国产电影产品价值的提升。

表3-2　截至2019年国内总票房排行榜

票房排行榜	电影名称	总票房/亿	上映年份/年
1	战狼2	56.39	2017
2	哪吒之魔童降世	49.34	2019
3	流浪地球	46.18	2019
4	复仇者联盟4:终局之战	42.05	2019
5	红海行动	36.22	2018
6	美人鱼	33.9	2016
7	唐人街探案2	33.71	2018
8	我不是药神	30.75	2018
9	我和我的祖国	29.56	2019
10	中国机长	28.4	2019

第三节 媒介受众分析与研究

目前的媒介特征可以概括为“媒介融合”时代的普及与向“智媒时代”的过渡。以国内媒介形态为例，国家和地方广电产业与移动互联网、互联网相互融合，打通了媒介之间的屏障，通过融合不同的媒介平台、媒介渠道，建立起多维度的跨媒介空间。例如中央电视台的《新闻联播》栏目，多年以来的播出平台只有一个，而在2019年7月，由中央广播电视台新闻新媒体中心正式推出了《主播说联播》的短视频栏目，把传统的新闻栏目与短视频媒介平台相互融合，打造出具有创新意识的跨媒介产品。目前各地区的县级融媒体中心也响应了中央政府的号召，开始打造出多个融媒体媒介产品，媒介受众即将面临的是一个全新的智媒体时代，而对于媒介受众的定性分析与定量分析也相应地需要结合全新的媒体时代背景来进行研究。

一、定性研究

以媒介运营者与管理者的角度来定位新媒体时代下的媒介受众，通过归纳、总结、演绎、分析、抽象或概括等方法来揭示媒介受众的内在发展规律，确立媒介受众在新媒体环境下的发展方向。

1.交互式受众

传统媒介的黯然失色，新媒体力量的不断崛起，其原因还是在于传统媒介与媒介受众的互动隔阂。媒介受众的参与度低，或者媒介受众想参与却没有渠道都是传统媒体的局限性。而新媒体的打破边界化技术的产生，让媒介受众可以无屏障参与到“拟态社会”里，与媒介传播者和其他媒介受众进行无障碍交流，这体现出了新媒体的核心在于“互动”。如今跨媒介的融合，帮助传统媒介走出了这一困境，媒介与受众的关系已经建立在多维互动的格局之上。提高媒介受众的参与度能够有效地提高媒介产品的关注度与活跃度。“对话式”“圆桌式”“互哺式”将成为媒介与受众的新型交流方式。

2.主流价值观受众

主流文化的价值取向，通常与社会环境、国家民族文化息息相关，上文提到的亚文化，已经分流了很大一部分受众。如果想通过媒介传播积极向上的主流价值观，还需要主流媒体的进一步努力。主流价值观对于一个国家、一个民族来说，具有强有力的引导力、影响力与公信力。随着短视频在我国媒介市场的流行，抖音短视频平台突破了国内日活跃用户2.5亿以上，国内月活跃用户突破5亿，而抖音官方发布的《2019抖音大数据报告》显示，粉丝量排在前10的抖音公众号无主流媒体。“人民日报”主流媒体获赞数最高。在一个影响力巨大的影响力的短视频媒介平台中，主流媒体依然不占优势，这一现象值得反思，媒介受众需要从价值取向、审美水平、文化水平等多方面进行更加优化的培养，这需要代表主流价值观的主流媒体寻求新的创新思路。

3.具有正面舆论导向的受众

在媒介受众拥有一定话语权的前提下，会出现正面舆情与负面舆情效应。积极乐观的舆论态度可以帮助建立一个绿色健康的媒介生态系统，而当大量负面舆情产生时，则会对媒介生态系统造成严重的破坏，尤其是在受众群体中具有一定影响力的“意见领袖”。最早的“意见领袖”一词来源于美国传播学者拉扎斯菲尔德等三人1944年出版的《人民的选择》一书，这三位学者通过对美国1940年总统选举时选民投票意向的研究，提出了两极传播模式：即“观念常常是从大众媒介流向意见领袖，然后由意见领袖告诉人口中的不太活跃的部分”。通常这些突出的“意见领袖”可以改变大多数受众的行为选择和态度意向。如微博大V、自媒体公众号、名人、明星、网红等，这些都属于媒介行业内的“意见领袖”，如果其中有个别“意见领袖”发表了带有负面舆论色彩的观点或态度，有可能会引发大面积的负面舆论导向，所以作为有影响力的“意见领袖”应该建构起强烈的社会责任感。

4.“媒介+服务”模式下的受众

习近平总书记在2018年8月召开的全国宣传思想会议上表示，要抓好县级融媒体中心建设，打通媒体融合“最后一公里”，融媒体中心的定位为：主流舆论阵地、综合服务平台、社区信息枢纽，而融媒体设计核心之一是“服务好人，引导好人”。目前，全国各市县级区域的政府部门都提出了打造“媒介+服务”的口号，号召对媒介受众进行全方位服务。其中建立综合服务与社会枢纽的明确定位都是以便民、利民为主，在医疗、教育、养老、交通等刚需领域通过运用媒介技术来为受众提供更好的生活保障和生活质量。例如各大城市对于“网上购票”“网上挂号”的普及，建立多个移动客户端来满足受众的生活需求。在“媒介+服务”影响下的媒介受众，将会具有更加高质量、高水平的生活方式。

二、定量研究

主要研究媒介市场下的受众，以统计学原理为研究方法，通过市场调研或问卷调查等方式，对受众的某一现象有关的数据进行有计划的、有组织的收集、整理、分析、计算，准确地说明媒介受众的某一现象或某个特征。媒介受众的定量研究指标包括图书或期刊发行量、广播收听率、电视收视率、电影票房、网络用户量、网络点击率、网络转发率等。结合当代媒介发展的时代背景，着重以电视收视率、电影票房、网络受众指标为案例进行定量研究。

1.电视收视率

“收视率是在特定时段收看某一频道或某一节目的人数在总体推及人口中的百分比。收视率是收视指标体系的代表性指标，有千人收视率和百分比收视率两种，分别用收视千人(000)和收视率(Rtg%)表示。”[①]全球共有70多个国家和地区开展了电视收视率调查，目前，国内大部分收视率的调查数据来自央视——索福瑞媒介研究(CSM)，它是中国目前最大的市场调查和媒介研究公司。其收视率的数据调查与研究意义在于，可以通过收视率推算出电视节目受众的人均接触分钟数、时段贡献、时段频道贡献、到达率、市场份额、忠实度等更多电视受众的量化数据。其中，仅到达率的指标就覆盖了受众接触度、覆盖率、平均到达率、有效到达率、边际到达率等更为详细的数据分析。因此，研究收视率不仅可以帮助电视媒介运营者通过量化收视率来掌握电视受众的需求规律，而且从电视媒介发展的角度，量化收视率指标可以揭示电视受众的变化规律与电视媒介发展的内在规律。在索福瑞发布的2018年电视市场回顾中，对于电视受众最喜欢看的节目类型做出了数据分析(如表3-4所示)。

① 葛进平.受众调查与收视分析[M].杭州：浙江大学出版社，2015:209.

表3-4　2017—2018年主要节目类型收视比重对比(%,全天,所有调查城市)

节目类型	2017年		2018年	
	播出比重%	收视比重%	播出比重%	收视比重%
电视剧	26.7	30.9	28.1	31.8
新闻/时事	10.5	13.9	10.5	13.3
综艺	5.9	12.0	5.6	11.2
生活服务	14.6	7.2	13.3	7.1
专题	8.3	6.6	8.7	6.2
青少	4.5	5.4	4.6	5.5
电影	3.1	4.8	3.1	4.7
体育	2.4	3.0	2.5	4.2
法制	1.5	1.4	1.5	1.3

该数据表明,“整体市场各类节目中,电视剧、综艺和新闻依然是拉动收视的三驾马车,三大类型节目收视量占据总收视量的56.3%”。而通过对全国观众平均每人每天收看时长的调查发现,相比“2017年同期少了10分钟,下降幅度为7.2%,与上一年的8.6%相比,下降幅度略有缓和。但也不能否认,人均收视时间与2014年相比减少了32分钟,在短短的5年间缩短了半个小时之久”。通过对于收视数据的量化分析,揭示了当下的电视受众对于电视媒介的依赖程度正在逐步降低,移动互联网与互联网分流了部分电视受众,电视媒介正在面临严峻的市场考验。

2.电影票房

电影票房原指电影院售票处,之后用来代指电影上映之后的总收益额。电影票房的统计来源于实时电脑数据显示,目前中国的票房统计情况为影片所有票房收入计入电子售票系统,数据统一汇总到中国电影事业专项资金办公室。电影票房的统计数据指标还可以延伸出票房排行、票房占比、排片场次、排片占比、上座率等详细的指标记录。电影受众对于实时票房数据的关注也会间接影响排片场次、排片占比、上座率。所以电影票房的量化统计也可以反映影产业发展进程中的变化规律,预测未来电影行业的发展前景,可以为电影制片者与发行者梳理出详细的影片类型占比脉络,提供电影生产内容的参考指标,如2018年电影类型,位列前三的分别为动作、喜剧、剧情,占比分别为39.3%、26.5%、14.1%,而其他类型的影片如动画、科幻、爱情、奇幻等综合占比仅20%,题材方面相对单一,科幻、动画等题材待开发,分城市区域来看，观众的内容偏好也有较大的不同。其次还可以帮助电影创作者个体或团队层面带来持久宣传的影响力。电影《战狼2》于2017年7月27日在国内上映，以56.8亿元票房创下历史新高，位居目前国内票房榜榜首（截至2020年12月），并创下国内观影人数累计1.4亿的成绩，影片票房上的成功，间接为影片的制作团队带来了“二次宣传”效应，也为导演及主演吴京建立起了较高的知名度，在《新闻联播》节目里先后出现过两次，第二次出现在两会专题的特别报道中，建立了良好的国民好感度。电影排行榜可以直观让电影受众直观地衡量一部电影的商业与艺术价值，票房最高的电影可以帮助电影创作者建立起持久的票房号召力与影响力，而票房低的电影也有可能会进一步削弱电影创作者们的国民好感度。

3.网络受众指标

与电视收视率、电影票房的不同之处在于，网络受众指标是一个相对范畴更大的集合体概念，它包括了媒介平台的用户量、视频及网页点击量、评论总量、到访量、转发量、点赞量等。如今，新媒介时代已经进入了短视频时代，传统的文字+图片的方式、长视频、长博客等媒介产品都逐渐被新鲜、快捷的短视频所替代，数据显示，“2019年1月到5月短视频平台的用户月活跃度稳定，其中抖音短视频和快手占据大部分用户流量。数据显示，2019年5月，快手和抖音的月活跃用户分别达到2.4亿人和2.3亿人”①。

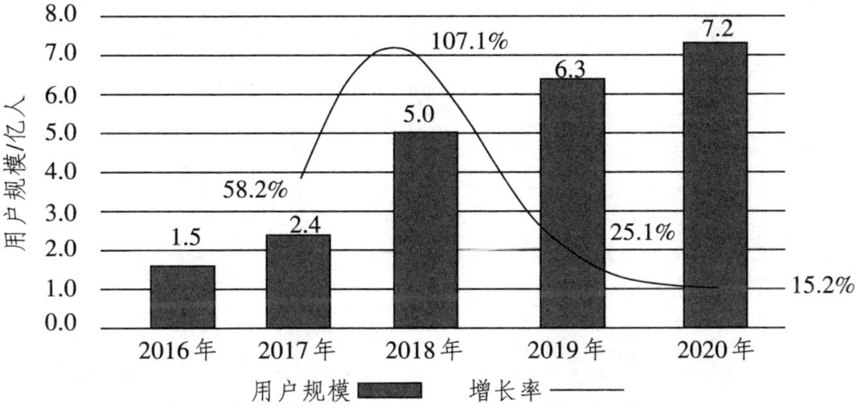

图3-1　2016—2020年中国短视频用户规模、增速发展及预测

研究网络受众指标的数据统计公司也没有如电视媒介一样的垄断性与专业性，从媒介运营与管理者的角度来看，网络受众的量化研究呈现出更加复杂化的形态。

① 中国短视频行业数据分析：2019年用户规模将达6.3亿[R].广州：艾媒数据，2019.

小结

本章通过对受众行为、受众心理的梳理，以点带面地学习了媒介受众这一重要概念，并且透过不同媒介视角将受众进行了细分。当然，这样的细分也只是粗线条的分类，随着媒介的精细化管理和大数据工程的推进，不同媒介都可以通过各种渠道和技术手段对受众进行用户画像，解构受众的行为心理和逻辑。我们透过本章的一些内容不难认识到，网络媒介在认识受众层面要远比传统媒介清晰得多，这主要源于可使用的技术手段和交互逻辑产生的结果。希望同学们可以透过这一章的相关知识，扩充对受众的行为心理和人性的叹息，只有掌握了受众的偏好和心理才可以开发好更合适的媒介产品。

第四章 媒介产品运营与管理

“媒介产品是由大众媒介组织生产的精神产品的统称”[①]，也就是指通过媒介组织对一系列声音语言、文字语言、图像语言进行采集、整理与加工编辑之后，形成的具有传播价值、舆论价值、市场价值的内容产品，媒介产品可以通过报纸、杂志等物质载体进行直接传播，也可以通过电视、广播等进行信号传播，其实质是内容的生产。

媒介产品与其他商品一样，具有自身的生产规律、运营方式以及管理方法，而想要深入掌握媒介产品的运营与管理，需要结合时代背景与市场环境，通过宏观视角来进行全面分析。在全球信息化时代的今天，大众消费者对于媒介产品的需求量日益增大，媒介产品的生产渠道也越来越广泛，信息化内容的大量出现，媒介产品逐渐呈现出多样化、复杂化的发展形态，这需要媒介研究者为媒介产品的运营与管理开辟一条适应当下社会发展的新思路。

① 谢新洲.媒介经营与管理[M].北京：北京大学出版社，2011:50.

第一节 媒介产品

媒介产品是一种精神产品，这种精神产品具备哪些价值？它是否可以看作是一种商品？想要了解媒介产品的实质，必须先对生产媒介产品的媒介组织的生产目的进行研究。当媒介组织者出于公益、慈善、舆论导向等目的而生产的媒介产品，就不具备商品的属性。而当媒介组织者以交换为目的而生产的媒介产品，才具备商品的属性。由此可知，媒介产品可分为非商品性媒介产品与商品性媒介产品。

一、非商品性媒介产品

非商品性媒介产品，是相对于商品性媒介产品的一个概念，要想区分不同的媒介产品的属性，首先要区分“商品”与“非商品”。在我国市场化经济体制下，大部分的媒介产品都已经成为商品性媒介产品，但也有少部分媒介产品属于非商品性媒介产品，包括以国家政治宣传为主导的新闻，以慈善、公益为目的慈善宣传活动、公益广告、公益活动等媒介产品。以下介绍两种主要的非商品性媒介产品。

1.新闻

新闻的产生是通过对现实事件的采、编、播等一系列程序制作而成，它以网络、电视、报纸、杂志等大众传播媒介为载体，向大众接受主体传播最新的消息与报道。关于新闻是否属于非商品性媒介产品，在学术界一直存在着争议，一般有以下两种说法：说法一认为新闻是国家意识形态机器，它不以营利为生产目的，它不具备商品性；说法二认为在市场经济体制下，新闻媒介产品是新闻的物质承担者，是物化了的劳动产品，从这一角度来看，新闻是商品。那么新闻到底属于商品还是非商品的媒介产品呢？这需要对新闻的生产目的进行分类才能得出结论。

新闻的生产是为了宣传国家意识形态。新闻的媒介生产者的最高机构是国家，而新闻的运营与管理必须首先符合国家的相关法律法规，新闻首先是一种国家意识形态机器，国家的政治舆论导向主要是通过新闻来实现，国家对于新闻的制作与播出是无偿提供条件的，从这一层面来看，新闻具有非商品性的属性。

新闻的生产是为了获取资本价值。在我国市场经济体制的主导下，有一部分新闻产品不以宣传国家意识形态为主要目的，而是把新闻当作商品的形式在市场上进行交换，比如纸媒就是有偿营利，大众消费者想要看到报纸上的新闻，必须用货币进行交换。纸媒生产者虽然肩负着政治宣传、为大众提供最新信息的责任，但首先应该是维持经济的发展，如果不获取物质利益，一家报社或杂志社完全出于公益的目的来生产新闻，这很难让他们持续发展下去。相反，如果一家报业集团在市场竞争下取得优势，很可能会积累雄厚的资本来获取更大的影响力。比如《广州日报》，“作为我国第一个经中宣部和国家新闻出版总署批准成立的报业集团，凭借多年市场积淀形成的影响力、依托多元化经营积累的雄厚资本于2007年在深交所主板上市”[①]。《广州日报》上市的案例表明，新闻具有潜在的商品属性，一旦外界环境发生改变，媒介产品生产者的目的发生转移，新闻就很有可能会从一种非商品性的媒介产品或者一种公共产品变成一种商品性的媒介产品。

新闻作为一种特殊的媒介产品，它的特殊性在于生产新闻的目的会随着环境因素而发生改变，如果简单地把新闻归类于非商品性媒介产品或者商品性媒介产品，无论是哪一种说法都不够严谨客观，我们只能结合当下新闻与生产者、消费者之间的关系，来进行分辨。

2.公益广告

在市场经济体制的影响下，除了新闻外，大部分的媒介产品都已经具有了商品的属性，那么是否还有非商品性的媒介产品？答案是肯定的，既然是“非商品”，那这类媒介产品就不以商品作为价值交换，它的生产是纯粹的公益性质，最典型的一类以公益宣传为目的的媒介产品就是公益广告。大巴士车身上的无偿献血广告、电视里的预防艾滋病广告、报纸杂志当中的环境保护的广告版面等，这些都属于公益广告。公益广告的制作需要成本，有些具有重要意义的公益广告的宣传甚至会投入大量的资本来完成生产，但这类型的广告不以营利为目的，而是为了达到一种无形的精神宣传的效应，公益广告的制作者通常分为以下几种：

(1)公益广告的生产者的最高部门为国家宣传部门，国家通过电视、广

① 谢新洲.媒介经营管理案例分析[M].北京:北京大学出版社,2010:327.

播、报纸等大众传播媒介发放的征兵广告、预防各大疾病广告、绿色环保以及和平友爱等主题广告，社会、国家通过生产与传播广告，来稳定社会发展、建立和谐社会。要想提高全民的法治、道德素养，即使投入大量的资金成本，也要进行大众接受主体的思想宣传。这样的生产目的，已经远远超越了赚取经济利益的价值核心，而是根据人民群众的精神需求来生产制作。

(2)公益广告的生产者来自慈善机构或企业、集团的慈善部门。慈善机构生产公益广告，主要是以公益广告为目的，宣传慈善的精神核心。而一些大型的企业或者集团也有相关的慈善或者公益部门，运用一部分资金生产公益广告，来完成对企业良好形象的树立以及社会公信力的建立。

(3)公益广告的生产者来自个体或小型群体。社会上传播的一小部分公益广告，也来自一部分志愿者和社会爱心群体，他们关注社会底层群众的生活，也希望通过生产制作公益广告来呼吁社会献出爱心。

可以看出，公益广告的生产者可以大到整个国家，也可以小到一个志愿者个体，公益广告的成本制作可以是大量的资金投入，也可以是低成本的生产，但是无论公告广告的形式有多种多样，公益广告的性质始终都是以“公益”为目的，而非“盈利”为目的，所以，公益广告是除了新闻以外，更具代表性的非商品性媒体产品。

二、商品性媒介产品

在我国市场经济体制的环境影响下，除了新闻、公益广告等不以交换为目的媒介产品属于非商品性媒介产品之外，其他的所有媒介产品均属于商品性媒介产品。大量的商品性媒介产品具有多样性的特征，根据不同媒介形态，可以把商品性媒介产品划分为平面媒介产品和电子媒介产品两大类型。平面媒介产品指的是通过二维视觉来进行传播的纸质媒介，包括报纸、期刊杂志、图书等。

1.报纸

报纸是一种以文字为载体，可以覆盖政治、商业、体育、艺术、生活等多个领域的新闻、资讯、评论的印刷出版物。报纸的发行体现了纸质媒介产品的商品性价值，以报业经营为例，报纸最初的发行都是以零售开始，之后再慢慢转变为订阅渠道，大众读者想要获取报纸上的信息，必须支付费用，以交换的形式获取资源，而报纸充当的就是商品的角色，它具有价值与使用价值，它的生产是以交换为目的，这就是商品的属性，而一家报业集团把商品属性发挥到极致的做法，就是把传统的运营方式转变为资本运营的方式，例如《广州日报》报业集团，“2006年上半年，主营业务收入、净利润、经营活动产生的现金流量净额分别为14582万元、3146.51万元、4668万元，分别同比增长3.69%、16.51%、365%，每股收益达0.1578元，净资产收益率为4.32%”[①]。广州日报报业集团的上市被默认为报业经营的最高形态，资本的运作使得报纸发挥出更大的商业价值。

2. 期刊杂志

期刊杂志是以固定刊名，以期、卷号或年、月、周为序，定期或不定期发布的由多位作者撰写的印刷读物。期刊杂志的销售模式通常都是订阅的形式，大量的期刊杂志与报纸一样，可以通过销售广告版面和杂志本身来完成“二次售卖”，期刊杂志符合商品的属性，并具有二级消费者的特性。有一些期刊杂志为了留住固定的阅读群体，还会使用各种各样的营销手段，例如瑞丽、ELLE等时尚杂志，不仅在中国的市场上选择本土化的生产模式，还通过给订阅读者送小礼品的方式来维持固定的客户群体。

3. 图书

图书是以文字或画面为载体，以覆盖天文、地理、人文、艺术、政治、经济等所有知识领域，以科普、记录、研究、传达情感等为目的印刷读物。图书可以记录人类历史文明的发展，传播大量的知识信息，让人们从中获取到科学、艺术、文化、历史等多个层面的精神食粮，因此图书是一种非常重要的纸质媒介产品。除了一小部分以公益、慈善、主流意识宣传为目的的图书之外，其余大量的图书跟一般商品一样，要通过编写、出版、印刷、发行的流程，大众读者需要用货币进行购买，才能获得图书，大部分图书的商品属性是显而易见的。

4. 广播电视

“广播电视是通过无线电波或导线传播声音、图像、视频的新闻传播工具。只播送声音的称为声音广播，播送图像和声音的称为电视广播。”[②]广播与电视是最传统的电子媒介，它们的诞生与发展不仅为人类大众带来了更多的信息资源，也为每个国家的宣传起到了至关重要的作用。早期的广播与电视，不仅仅能让人类了解世界各地的新闻事件、历史文化、民风民俗等，它也是国家最有力的意识形态机器，承担着政治、文化等多个方面的宣传任

① 谢新洲．媒介经营管理案例分析[M]．北京：北京大学出版社．2010：328.

② 国网浙江省电力公司营销部，国网浙江省电力公司培训中心．用电检查培训教材[M]．北京．中国电力出版社，2015：384.

务。所以,一开始的广播与电视属于公共产品,大众消费者可以免费收听和观看。但随着市场经济的来临,传统媒介产品受到网络媒介产品的冲击,正在逐渐走向没落,为了不在社会进程中被淘汰,广播和电视也在寻求新的出路。所以,广播和电视也开启了付费收听和付费频道的模式,尤其是电视的付费频道的经营模式在中国市场上开始越来越普及,观众一方面可以通过电视获取免费的信息资源,另一方面也可以从各个付费频道中选择自己感兴趣的精彩的娱乐、文化类节目,主动购买。从免费到付费的过程,也让广播和电视不再仅是一种公共媒介产品,它们依然带有商品的属性,随着社会的不断进步,未来观众对于广播与电视的付费方式将会越来越容易接受。

5.电影

电影,是通过活动照相术原理与幻灯放映术原理相结合而产生的一种连续性的活动影像。电影诞生于1985年12月15日,法国的卢米埃尔兄弟在巴黎的一家地下咖啡厅播放了《工厂大门》《火车进站》等纪实短片,在当时全世界都不知道电影为何物的前提下,选择了通过购票的形式让观众进入地下室内观看这一神奇的活动影像,也就是说,电影从一开始诞生就具备了商业属性。而当电影逐渐在我国发展,经历了一个多世纪的历史沉浮之后,中国的电影被蒙上了一层特殊的属性,如抗战电影的诞生,就很好地诠释了电影可以作为国家意识形态机器,向大众传播爱国主义精神。这种特殊时期的早期电影,在抗战年代大部分以露天电影的形式来进行传播,这样的电影不被当作商品来进行交换,而是为了完成国家的政治需求。而电影发展至今,类型片的种类越来越丰富多样,主题表达也百家争鸣,很多中低成本的优秀国产片开始在中国的电影市场上占有越来越大的市场份额,也越来越受到大众的好评,这让中国电影市场成为一个新兴的媒体行业,媒介制作者通过对电影的大量制作以及线下衍生产品的宣传和销售,让电影这一媒介产品形成了产业链的发展趋势。

6.网络产品

各大网站的早期经营方式,也是为了给大众提供大量免费的信息资源。但随着社会的进步与发展,在市场经济的促进与引导下,这些媒介产品的性质也在悄然发生转变,从免费收听、免费观看到如今受的付费收听、付费观看,由大众公共产品向商品性媒介产品进行慢慢过渡,这是社会经济发展影响下的必然结果。市场经济的环境是商品性媒介产品的温床,激烈的竞争,让各大媒介产品必须发挥出商品性的优势,这样媒介生产者和经营者才能长期存活。以网络媒介产品为例，早期的优酷视频、腾讯视频、爱奇艺视频等视频网站上的各大信息和资源都是免费提供，电视剧和电影也可以免费观看，而随着受众的需求越来越大，网络产品的吸引力也越来越大，很多的电视剧和综艺节目逐渐转变成付费观看的模式，这些都证明了网络媒介产品是典型的商品性媒介产品。

第二节　媒介新产品开发策略和程序

传统的媒介产品包含了报纸、期刊、图书、广播电视、电影，而从2011年到2017年之间，媒体行业的结构正在不断地打破传统格局，传统的媒介产品占有的市场份额开始逐渐下降，而新兴的网络媒介产品开始逐渐形成主导地位，研究网络媒介新产品的开发策略，有助于更好地探寻短视频和移动直播在互联网媒介市场中兴起的根本原因。"只要我们睁开眼睛看世界，我们就不能不承认，互联网已经成为今天传播领域的基础性的底层设施，就像一台计算机的操作系统一样，规定着你的运作方式、决定着你的价值评估、划定着你的运营空间。"①通过2011年至2017年中国传媒产业形态数据（表4-1）可以看出，手机用户、网民总数、WWW站点数量、手机上网人数这几项的数据都在逐步增长，证明了移动互联网与互联网在中国的传媒产业中占据了相当大的优势，而想要开发出媒介新产品，必须把移动互联网和互联网当成是孕育的温床，才能研发出顺应时代，迎合市场需求的媒介新产品。在当下的中国移动互联网和互联网产业中，已经出现新兴的媒介新产品，以下就详细以短视频和移动直播为案例，总结媒介新产品的开发的策略和程序。

表4-1　2011-2017年中国传媒产业形态数据

项目＼年份	2011年	2012年	2013年	2014年	2015年	2016年	2017年
报纸种类/种	1928	1918	1821	1912	1906	1894	——
期刊种类/种	9849	9867	9941	9966	10014	10084	——
报纸出版数量/亿份	467.43	482.26	482.41	463.90	430.09	390.07	——
期刊出版数量/亿份	32.85	33.48	32.72	30.95	28.78	26.97	——
图书出版数量/亿份	77.05	79.25	83.1	81.85	86.62	90.37	——
电影院数量/家	2800	3000	3903	4918	6373	7985	9504

① 喻国明.互联网逻辑与传媒产业发展关键[J].南方电视学刊,2014(3):6—1.

续表

项目 \ 年份	2011年	2012年	2013年	2014年	2015年	2016年	2017年
电影银幕数量/亿份	9286	13118	18195	23592	31627	41179	50776
广告经营单位数量/家	296507	377778	445365	543690	671893	875146	1123059
生产电视剧/集	14942	17703	15783	15983	16560	14768	13310
生产电影/部	791	893	824	758	888	944	970
有线电视用户/万户	11488.96	14303.07	17159.69	18700	20200	22715.54	22000
手机用户数量/万户	111215.5	122911.3	122911.3	128609.3	130573.8	132193	142000
固定电话用户数/万户	27815.3	26698.5	26698.5	24943	23099.6	20663	19400
WWW站点数量/万个	230.0	268.1	320.2	335.0	422.9	482.0	533.0
域名数量/万个	774.8	1341.2	1844.1	2060.1	3102.1	4227.6	3848.0
网民总人数/万人	51310	56400	61758	64875	68826	73125	77198
手机上网人数/万人	35558	41997	50006	55678	61981	69531	75265

一、短视频开发策略

如今的互联网时代，最炙手可热的媒介新产品非“短视频”莫属。短视频行业爆发的关键推动因素有“大众需求、技术驱动、商业驱动、社会环境”[①]，年轻用户群体对于移动互联网的使用需求越来越大、手机端观看视频体验也在不断提升、智能设备的技术含量也越来越高、图文自媒体创业竞争激烈，内容的同质化给短视频带来了前所未有的孕育空间，再加上短视频的影响力越来越大，因此让很多传媒投资者看到了短视频的无限的商业潜力，资本的不断涌入等等因素，让短视频的爆发成为媒体发展中必然经历的过程。而短视频前期开发策略可以归纳总结为以下两点。

① 一下科技研发中心.2016短视频内容生态白皮书[R].北京：一下科技，2016.

1.依附于网络社交媒介

在美国，短视频是通过Facebook、Twitter等社交媒介的传播而出现在公众视野之中，随着影响力逐渐增大，一些传统社交应用也开始开发短视频功能，比如Instagram等。在中国，大家熟知的"秒拍"视频就是来自新浪推出的短视频产品，而"微视"则是腾讯推出的短视频产品，这两大网站商业巨头对于短视频产品的投放，取得了较大的影响力，但短视频造成的热门效应大多数是通过社交网站平台而实现的。

2.自主创新产品，建立良好研发程序

短视频想要在移动互联网和互联网上站稳脚跟，如果一直依附于社交网站，是很难让自身存活下来的，例如长期依附于微博、微信等平台的"梨视频"就正在面临商业模式带来的困局，梨视频日产平均1500条资讯短视频，每日全网播放量超10亿次，但梨视频主要是依靠微博、微信等平台的流量。因为梨视频App用户量还不够高，所以广告主不一定愿意投放广告在其App内。如果广告分发到别的平台，这样一来，梨视频就会面临广告商流入其他平台的处境。那么要如何才能脱离社交平台依然可以存活下来呢？自主创新研发出来的品牌是另一大策略，通过自主创新研发出来的抖音App，就是一个很好的例证。

二、移动直播开发策略

"截至2018年6月，我国网民规模达8.02亿，互联网普及率为57.7%；2018年上半年新增网民2968万人，较2017年末增长3.8%；我国手机网民规模达7.88亿，网民通过手机接入互联网的比例高达98.3%。"[①]这个数据向我们展示了移动互联网在我国的强势势头，而在这样的背景下，除了短视频之外的另外一种新媒体产品也应运而生——移动直播，随着4G网络的普及和流量费用的大幅下降、明星使用直播宣传的手段越来越频繁和低成本低门槛的优势，让一大批草根民众成为网红。从国内的移动直播发展历程中，可以看出移动直播的发展最初像一个小苗在生长，随着各大网络巨头的加入、网红的层出不穷、受众的黏性互动，让移动直播成为运营成功的媒体新产品。对于移动直播的开发，需要做到以下几点。

1.前期以UGC模式为主

UGC（User Generated Content）指的是用户生产内容，移动直播的最大特

① 第42次中国互联网络发展状况统计报告[R].北京：中国互联网络信息中心（CNNIC），2018.

点在于门槛低、互动强，这是吸引越来越多人走入直播平台的很大原因。数据显示，2014年中国移动主播人数占比为7.9%，到2017年中国移动主播人数达到了66.5%，到了2018年移动主播人数还在不断呈攀升趋势。（图4-1）一部分群体利用直播平台成为网红主播，剩下的群体利用直播平台成为网红主播的粉丝群体。只有借助越来越多用户开通直播，吸引受众，才能留住越来越多的直播粉丝，增强直播平台与大众互动的黏性，才能保持用户数量的逐渐庞大，这为后期的移动直播发展打下了坚实的基础。

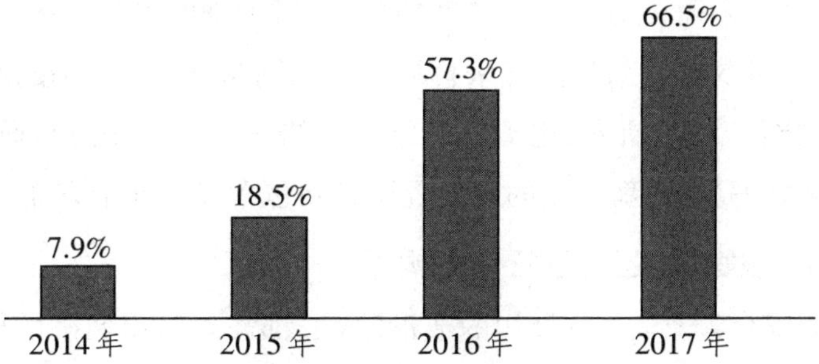

图4-1　2014—2017年移动主播人数在移动直播用户中所占比例

2.垂直分布战略

在利用UGC模式打下基础之后，移动直播接下来的发展应该转移到垂直分布战略当中，包括向PGC（Professionally-generated Content）专业生产内容模式进军，利用草根的特质建立基石，但UGC模式之下的产品直播长期处于乱象丛生、内容低俗的状态。要想打造高品质的移动直播，必须把生产模式从UGC向PGC过渡，也就是从用户生产内容为主转向专业生产内容为主。这里的专业生产内容包括了由专业团队打造的优质节目、时事新闻、深度评论等等。通过一些专业人士或者专业团队在移动直播上发布作品，来平衡和消解掉移动直播的内容低俗化的倾向。除此之外，强化IP孵化能力、发布直播榜单等等，都是垂直分布的战略布局。

3.采用"直播+X"的模式

"直播+X"的模式即直播融入其他平台、品牌、IP等多个层面的元素，进行融合开发，例如麻花直播App就是建立在API Cloud平台开发的基础上，以泛娱乐的形式为主体，加入了很多其他的功能模块，融入了麻花商城，开启了"直播+电商"的模式。再例如花椒直播，与途牛影视一起合作，运用"直播+旅游"模式，2016年花椒直播全程记录了某明星夫妇在马尔代夫的海滩婚礼，累积观看人数超过百万，途牛影视也通过这场直播收获了更大的成交额。花椒直播还与百合网进行合作，开启了"直播+婚恋"的模式，与百合网在“520表白日”推出百合花椒情感学院，这样的跨界玩直播，吸引了更大范围的网友参与。“直播+X”的新模式，是未来直播新产品的开发趋势，这也体现了移动互联网与互联网时代下“融媒体”的重要性和必然性。

三、媒介新产品的开发程序

媒介新产品的开发制作需要有一系列复杂的程序来完成，除了基本的制作流程之外，还需要对市场有精准的判断，对未来的发展趋势有明确的把握。目前，大量的媒介新产品都来自移动互联网与互联网，即便是一款来自传统媒介的新产品的研发，也离不开结合网络这个平台来进行研发。在这样的生产背景下，媒介新产品的开发程序必须包含以下几个方面。

1.运用“融媒体”逻辑进行全面构思

每一款媒体新产品，在最初的成形阶段，都需要做出精确的构思，例如产品的受众定位、产品的核心价值以及产品的创意来源，在这里，需要强调的是，如今以网络时代为主的媒体市场环境之下，所有的媒体新产品在前期构思时，都要结合“融媒体”的思维来进行创作，“融媒体”指的是多种媒体之间的相互融合，相互发展，如果把媒体新产品仅仅停留在传统媒体产品生产思路之下，这样的媒体新产品很难顺应市场的发展，也终将被市场淘汰，换句话说，就是结合时代才不会被时代淘汰。结合“融媒体”的思维来进行前期构思，了解清楚新产品可以融合哪些网络资源，可以在哪些网络平台投放，可以与哪些网站进行长期协同合作，才能让一款媒体新产品顺应当下媒体行业市场环境的发展，拥有更久远的存活率。

2.确定品牌理念

“品牌通常指的是商标，这是品牌的法律含义。品牌也代表产品的市场含义，如质量、性能、满足效用程度及品牌的市场定位、文化内涵、消费者认知等。”[①]新产品的开发离不开树立品牌形象，打造品牌效应，而其灵魂来自品牌理念的诞生，如果一款媒介新产品，缺少了品牌理念，那么这款产品就是一款没有灵魂的产品。品牌理念可以帮助媒介新产品拥有创意的广告营销、衍生品制作、后期产业链发展等等。例如“映客直播”这款媒介新产品在进入国内媒体行业初期，在央视投放的广告中的广告语是“在映客，我一定是我”，在时下跟风潮流的大环境之下，映客直播另辟蹊径，提出“做自己”的

① 支庭荣.媒介管理(第三版)[M].广州:暨南大学出版社.2009:293.

独立宣言,这就是它的品牌理念。顺应时代需求,又能从中找寻到最独特的元素,这就是创新精神。在一款媒体新产品的研发中,最需要的就是创新精神,通过品牌理念的创新来建立品牌效应,打通市场。

3.成本估算

解决了初期构思与品牌树立的问题,接下来,应该对该产品进行成本估算,通过产品的购买成本、生产成本、发行成本、营销成本等等,核算出这款产品在市场的运行,需要的成本量是多少。接着,再对市场销售额、市场占有率、成本回收率进行估算,成本估算是媒体新产品生产的一个重要环节,它可以帮助投资者理清思路,降低风险,理性投资。

4.制定市场营销战略

接下来就应该对该产品制定出详细的市场营销战略,该产品所投放的渠道、市场规模、市场结构、销售计划、分销战略等都需要详细评估,制定好营销战略计划。

5.产品开发

在完成以上几个步骤之后,就开始最重要的一个环节,就是产品开发,尤其是网络媒体新产品的开发,更需要注重功能、模式、板块的研发。产品的开发重点在于创新。例如一款网络新产品,如果拥有突破传统的新功能、新玩法、新技能等等,就能快速地占领市场,赢得大众的认可。

6.投放市场

在产品研发完成之后,首先应该对市场进行试投放,不仅可以预计投资的费用和投资的风险,还可以观察对市场的影响程度,受众接受的程度等。如果在试投放中遇到问题,可以及时对产品做出修改和调整,再把产品正式投放进市场中,把风险降到最低。

通过对短视频与移动直播的开发策略的深入分析,可以看出,短视频兴起的原因来自早期对社交网站的依附,后期逐渐涌现出自主研发的多个短视频App软件,并形成了一定的影响力。随着“文字+图片”的传统传播形式逐渐走向落幕,未来的互联网与移动互联网市场上,即将迎来以快捷、直观、信息量丰富的“短视频”为主导的媒体新环境。而随着短视频的不断兴起,移动直播也将通过垂直分布战略、直播+X战略的模式在移动互联网市场占领更大的市场空间。

第三节　媒介产品的管理

媒介产品指的是通过各种媒介渠道如广播、电视、影院、网络等生产出来的产品，包括广播节目、电视节目、电影、微电影、网络节目、网络小说、网络游戏、短视频等等。在媒介产品丰富多样的前提下，首先要做好媒介产品的管理工作，才能确保媒介产品的正常运营。媒介产品的管理可以分为对媒介产品的宏观管理、对媒介产品的微观管理以及媒介产品的事业与产业管理。

一、媒介产品的宏观管理

从宏观管理的角度来看，媒介产品的管理指的是国家相关法律法规对媒介产品的相应管理措施与方案。媒介产品种类繁多，尤其是网络媒介产品，因平台数量与用户量日益增多，在各种网络产品的管理上显得尤为重要。目前，国家相关法律法规主要是对媒介产品的两大范畴在进行宏观把控：一是媒介产品的内容；二是媒介产品平台的管理。

1.媒介产品内容的管理

媒介产品内容的管理主要是指对内容主题思想、题材、文字、图像等进行详细的管理。随着网络新媒体的迅猛发展，“泛娱乐化”的倾向日益加剧，媒介产品如果没有得到相应的管控，就会造成诸多问题。比如，移动直播视频的兴起，一度造成了国内媒体界的“直播乱象”，在直播视频中传播了各种暴力、色情、低俗等不良内容，“天佑直播说唱吸毒感受”“卢本伟教唆粉丝骂脏话”等关于直播的负面新闻也越来越多，给整个社会都造成了不良的影响。因此，对于媒介产品宏观的管理，首先需要针对“内容”来进行监管和约束。自从电影、网络新媒体这些具有巨大发展潜力的产业在我国媒体界不断兴起，我国在媒介产品内容的管理上也采取了相应措施，2001年12月12日中华人民共和国国务院发布了《中华人民共和国电影管理条例》，其中的第二十五条指出电影片禁止载有下列内容：

(1)反对宪法确定的基本原则的;

(2)危害国家统一、主权和领土完整的;

(3)泄露国家秘密、危害国家安全或者损害国家荣誉和利益的;

(4)煽动民族仇恨、民族歧视,破坏民族团结,或者侵害民族风俗、习惯的;

(5)宣扬邪教、迷信的;

(6)扰乱社会秩序,破坏社会稳定的;

(7)宣扬淫秽、赌博、暴力或者教唆犯罪的;

(8)侮辱或者诽谤他人,侵害他人合法权益的;

(9)危害社会公德或者民族优秀文化传统的;

(10)有法律、行政法规和国家规定禁止的其他内容的。

2007年12月20日,中华人民共和国广播电影电视总局、信息产业部发布了《互联网视听节目服务管理规定》,其中第十六条指出互联网视听节目服务单位提供的、网络运营单位接入的视听节目应当符合法律、行政法规、部门规章的规定。已播出的视听节目应至少完整保留60日。视听节目不得含有以下内容:

(1)反对宪法确定的基本原则的;

(2)危害国家统一、主权和领土完整的;

(3)泄露国家秘密、危害国家安全或者损害国家荣誉和利益的;

(4)煽动民族仇恨、民族歧视,破坏民族团结,或者侵害民族风俗、习惯的;

(5)宣扬邪教、迷信的;

(6)扰乱社会秩序,破坏社会稳定的;

(7)诱导未成年人违法犯罪和渲染暴力、色情、赌博、恐怖活动的;

(8)侮辱或者诽谤他人,侵害公民个人隐私等他人合法权益的;

(9)危害社会公德,损害民族优秀文化传统的;

(10)有关法律、行政法规和国家规定禁止的其他内容。

除了对于电影与网络节目的内容管理,在互联网上的"直播乱象"之后,国家也加强了对直播、短视频这些新兴媒介产品的监管。2016年11月4日,国家互联网信息办公室发布了《互联网直播服务管理规定》,其中第九条指出"互联网直播服务提供者以及互联网直播服务使用者不得利用互联网直播服务从事危害国家安全、破坏社会稳定、扰乱社会秩序、侵犯他人合法权益、传播淫秽色情等法律法规禁止的活动,不得利用互联网直播服务制作、复制、发布、传播法律法规禁止的信息内容。”

2019年1月,国家对于“短视频”也发布了《网络短视频内容审核标准细则》:

(1)攻击我国政治制度、法律制度的内容;

(2)分裂国家的内容;

(3)损害国家形象的内容;

(4)损害革命领袖、英雄烈士形象的内容;

(5)泄露国家秘密的内容;

(6)破坏社会稳定的内容;

(7)损害民族与地域团结的内容;

(8)违背国家宗教政策的内容;

(9)传播恐怖主义的内容;

(10)歪曲贬低民族优秀文化传统的内容;

(11)恶意中伤或损害人民军队、国安、警察、行政、司法等国家公务人员形象和共产党党员形象的内容;

(12)美化反面和负面人物形象的内容;

(13)宣扬封建迷信,违背科学精神的内容;

(14)宣扬不良、消极颓废的人生观、世界观和价值观的内容;

(15)渲染暴力血腥、展示丑恶行为和惊悚情景的内容;

(16)展示淫秽色情,渲染庸俗低级趣味,宣扬不健康和非主流的婚恋观的内容;

(17)侮辱、诽谤、贬损、恶搞他人的内容;

(18)有悖于社会公德的内容;

(19)不利于未成年人健康成长的内容;

(20)宣扬、美化历史上侵略战争和殖民史的内容;

(21)其他违法国家有关规定、社会道德规范的内容。

以上这些内容都禁止在网络短视频中出现。从以上国家发布的相关政策可以看出,媒介产品的内容管理是非常重要的环节,媒介产品的特征是传播速度快、受众面积广、内容信息量丰富,我国在对于媒介产品的内容管理上也是在不断总结、不断更新,为了给全国受众提供一个健康、积极、正面的媒体环境,媒介产品的内容管理不容忽视。

2.媒介产品平台的管理

媒介产品的平台指的是提供媒介产品制作、播出、销售，并能够连接受众的平台。目前，互联网上的移动直播、短视频平台已经越来越多，在对媒介产品宏观管理时，媒介平台自身也需要做出相应的自我约束，才能为大众提供和谐健康的媒体环境。2016年随着“直播乱象”的出现，一些网络平台开始想办法通过对自身平台的管理来整治国内直播环境。在2016年4月，百度、新浪、搜狐等20多家直播平台共同发布了《北京网络直播行业自律公约》，这体现了媒体平台自身在管理上做出的努力。国家针对媒介平台也开始实施了相应的管理措施。例如在2019年1月发布了主要针对平台管理的《网络短视频平台管理规范》条例，其中对平台的“总体规范、上传合作账户管理规范、内容管理规范、技术管理规范”这四大方面提出了相关的规定。总的来说，从宏观层面来看，媒体产品的管理主要指国家或者平台自身以法律法规或自身约束的公约条例为主，对于媒介产品内容与平台环境进行有针对性的管理。媒介产品的宏观管理至关重要，这对于建造一个良好健康的媒介环境起到了大方向上的把控和引导作用。

二、媒介产品的微观管理

从微观层面来看，媒介产品的管理主要指的是生产企业或单位对媒介产品内部的管理，主要包括以下四个层面：

1.前期筹备阶段的管理

媒介产品的生产制作分为前期筹备、中期制作、后期发行。首先，媒介产品的管理应该从最初的前期筹备阶段开始进行。包括前期信息采集管理、前期人力资源管理、前期的资本管理。首先，前期信息采集管理尤为重要，信息采集指的是在媒介产品生产制作之前，对产品进行前期的资料收集。而信息采集管理指的是对收集到的大量信息进行资源整合与定位筛选。资源整合可以促进媒介产品在筹备阶段具有清晰的资源体系，有助于媒介产品生产者更深入地认识产品本身的价值和优势。资源整合之后的前期材料，要进一步进行定位和筛选，根据市场环境和市场需求选出具有一定价值和优势的前期资源和信息作为生产产品的核心，剔除掉一些没有价值或者具有负面价值的信息和资源，这样做有助于对媒介产品进行精确的市场定位。

2.生产阶段的管理

媒介产品在生产过程中,最重要的是对人员的管理和技术的管理。比如制作一部电影,拍摄阶段就是电影这个媒介产品的生产阶段,在这一阶段的管理,首先是对整个剧组的工作人员进行合理的分配和管理,这里有一个误区,很多人会觉得剧组的最高管理者是电影导演,其实不然,剧组的最高管理者应该是制片人,导演只是生产环节的领导者,但也是生产环节中的一员,而具体的人员安排、资金分配、设备管理等等范畴都是由制片人来进行监管和把控。比如著名的好莱坞电影《乱世佳人》,在拍摄期间,导演进行了几次更换,所以最终这部电影不是由一个导演执导的,而是由山姆·伍德、乔治·库克、维克多·弗莱明三位导演共同完成的。好莱坞电影的制作模式,体现了电影制作环节中最高的管理者并非导演,而是制片人。这种管理模式已经运用到了目前国内的影视产业中,形成了一个良好的生产阶段的管理运作体系。

3.播出和发行阶段的管理

媒介产品在生产完成之后,紧接着需要做的就是销售产品。这款产品能不能投入到媒体市场中,是否具有敏感的内容嫌疑或者传播了不良的信息,是否符合国家对于媒介产品内容的限制条件,这都需要媒介产品的管理者在产品播出之前,对媒介产品进行审核,建立一套严格的审核标准体系,在每款媒介产品播出之前必须要经过审核体系的检验,通过的产品才能正常播出,有问题的产品就必须要严令下架,这样的审核管理机制可以帮助产品避免在播出之后有可能会遇到的舆论批评和法律惩罚。在播出之前,先进行审核,这是媒介产品管理者必须具备的管理措施。同样的,媒介产品在哪些渠道和平台进行播放,这也是媒介产品管理者需要考虑的问题。发行之前,先进行审核,顺利通过之后再进行市场发行。例如一款手机游戏的推出,在网络上发行之前,首先是这款手机游戏的媒介管理者,应该对游戏本身进行严格的审核,包括游戏中的语言、人物、桥段等等因素,避免手机游戏在发行之后出现各种难以解决的负面问题。网络上出现的许多新产品如直播、短视频也同样需要这种审核管理机制。在难以实施宏观管理的网络环境中,媒介新产品的管理者就更应该严以律己,做好自身产品的管理措施,防患于未然。

第四节　中国媒介产品生产的现状

《2018年中国传媒产业发展报告》中显示，“2017年中国传媒产业总规模达1万8966.7亿元人民币，较上年同比增长16.6%”[①]，这表明中国的传媒行业市场正呈现出良好的发展趋势。中国传媒行业的市场发展，经历了三个不同阶段的变革。2011年的中国传媒行业市场，还停留在平面媒体、广播电视、互联网、移动互联各自占有一定市场份额的格局之下；直到2013年，平面媒体的市场份额开始下降，形成了传统广播电视媒体、互联网与移动互联网三分天下的格局；直到2017年开始，广播电视媒体的市场份额也在逐渐下降，形成了移动互联网独占鳌头的局面，“移动互联网的市场份额接近一半，传统媒体总体规模仅占五分之一，其中报刊图书等平面媒体的市场份额不到6%。(图4-2)”[②]。由此可以看出，在中国的传媒市场中，移动互联网与互联网的迅猛发展正在颠覆传统媒体的认知和逻辑，那么在这样的趋势之下，传统媒体生产的媒介产品与新媒体产品的现状如何？是否新媒体产品取代了传统媒介产品？以下针对中国媒介产品的生产现状总结出了四大特点。

图4-2　2017年中国传媒产业市场结构

① 清华大学新闻与传播学院、社会科学文献出版社、中国新闻史学会传媒经济与管理学会等.2018年中国传媒产业发展报告[R].北京.2018.

② 清华大学新闻与传播学院、社会科学文献出版社、中国新闻史学会传媒经济与管理学会等.2018年中国传媒产业发展报告[R].北京.2018.

一、传统媒介产品面临淘汰危机

2017年1月1日，在北京纸媒界立足15年的《京华时报》宣布停刊，这是一家以"宣传+新闻+服务"为主题核心的传统媒体，曾经有无数的北京人在每天上班的早晨，都会在报刊亭买一份《京华时报》，在这15年的时间里，《京华时报》也取得了非凡的成就，曾经的发行量持续占据北京早报的70%的市场份额，2005年、2006年、2007年连续三年荣获百度中国传媒影响力"状元媒"，新闻网络转载率和点击率名列全国报刊类第一名，同时荣获"最具新闻传播力媒体"和"最具时政传播力媒体"，2007年被史坦国际和中国传媒论坛评为第三届"最具投资价值媒体""最具成长性创新媒体"，就是这样一家拥有大众公信力与影响力的传统纸媒，为何会宣布停刊？其中的原因为：

1.纸媒的生产成本较高

相比移动互联网和互联网，大量的文字媒介产品在网络上不需要任何的生产成本，而一份报纸、一份杂志或者一本图书的生产，都需要设计成本、印刷成本，这对于纸媒行业来说，无疑造成了前期资源的大量损耗，想要收获更大的利润额，显得力不从心。

2.受众的阅读方式发生改变

早期的中国人都有看报、读报、读书的阅读习惯，但随着移动互联网时代的到来，越来越多的人认为通过手机或者电脑观看每日的新闻时事、新鲜趣闻会更加直接、便捷，越来越多人为了迎合快节奏的生活方式，把选择看一本书、一份报纸或者一份杂志的时间换成了在网上观看电子小说、浏览信息，这不仅节约时间，也节约成本。久而久之，越来越多人选择放弃传统的阅读模式，养成了在手机或电脑上阅读的习惯。

3.纸媒的生产内容具有局限性

无论是机关报还是都市报，大量的纸媒都会受到相关部门的严格监管，大部分的纸媒在内容上受到了限制，版面的局限让生产内容没有办法丰富多样，有些信息量较大的"厚报"读者观看时又觉得太过于烦琐沉重。相比之下，网络的信息量多种多样，并且不受到纸质宽度与厚度的限制，内容上也呈现出更加个性化的趋势，这让大量的读者享受到更加自由、丰富的阅读体验。因此，纸媒在内容上的吸引力也越来越小。

4.纸媒的生产过程繁琐导致信息滞后

同样的一则新闻事件的报道，出现在网络上的时间比报纸上的时间更短，报纸需要编辑、审核、印刷、发行等繁琐的生产工序，而网络省去了大量的生产过程，只需要在网上进行编辑、审核就可以进行发布，可以满足大众在第一时间接收到最新的消息情况，这也是越来越多人选择网络，放弃纸媒的原因。网络新产品以更加直接、便捷、快节奏、低成本的生产出现在大众视野中，使得纸媒高成本、低时效、局限性的生产特征呈现出劣势，这让纸媒在中国媒体行业的发展中举步维艰。

二、后纸媒时代的异军突起

以《新京报》为例，新京报已不只是一份报纸，不仅有一份日均发行量4万多的报纸，还有新闻客户端，2700万粉丝的官网微博，覆盖3500多万用户的新闻矩阵，还有新京报网、拍者网等，这些加起来是上亿级的用户覆盖量。截止2021年底，《新京报》在官方微博上的粉丝数量已经超过4500万，日阅读量为100万以上，日互动数为21万，《新京报》的成功来自生产模式的转变，打破传统，融合新媒体平台，创办多个新产品，开辟了"动新闻"的创新思维生产模式，与小米、腾讯等多家企业合作，开放了多个新产品的生产渠道，从最大程度上覆盖受众。

除了《新京报》外，从生产模式上进行创新的还有《深圳晚报》《萧山日报》《温州都市报》《体育画报》等，这些纸媒都在绞尽脑汁地打破传统的生产模式，与互联网融合链接，它们的成功为纸媒行业的发展开辟了一条后纸媒时代的新兴之路。"对传统纸媒而言转型算得上是一次浴火重生，必须在观念、战略、体制机制、组织结构、人员构成、内容生产方式、经营管理方式、运营模式、盈利模式、企业文化等方面来一次整体调整，甚至是推倒重来。"[①]，举步维艰的纸媒行业在中国当下的传媒市场上，正在开始逐渐寻求革新与突破，传统媒体人也通过纸媒在中国市场上的变化趋势，逐渐开始领悟到传统媒体与网络媒体融合的重要性和必然性。

三、互联网时代下媒介新产品生产呈现出"泛娱乐化"的趋势

"互联网实际上改造了整个传播的构造、传播的规则和传播的逻辑。传统媒体要在这种规则和逻辑下存活，必须理解和把握互联网逻辑的两个关键词：链接和开放"。[②]如今是互联网时代，在这个时代下生产的媒介产品，

① 喻国明.互联网逻辑与传媒产业发展关键[J].南方电视学刊.2014(3):6—11.

② 喻国明.互联网逻辑与传媒产业发展关键[J].南方电视学刊.2014(3):6—11.

都是围绕着"链接和开放"两大原则来进行研发和生产。"链接"是传统媒体与新媒体的链接、是传统产品与网络新产品的链接、是传统渠道与网络平台的链接。"开放"指的是产品品牌理念的开放、产品生产层面的开放、产品营销模式的开放。目前,我国的媒体新产品都应建立在"链接"和"开放"的原则之上,才能顺应自然的发展。如今网络新产品层出不穷,从早期的电子音乐、电子阅读,到手机游戏的兴起,再到如今的秒拍、抖音、美拍、火山小视频孕育而生的短视频,以及映客、花椒、斗鱼等直播平台的兴起,这些层出不穷的媒介新产品都在网络这个大平台上开始逐渐成长,一步步扩大规模,尤其是短视频与移动直播的兴起,给如今的移动互联网平台带来了更大的可能性。国内互联网行业的三大巨头腾讯、百度、阿里巴巴也顺应市场发展,开始运用这些新产品建立更大的市场规模。

以直播为例,目前中国的直播产品类型有:针对用户的有泛娱乐直播、体育直播、游戏直播、教育直播、财经直播等,但越来越多的直播呈现出"泛娱乐化"的倾向。"泛娱乐化"指的是以享乐主义、消费主义为特点,以网络、电影、电视为主要载体,内容呈现出娱乐化、戏谑甚至低俗的特点,从而让人们达到某种快感的一种文化现象。腾讯的直播平台利用本身拥有的社交、视频等优质资源,发展游戏、体育、泛娱乐等多方面直播平台。而阿里巴巴则投资了来疯直播,打造中国第一互联网大众造星平台。百度除了自主研发的百秀直播之外,还与爱奇艺旗下的奇秀直播合作,主打泛娱乐直播。数据显示,移动直播内容趋向以娱乐才艺、生活才艺为主,直播风格最多为搞笑吐槽。从2018年第一季度移动主播日常直播内容分布图中可以看出(如图4-3),"移动直播通过聊天、唱歌、跳舞等形式,伴以互动的才艺直播最多。47.2%的主播日常直播内容为娱乐性才艺展示,39.4%为聊天陪伴,13.4%为生活才艺展示"[①]。

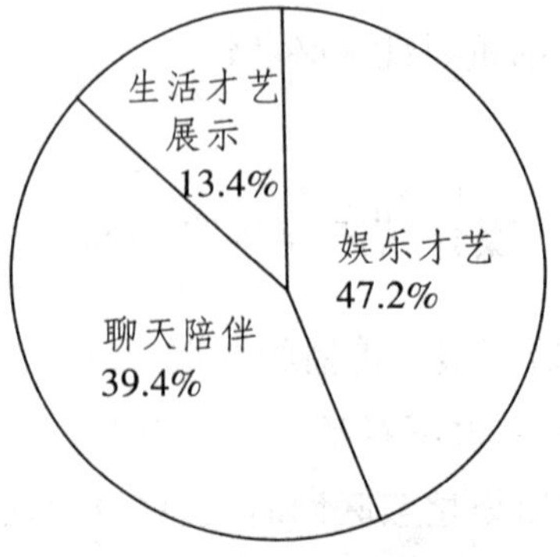

图4-3　2018年第一季度移动主播日常直播内容分布

① 2018年第一季度中国直播数据及发展趋势分析[R].广州:比达咨询数据中心.2018.

从图4-4中可以看出，“占比最高的是搞笑吐槽风格，为52.9%；其次是清新温婉风格，占比36.8%；认真严肃话题等其他直播风格占比相对较低，不足10%”[①]。这充分证明了移动直播的“泛娱乐化”现象，不仅仅是直播，互联网上所有的媒介产品的发展趋势几乎都逐渐走向“泛娱乐化”的倾向。而如今国内的网络媒介产品的生产为何会呈现出泛娱乐化的倾向，其原因主要有：

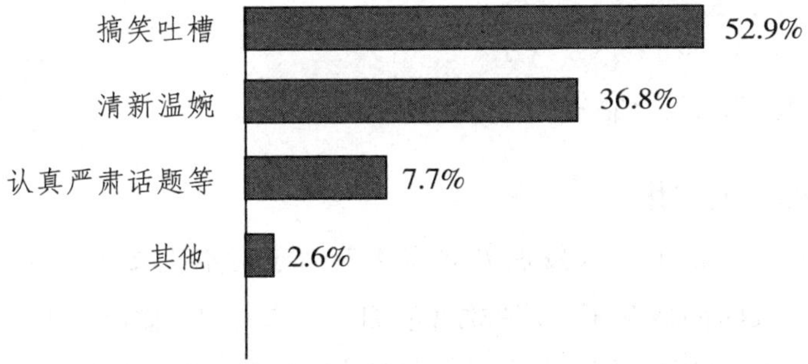

图4-4　2018年第一季度移动主播直播风格分布比例

1.粉丝经济效应

粉丝经济是指架构在粉丝和被关注者关系之上的经营性创收行为。互联网时代即以用户为主导的时代，运营者之间的竞争来自对用户的竞争，如何才能增加更大的用户群体，大量的运营者利用明星、网红、名人等来扩大粉丝的数量，提升用户与平台之间的黏性，这是一种商业运作的模式。正是这种模式的产生，让粉丝经济在互联网上形成了主导地位，“随着大众传播时代的来临，社会文化环境已悄然发生了改变，今天的明星崇拜和粉丝效应已然成为某种常态”[②]。这种“常态”下的媒体环境，让运营者为了更大的用户量而迎合粉丝们的口味和喜好，这是造成如今“泛娱乐化”现象一个很重要的原因。

2.精英阶层话语权的缺失

在大众文化盛行的时代，大量的电影、电视剧、电子书籍、音乐、网络视频都被草根群体占领了空间，来自精英阶层的文化人、专家、学者等等，在如今的媒体行业中已经很难再找寻到拥有话语权的平台，这部分精英群体的逐渐消失，为大众文化创造了更多“泛娱乐化”的机会和空间。

① 2018年第一季度中国直播数据及发展趋势分析[R].广州：比达咨询数据中心.2018.

② 蔡骐.大众传播中的明星崇拜和粉丝效应[J].湖南师范大学社会科学学报.2011(1)：131—134.

3. 当代人生活压力剧增

随着市场经济的迅猛发展，人们的经济水平在逐步提高，但是精神压力却在逐渐增大，大众群体需要找寻到一个释放压力的渠道，而互联网是一个很好的宣泄压力的平台，大部分需要释放压力的人们已经很难再接受精英群体的洗礼，他们更多地会选择轻松、娱乐为主的内容，这也是造成如今“泛娱乐化”现象越来越严重的原因之一。

四、中国媒介产品生产的新思路

1. 挖掘本土文化

中国媒介产品的未来发展方向应该着力于对本土文化的挖掘与开发，例如最近一段时间掀起了一股“故宫浪潮”，随着CCTV播出的大型文博探索类综艺节目《国家宝藏》的开始，“故宫”作为中国最大、藏品最多、最具研究价值的博物院，再一次掀开神秘面纱，走入大众视野。这档节目播出之后，收视率一直居高不下，媒体话题度高，引得了大众口碑一致好评，这种把故宫文化融合在电视节目中的形式，体现了媒体创作人对于中国本土文化的挖掘，《国家宝藏》的成功案例，让一些其他的节目开始纷纷效仿。另一档在北京卫视播出的《上新了，故宫》则是把“中国历史文化”与“文创艺术设计”结合在一起，让节目的创意标新立异，突破传统。“故宫浪潮”不仅仅体现在电视这个平台上，前段时间上映的电影《我在故宫修文物》，记录了常年在故宫里上班，修复故宫文物的工作者们，这部电影用新颖的人物记录视角，借助观众猎奇的观看心理，在上映初期，就受到了广泛的关注度和话题度。在网络平台上，“故宫雪景图”“故宫文创品”“故宫化妆品”等一个个带着“故宫IP”的元素在网络上一次又一次地制造了话题度。中国媒体界从电视、电影、网络等多个平台中对“故宫元素”的挖掘，体现了中国媒体人开始着眼于对本土文化的运用与结合，这是一个良好的发展趋势，未来的中国媒介产品，应该更紧密地与中国本土文化元素融合在一起，才能创作出更加具有创新意识的媒体产品。

2. 让PGC模式占领市场

如今随着“泛娱乐化”在中国媒体环境中肆意蔓延，媒体人为了不断迎合受众的需求，开始生产出越来越多的低俗化媒介产品。例如从直播行业在我国媒体界的快速崛起，大量的直播平台以美女、游戏、恶搞、厌世等元素为主，形成了一股恶性竞争之风，造成这一现象的原因主要是大量的直播视频来自UGC模式，也就是用户制造视频模式，平台对主播们的要求门槛低、条件限制少，所以造成了主播文化程度的参差不齐，一些宣扬色情、恶搞、反社会的内容就开始不断流入直播的内容中。目前，政府已经开始介入移动直播的监管之中，而作为中国的媒体界自身，也应该做出相应的调整和升级，让PGC模式逐渐取代UGC模式，让更多来自文化、教育等专业领域的精英阶层渗透其中，制作出更加专业、有深度的作品，提高直播平台内容的品质，也让更多的精英阶层的受众群体能够逐渐进入到直播领域中，形成一个大众阶层与精英阶层比例均衡的局面。

小结

通过本章学习可以看出，从传统媒体与网络媒体两个层面来分析中国媒介产品的生存现状，传统媒介产品正在面临淘汰危机的局面，但在面临危机的同时，中国的传统媒介产品也在寻求新的出路。《新京报》等纸媒跨出传统生产模式，正在加速与互联网的深度融合，这些现象说明“传统媒体与网络新媒体”相互融合的时代已经到来。中国的媒体界早已经被移动互联网与互联网占领主要的市场空间，也让如今的中国媒体市场呈现出“泛娱乐化”的发展倾向，未来中国媒介产品的发展方向，对中国媒介产品的生产现状和整个媒介运营与管理都有着重大的意义。

第五章

媒介内部运营管理

前面我们介绍了媒介组织及其生存环境，这些都是关乎媒介外部的要素。这一章我们将把视野拉回到媒介组织的内部，从媒介组织内部的机构设置去了解其运营管理。近几年，传统媒体把改革、创新、转型作为深化发展的关键词，这三个关键词都与内部机构运行密切相关。我们可以透过网络媒介的扁平化管理，看到传统媒介也正围绕如何高效管理来优化机构，调整运营模式。可以说，学习了这一章就基本可以了解媒介内部运营及其分工，粗略地掌握媒介组织的业务流和沟通机制。

第一节 媒介内部机构设置

一、中心制

所谓中心制，指的是一种典型的直线职能式的组织管理模式，这一体制按照媒介内部机构不同的工作性质和职能目标，分设出新闻中心、技术制作中心、行政管理中心、广告中心、财务中心等若干个专业化的中心部门，实行“中心—部门—科组—栏目”的四级垂直化管理模式，让集中统一管理得到保证。

事实上，中心制最早脱胎于部门制。从已有的实践经验来看，中心制的优势十分明显。第一，易于内部协调。一方面，不同的中心聚集着不同专业的人才，可以减少人力资源的重复配置，另一方面，每个中心执行着一定的职能，既各司其职，又能成为协同作业的整体，有利于科学调度、统筹管理。第二，方便指挥管理。中心制下的组织机构有明确且稳定的整体目标，组织中的每个中心协同作业，有利于媒介内部管理。第三，资源互通共享，达成共识。中心制能保持媒介内部的凝聚力和战斗力，便于执行统一的组织目标，从而能更好地进行资源优化配置和集约化利用，最大化发挥出资源的价值，力求达到1+1>2的效果。

当然，中心制也有其不足之处。首先，各个中心都是独立的部门，很容易各自为政。以一个个中心为管理单位执行组织目标，很容易导致每个中心都把服务于自己的本位职能放在首要位置，局限于各自的利益当中，不愿意承担过多的责任。其次，机构膨胀，资源浪费严重。从中心部门的盲目扩张，到栏目组的不断增设，机构的人员也大量增加，人员冗杂将对管理和创新带来一系列的问题。

二、频道频率中心制

频道频率中心制最早诞生于2004年，当时中央电视台将经济频道当作改革试点，撤销了原来的经济部、信息部建制，把原来的两个部门按照“合并同类项的原则”，重新组建成财经、资讯、服务、特别节目、专题5大工作室。

2005年，央视继续扩大试点范围，到了2010年，央视则全面启动了频道频率中心制改革，撤销部门建制，减少管理层次，淡化行政级别，推进扁平化管理，由频道直接管理栏目，从“中心—部门—科组—栏目”的四级体制变为“频道—栏目”的二级体制。[①]相比于中心制，频道频率中心制更加适应现代传媒市场产业化竞争的新形势，央视以频道频率中心制改革为突破口激发内在活力，促进了从专业频道到品牌化的过渡。由于央视的带头示范作用，频道频率中心制成为传媒业界的一种新风向，一时之间，很多卫视、省级地面频道和城市频道纷纷跃跃欲试，改弦易辙，尝试实行频道频率中心制。

在频道频率中心制的组织模式下，其优势体现在以下三个方面：第一，由四级管理体制转变为二级管理体制，层级的减少方便了上层和下级层面人员之间沟通，扁平化的管理极大地增强了管理效能，节约了管理成本；第二，频道频率中心制是分权化的，每个频道频率都有自己的定位，并且要承担起更多的战略决策义务，频率频道的经理人要对自己的节目和广告经营全面负责，这样有利于各个频道频率发挥主体能动性，调动员工的积极性；第三，频道频率中心制还打破了原有的部门之间的界限束缚，让频道内的各种资源、各种力量得以集中，从而有利于频道频率节目品质的提高。

当然，频道频率中心制也并不是无懈可击的，它在运作过程中同样暴露出一些弊病。这种体制最为明显的缺点就是资源和力量的分散，难以形成规模效应。一个电视台拥有多个频道，一个广播也不止一个频率，而且各频道频率直接负责栏目，在资源掌握、节目制作和广告经营方面皆是独立的，虽然站在单个频道或频率的角度上看，它提高了管理效率，更适合市场经营的需要，但对电视或者广播整个机构而言，个别频道频率急功近利，互相竞争，会出现为了追求某个小集体的利益看不到全局利益的情况，很容易导致无序竞争甚至是恶性竞争，比如互相抬价或是压价，损害整体的利益。而且多个频道频率都追求发展，对于栏目的定位难免会有重复的时候，所以同质化也是另一个问题。

三、法人治理结构

法人治理结构是现代企业中的一种制度安排，本质是处理委托者与代

① 国家广播电影电视总局发展改革研究中心.2006年中国广播影视发展报告[M].北京：社会科学文献出版社，2006:49.

理之间的委托代理关系。它规定了不同利益相关者(如董事会、股东、高级经理或者监事)之间权利和责任的分配,并阐明了公司事务决策的规则和程序。明确每个级别(从董事会到管理层,员工和利益相关者)的角色和职责以及确保每个级别都通过制衡系统保持活力对于组织有效运作至关重要。

"所有权"和"经营权"两权分离是法人治理结构的核心特征。随着改革开放的不断深入,对于想要提升市场核心竞争力的我国传媒业来说,建立以董事会为核心的法人治理结构不仅是保证党对媒体行业集中领导的需要,也是文化事业单位改革的客观需要。任何行业的发展本质上都是由市场力量资源分配和资本积累的过程。媒体行业的发展也不例外。借助于资本和资本运作的力量,寻求外部扩张,进行跨媒体、跨区域经营,这是被所有国际传媒集团实践所证明的强大之路。①

我国传媒企业的法人治理结构主要由以下几个部分组成:由党委宣传部门和政府国有资产管理部门领导下,董事会、高级经理、监事会是主体治理系统,党委(党组)和社委会(编委会)则是辅助的治理系统。董事长是企业的法人代表,由政府任命,董事会行使决策权;党委会由上级党委宣传部门任命,它的权责在于发挥领导核心和政治舆论核心作用,但并不参与企业经营决策;编委会是党委会下属的委员会,下设总编辑和各编辑部门,主要负责传媒企业的宣传舆论工作;经营管理委员会由董事会任命,下设总经理和各经营部门,主要承担企业的经营管理权;监事会则是由政府国有资产管理部门组构,主要的职责是对国有资产进行监督。

法人治理结构的改制不仅让中国传媒企业资本规模和经济效益实现了巨大跨越,也提高了媒介的新闻舆论引导力,推动传媒产业的发展。但传媒制度创新的过程道阻且长,法人治理结构也同样不是十全十美的,它仍然存在需要不断完善的方面。

当前,我国以法人治理结构的媒介组织较多,比较典型的集中在湖南、重庆等省市。以重庆为例,重庆广电集团(总台)于2014年启动建立法人治理结构的改革工作,在原来频道频率中心制的基础上,由集团传媒公司出资成立了国有文化企业,频道频率总监则实行"一岗双责"制度,一方面肩负频道频率政治把关,内容审查的关卡,另一方面承担起对频道频率资源市场化运作的重要责任,多以频道频率总监兼任公司总经理。这里的国有文化企业总经理并非职业经理人的概念,而是国有资本委派的直接责任人。

① 陈君聪.中国报业集团法人治理结构初探[J].中国报业,2004(5):8—14.

第二节　融媒体中心运行机构设置

2014年被业界普遍认为是中国媒体融合的“元年”，这一年的8月18日，中央全面深化改革委员会审议通过了《关于推动传统媒体和新兴媒体融合发展的指导意见》，后来以《人民日报》为代表的中央厨房媒体融合机制随之横空出世。“中央厨房”的投入规模巨大，只有类似人民日报社这样的大型传媒集团才能在资金、技术、设备上给予持久保障，至于融媒体中心的建设则更多是为了适应基层媒体融合的需要而提出的。

一、融媒体中心的概念及其功能

按照“融媒体”的定义，它是指充分利用媒介载体，把不同媒体在人力、内容、宣传等方面进行全面整合，实现“资源通融、内容兼融、宣传互融、利益共融”的新型媒体。“融媒体”是媒体融合的新阶段，而“融媒体中心”则指的是在整合广播电视、报刊、新媒体等不同媒介形态的基础上，形成兼具新闻宣传、党建服务、政务服务等功能的新型综合性平台。可以说，它是融媒体趋势下的一个新板块和新方向，也是国家传媒领域的改革方向之一。从我国媒体融合的现状来看，融媒体中心的建设已经逐渐成为县级媒体融合的“标配”。总体而言，建设融媒体中心的功能主要体现在以下几个方面：

1.舆论宣传功能

打通基层宣传工作的“最后一公里”，更好地贴近群众、引导群众、服务群众。建设县级融媒体中心是为了在融媒体环境下贴合受众进行信息传播，提高媒体的传播力、引导力、影响力、公信力，在基层做好舆论引导工作。

2.新闻传播功能

融媒体中心作为新型新闻传播平台，能够最大化地利用区域内媒体资源，结合本地实际情况，传播本地新闻，引导本地舆论，实现机构精简与统一管理，打造自由、有效、整合的传播体系。

3.服务功能

融媒体中心在整合广播电视、报刊、新媒体等各种媒介形态的基础之上，能够根据当地群众的需要，实现“新闻＋政务＋服务”一体化，不仅做到政务公开，还能提供百姓真正需要的民生生活服务，例如发布当地就业信息、提供网上医疗等等。这些服务功能的实现，一方面给群众的生活带来便利，另一方面也加强了政府和人民群众之间的联系与交流。

4.资源整合与协调功能

融媒体中心建成之后，能够有效整合、融合各类社会资源，不仅大大降低运行管理成本，同时也有利于提高跨平台之间信息的通信和沟通共享效率，发挥协同效应，确保重要方针政策和各类突发公共事件发生后信息传播的及时性。

二、融媒体中心运行机构设置

1.融媒体中心办公室

它是整个融媒体中心的指挥中心，连接了选题策划和内容呈现，起到了中枢的作用。负责协助融媒体中心领导把握正确的舆论导向和新闻规律，完成上级领导交给的宣传任务；负责明确融媒体中心的统一战略部署和整体发展规划，协调各个机构中心之间的关系；负责制定融媒体中心的各项规章制度，组织全组织例会，负责根据不同新闻的特点选择不同的内容呈现方式，以达到效果的最优化，并保证新闻生产流程的高效、有序；负责融媒体中心的各项经费的预算与控制；负责定期进行融媒体中心工作计划和总结；负责文秘、档案管理、信访、组织人事等工作。

2.总编室

负责确定融媒体中心新闻宣传重点；负责策划、组织重大的新闻宣传活动、主题新闻报道；负责融媒体各频率频道、各栏目的定位、编排；负责自办栏目、节目质量的评议工作；负责指导新闻节目调研和调整、改革工作；负责自办的微信公众号、网站、App、微博、报纸、杂志、直播的刊播前审查工作；负责广播电视收视率的调查工作；负责新闻人才队伍建设工作，包括采编播人员培训管理和能力评估考核制度制定；负责记者证审核工作；负责广播、电视、报纸、杂志、新媒体的各类影视音像资料、报刊资料和媒资系统的收集和管理；负责组织开展节目创优和新闻评奖等工作。

3.新媒体发展中心

主要负责融媒体中心旗下微信、网站、App、微博、杂志、直播等现有新媒体渠道的日常运营和维护;负责中心主题活动的新媒体策划、组织和宣传工作;负责中心重大节目、特别直播的技术配套;负责中心宣传视频的策划、制作等任务;负责新媒体技术的开发和应用;负责新媒体平台运营和市场营销工作,开展新媒体线上和线下活动,最大程度地扩大新媒体中心的用户群和影响力;负责中心舆情收集及信息报送工作等。

4.技术发展中心

主要承担融媒体中心的核心技术工作。负责广播电视设备,新媒体采、编、播、录设备的采购、管理工作;负责广播、电视、新媒体设备的维护、维修工作;负责制定并落实设备管理办法;负责员工设备使用和技术培训工作;负责网络系统的统一开发和管理工作;负责中心机房值班和巡检工作;负责大型活动技术支持和突发事件技术保障工作;负责数据储存、信息分析、信息安全工作等。

5.财务中心

负责各项财务制度制定,包括内部财务管理制度,固定资产管理制度,成本费用管理制度,盈利及分配管理制度,短期、长期投资管理制度等;负责制定财务收支计划;负责制定差旅制度及补贴核算;负责财务报表、税务申报和债权债务管理;负责日常经费支出报销审核工作;负责编制各类财务统计报表,并根据报表进行经营指标和经营业绩的分析,针对出现的问题,及时提出有效的财务控制措施和建议。

6.广告运营中心

负责融媒体中心各媒介渠道广告的统一经营与管理,是承接和发布各类广告的主要经办部门。负责所有媒体平台的广告代理工作,负责媒体时段版面推销、招商推介等,保质保量完成广告创收任务;负责输出广告创意及方案;负责融媒体中心广告内容审查、融合发布工作;负责融媒体中心宣传、公益广告制作、发布,树立良好健康的发展形象。过渡转型期的广告位资源仍以专业媒介代理公司代理为主,但在今后的发展中有去中介化的趋势。

7.新闻采访中心

负责融媒体中心日常新闻采编任务,保质保量完成采访工作,要求提供相关部门必要的新闻素材,包括文字、音频、视频、图片等;负责主动搜集新闻线索，参加总编室工作例会并提出意见；负责新闻爆料的登记和处理；负责协助融媒体中心对内对外宣传工作。

8.全媒体采编中心

负责统一调度融媒体中心全体一线记者，安排采访报道任务；负责协助落实其他部门需要的采访报道需求；发挥“中央厨房”龙头作用，通过团队严密高效的协调合作，根据广播、电视、报纸、杂志、新媒体等不同媒体作品形式的差异，安排记者不同的音视频、文稿创作要求，确保满足受众的多样化需求；负责为各类媒体提供刊播素材，统筹各平台编辑，确定每天的刊播、推送重点；负责落实各类媒体排版校对、后期包装等工作；负责大型活动的采编任务等。

9.外宣部

负责确定融媒体中心定位，制定中心外宣计划；负责策划外宣选题、承担外宣发稿任务、承担外宣采访对接任务，完成正能量的信息传递；负责融媒体中心对外重大活动接待保障任务；负责融媒体中心企业公关形象宣传工作；负责主动搭建媒体关系网络，整合媒体资源，发挥良好宣传效应。

10.综合办公室

负责融媒体中心日常工作的决策方案拟定以及监督落实；负责融媒体中心重要文件的起草、收发、快递；负责融媒体中心事业法人证书、社会信用代码证书、单位公章的使用管理工作；负责融媒体中心办公用房资源合理配置；负责融媒体中心各类办公用品的置办、管理；负责融媒体中心公务用车调度；负责重要会议的行程安排、对外接待工作；负责融媒体中心编制、人事管理、考勤考绩记录工作；负责融媒体中心思想文化建设和精神文明创建活动。

11.网络发展中心

负责县域融媒体中心有线网络的日常运行和管理；负责网络的故障处理、版本升级与应急处置等维护服务；负责融媒体中心网络安全与监测监管工作；负责广电数字用户分析和增值业务的服务工作；负责协助其他部门的工作。

12.无线发射中心

负责无线发射机房的运行和管理工作，熟练掌握设备的操作技能；负责机房设备的日常维护、维修工作，定期做好巡检巡查、故障排查工作，及时排除潜在安全隐患；负责中央、省级、市级广播电视节目的转播任务；负责国家重大活动无线台广播电视安全播出的技术保障工作。

第三节 网络媒介运行机构设置

网络媒介是指运用电子计算机网络及多媒体技术传播信息的媒介技术，是集大众传播、组织传播、人际传播于一体的全新媒介传播形式，为人们接收、处理信息的方式带来了颠覆式的影响。2019年7月11日，中国互联网大会权威发布《中国互联网发展报告(2019)》，截至2018年底，我国网民规模达到8.29亿，互联网普及率达59.6%，我国手机网民规模达8.17亿，较2017年底增加手机网民6433万。由此可见，网络媒介已成为我国人们日常生活交流与社交的主要载体。本节将研究和关注的重点放在网络媒介运行的机构设置，具体如下：

一、市场运营中心

市场运营中心必须具备产品开发功能、平台运营功能、业务管理能力、市场运营功能、培训功能、电脑及营销系统的使用和维护功能等。同时需要有一定的业务拓展能力，能完成公司规定的市场营销任务。具体而言有以下几方面：

(1)根据网络媒介平台年度经营目标和计划，进行业务需求和市场分析，制定本中心年度、季度、月度发展规划、营销策略和实施方案等；

(2)负责市场拓展、运营的全面工作；

(3)根据各大区域提交的市场拓展方案、综合一线市场反馈意见、分析同行业网络媒介发展调查报告，撰写市场运营分析报告；

(4)制定网络媒介数据标准，数据统计、分析、推送、审核、维护、应用、存储、安全管理；

(5)根据市场运营中心下达的任务指标，分解细化制定各区域、分站等目标计划并管理、协助督促完成；

(6)负责市场政策的发布、解读、宣导等工作；

(7)负责各级运营中心管理及运营指导；负责本大区域客户问题解答工作、业务处理工作、常规业务客户回访工作。

二、内容营销中心

(1)根据整体策略，捕捉相关热点，制定有效的内容营销计划，包括选题、达人选择、投放、执行等；

(2)跟踪一个或几个垂直领域内容项目资源公司的趋势和动向，保持定期沟通，开发新的品牌合作机会；

(3)负责或参与资源项目优劣势评估，具备富有执行力的创造性合作方案策划能力，挖掘品牌营销需求和资源的共同结合点；全面协调市场、公关、产品、运营等各业务线需求，完成联合营销策划；

(4)有效分解项目任务和高效执行，主动及时地与内容生产部门同事进行反馈沟通，对项目执行中的障碍准备灵活多样的解决思路；

(5)协调内外部资源，维护资源；推荐跨界内容和资源产品，实现资源商业价值；

(6)服务于品牌主，理解品牌定位与营销需求，结合内容资源进行多种联合营销形式的策划及沟通；

(7)负责或参与泛娱乐内容资源与品牌主的联合营销项目，协调资源方与品牌主的相互需求，带领小组策划执行项目的完成；

(8)负责新媒体团队运营，熟悉微博、微信、抖音、小红书以及其他自媒体的营销手段，对投入产出的回报率负责；

(9)负责线上活动策划和用户运营，并执行有效监督和传播宣传。

三、直播中心

网络媒介的发展，自然也离不开“直播”单元的植入，故而设置“直播中心”机构，主要职责如下：

(1)直播人员的招募；

(2)直播人员的管理规范输出并按规范管理达人；

(3)各直播人员的日程安排；

(4)统筹匹配招商产品；

(5)直播人员助理的管理规范输出并按规范管理；

(6)直播培训体系的建立与规范；

(7)筛选更新直播团队，保证持续竞争力。

四、采编中心

网络媒介平台的采编中心，要按照多媒体深度融合目标，整合各媒体采编力量，建立统一指挥调度采编生产，以绩效考核为引导的分发、传播、营销内部组织结构。采编中心具体职责如下：

（1）负责新闻稿件、话题稿件的编辑和撰写；

（2）负责配合经营做选题策划、事件炒作；

（3）负责新闻事件思路策划；

（4）负责视频拍摄和后期制作；

（5）负责网络媒介平台微信公众号、官方微博、抖音号等的更新和维护；

（6）针对日常话题、综合性活动和突发性事件策划参与的活动方案。

五、广告运营中心

广告运营中心主要负责网络媒介平台整体广告业务的统一经营与管理。研究互联网广告的经营策略与发展战略，策划实施公关传播与市场推广活动，建立产品体系、价格体系、客户体系和渠道体系，负责各专业版块广告的营销和安全播出。具体而言，分为对外工作和对内工作两大板块。

对外工作：

（1）负责账户类网络广告的分析与投放（如：SEM、DSP、信息流、头条、抖音、广点通等）；

（2）负责统计推广账户数据分析，整理素材、撰写创意、保障账户质量度、调整出价，适时调整账户的推广策略；

（3）根据客户需求，定期策划广告投放方案，优化各个品类在线广告；

（4）评估、分析账户投放各品类数据，完成各品类账户投放日常维护管理；

（5）优化广告文案，保证相关性的前提下，提高点击率及转化率；

（6）完成各品类广告投放，定期总结优化经验，分析广告效果；

（7）向产品部门提供辅助各个产品线的相关产品的优化方向，提高产品的操作简易性，引导广告主自主投放；

（8）负责代理管理及招商。

对内主要工作：

（1）负责日常投放内容，对接相关部门及商户，完成投放工作等；

(2)负责对接产品和IT部门，提出需求、监督进度、协助项目上线测试等；

(3)负责日常数据工作，并完成日报、月报、大促复盘等工作内容；

(4)负责对接代运营投放工作，包括分配投放内容、监管代运营投放效果等；

(5)负责宣发部门的团队管理工作；

(6)负责各项宣传活动的策划和执行。

六、运营中心

(1)根据公司战略目标和经营方针，制定公司运营计划，整理分析运营的各项数据，及时撰写运营分析报告，并提出合理化建议；

(2)基于公司战略，负责线上平台、App产品、品牌管理、新媒体的运营推广策略；

(3)结合市场及本平台数据和渠道、用户需求等，策划运营方案，吸引目标用户注册并提升转化率；

(4)根据线上平台的经营目标，制定线上平台的整体运营活动方案、具体策略及营销运营模式；

(5)负责公司线上平台的运作及团队管理，达成公司对于线上平台的各项经营指标；

(6)建立和维护与媒体、消费者等公众的良好关系，树立良好的品牌形象；

(7)负责及时分析平台推广、运营的关键指标数据，并根据分析结果对运营方案进行调整；

(8)管理运营团队，包括招聘、培训、技能提升和考核等。

七、版权中心

随着互联网的迅猛发展，很多与版权相关的配套体系并未跟上，由此产生了大量的网络内容版权纷争问题，包括视频、文本、图片、音乐、音效等等。为了网络媒介的良好运行，在机构设置上将“版权中心”纳入是必要的抉择。“版权中心”的具体职责如下：

(1)支撑版权中心做好法务常规工作，包含但不仅限于建立完善相关规

章制度和流程、法务文件管理、法律风险防范等;

(2)研究与版权业务相关的国家政策、法律法规及行业规则,提出相应的内部制度调整建议;

(3)处理重大疑难法律纠纷和突发法律事件,负责案件的全程跟进和妥善处理;

(4)支撑重大商务谈判及项目跟进;

(5)处理与视频、文本、图片、音乐、音效等研发相关的作品版权事务;

(6)负责内容版权的策划、整合、包装及运营工作,包含内容选取、流量运营、商业化模式等,探索内容在线传播新模式;

(7)驱动产品、渠道、市场等部门围绕内容版权业务发展进行高效协作。

八、技术中心

网络媒介是伴随着第三次技术革命,搭乘信息高速发展的列车而生的,从诞生的基因中就蕴含着技术的因子。网络媒介相关行业的管理者纷纷意识到互联网是以技术为灵魂的产业,因此,网络媒介平台机构设置中搭建技术中心部门,已成为行业标配。"技术中心"具体业务如下:

(1)负责网络媒介内部系统的架构设计、建设、维护、核心代码开发和技术难点攻关,并能持续优化,保障系统稳定性;

(2)协助产品经理制定规划,负责技术方案设计和实现,负责平台部门技术团队组建、管理,负责系统开发任务的分配并保障研发任务按时完成;

(3)对用户行为和运营数据进行针对性分析,拆解和反馈用户需求,协助产品优化体验、完善功能;

(4)负责设计和搭建开发项目的系统架构,研究新技术和解决技术难点;

(5)主持微信小程序应用项目前端开发与实现,负责客户端内H5业务的开发与实现。

九、行政部

行政部是一个公司、单位日常运转的组织机构,主要以组织、协调、管理、监督和决策为主要活动,确保一个组织的顺畅运行。主要职责有:

(1)参与制定网络媒介单位行政管理制度、完善和细化办公管理体系和业务流程;

(2)负责单位日常重要事项的传达，落实并规范公司文件的拟、收、发、存等工作流程，确保单位重要信息的有效传递；

(3)负责领导发言稿、文件、公告、通知、总结等的起草、撰写；

(4)参与组织、协调、安排网络媒介单位的各种会议及大型活动，做好会议纪要并监督执行；

(4)工商证照管理，工商资质、股权等的设立、变更、维护；

(5)进行行政类日常费用的统计及分析，提出优化建议及方案；

(6)行政内务类工作的全盘管理，如固定资产管理，证照管理，行政会务等；

(7)负责日常办公用品的采购、保管及发放，并进行整理登记；

(8)完成上级交办的其他工作任务。

十、财务部

财务部是从事财务管理工作的职能部门，是法人治理结构中不可缺少的重要机构。

财务部的日常管理工作：

(1)负责财政方面的业务和策略，包括会计管理、财务计划、财务程序、内部审计、财务、成本控制和投资研究分析；制定财务方面的管理制度及有关规定，并监督执行；

(2)制定、维护、改进公司财务管理程序和政策，制定年度、季度财务计划；

(3)负责编制及组织实施财务预算报告，月、季、年度财务报告；

(4)审查公司日常开支，预审公司各部门编制的费用计划，负责各项计划的分解落实；

(5)监控可能会对公司造成经济损失的重大经济活动；

(6)管理与银行及其他机构的关系；

(7)企业融资资料的准备与对接。

十一、人力资源

“现代管理学之父”彼得·德鲁克在《管理实践》中对“人力资源”作了定义，他指出，“和其他所有资源比较而言，唯一的区别就是它是人”，并且是经理们必须考虑的具有“特殊资产”的资源。德鲁克认为人力资源拥有当前其他资源所没有的素质，即“内调能力、判断力和想象力”。本章具体而言，人力资源即网络媒介所属团体职工应具备的能力及资源。此外，还包括新员工招聘、培训提升、职业生涯规划、绩效管理、薪酬福利等专职业务，达成人力资源在需求与供给、素质与结构、使用与培养上的长期动态平衡。具体职责如下：

(1)制定人力资源总体规划和业务计划；

(2)明确企业实现战略的人力资源需求，从现状分析入手，通过建立预测模型体系查找供需差距，实现人才发展储备计划；

(3)建立并完善招聘、培训、职业生涯规划等人力资源开发体系；

(4)组织制定人力成本计划，按职能对各部门进行定岗定员，严格控制人力成本；

(5)优化薪酬福利体系，并针对不同部门员工建立绩效评价体系；

(6)保障网络媒介关键岗位人才供给与培养，为中基层管理和技术岗位提供保障；

(7)依据公司人力资源规划及经营目标，进行公司各岗位的定岗、定员、定编，进行职位分析与岗位描述，明确各岗位权、责、利及任职资格要求。

关于人力资源的部分，本书将在媒介人力资源管理一章中重点介绍。

第四节 媒介资源及管理制度

媒介资源主要是指用于生产媒介产品视频、音频、图片、文稿、H5、小程序等所投入的各种生产要素。陶景霞和郑自军在《论媒体资源整合中的形象战略》一书中对媒介资源的整合又作出了更为清晰的阐释，认为"资源整合是媒体根据各种资源的内在联系，按照完整性和有序性的原则，对资源进行调整、组合、配置、共享。需要指出的是，这种整合并不是各种资源在结构、形式、功能、意义上的简单集合，而是通过集聚、重构、优化，使媒介系统内各种资源发挥最大效益"①。媒介资源的合理配置还应辅之以优良的管理制度，如此才能使媒介处于高效优良的运转状态。

一、媒介资源的开发与利用

媒介资源的开发、整合、利用是融媒体发展的核心，融媒体中心也不是一个单纯的指挥大厅或者一套整合的软件系统，既不是简单的技术平台，也不是仅仅把电视台、报纸、网站、客户端、微信、微博平台上的业务聚合在一起。媒介融合更多的是把业务平台、技术平台、空间平台作支撑，注重媒介资源的整合，这才是重中之重。20世纪就在传媒界广泛流传的"内容为王"的观点仍然适用于当今的融媒体时代。因而，如何"整合媒介资源，怎样开发利用"，就成了当今传媒业界发展应当研讨的课题。

媒介资源开发利用的前提是对我国媒介资源现状有一定的了解和认知，通过对广播电视媒介资源、网络视听节目媒介资源、报刊媒介资源、图书期刊媒介资源、社交短视频、直播媒介资源几大主要板块资源数据的针对性分析，有利于更好地对现有媒介资源进行开发和利用。

① 陶景霞，郑自军．论媒体资源整合中的形象战略[J]．当代传播，2004(5)：45—47.

1.广播电视媒介资源

表5-1 2018年国内广播电视资源数据[①]

项目	数据	增长率(较之2017年)
全国电视覆盖率	99.25%	0.18%
全国广播覆盖率	98.94%	0.23%
全国广播节目无线覆盖率	97.85%	0.37%
全国电视节目无线覆盖率	97.46%	0.47
全国有线广播电视覆盖用户数	3.46亿户	2.98%
数字电视覆盖用户数	3.23亿户	6.25%
全国交互式网络电视(IPTV)用户数	1.54亿户	—
互联网电视(OTT)用户数	4.20亿户	—

从表5-1可以看出,2018年我国广播电视仍然在整个媒介市场中占有统治性的地位。全国电视覆盖率高达99.25%,全国广播覆盖率98.94%,在基数如此庞大的数量上较之2017年仍然保持着增长率的上涨。全国有线广播电视覆盖用户数和数字电视覆盖用户数共有6.69亿户,且保持着增长的态势。

针对目前广播电视节目缺乏创新意识、同质化严重、泛娱乐化等问题,广播电视媒介必须整合内容资源,提升产品质量,创新节目内容。一方面,广播电视媒介要加强对资源进行深度开发和利用,注重从专业性与服务性的角度出发,进行全息式的引导和阐释,以节目的广度和深度来吸引受众眼球;另一方面,应大力提升节目的文化思想高度,抵制低俗、庸俗、媚俗的“三俗”产品。此外,各地方广播电视台还应注意吸收和借鉴当地地域文化的精髓,营造具有特色的文化氛围,形成独特而兼容并蓄的风格。

2.网络视听节目媒介资源[②]

表5-2 国家广播电视总局根据已取得《信息网络传播视听节目许可证》的588家单位数据统计

项目	数据	增长率(较之2017年)
网络视听付费用户数	3.47亿人次	23.93%
网络剧	2133部	基本持平

① 国家广播电视总局:《2018年全国广播电视行业统计公报》。
② 国家广播电视总局:《2018年全国广播电视行业统计公报》。

续表

项目	数据	增长率(较之2017年)
网络视听机构(UGC)用户生产上传节目储存量	10.35亿	23.80%
网络视听节目服务总收入	223.94亿元	56.62%
节目版权总收入	29.40亿元	33.70%

在广播电视媒介资源拥有全国超高覆盖率的统治态势下，我国网络视听节目媒介资源也呈现出蓬勃发展的态势(如表5-2所示)。

2014年，被认为是我国“网络自制剧元年”。因受2013年以大数据概念精心打造的网络自制美剧《纸牌屋》全球火爆的影响，2014年我国以腾讯、爱奇艺、乐视、优酷为代表的多家大型视频网站纷纷投入网络自制剧的市场，宣告着“网络自制剧元年”的到来。网络自制剧的出现，还带动了我国网络视频收费模式的启动。视频网站会员付费模式在2014年以前一直处于不温不火的状态，当时中国网民还未养成为视频付费的观看习惯，当时业界盛传一种声音“谁做视频收费，谁先出局”。直到2015年12月13日，乐视网全新推出自制网剧《太子妃升职记》，推动了我国网络视频付费会员增长的一次浪潮。这部现象级网剧让乐视新增加220万名会员，增加4100万元收入，会员的播放量达到3.99亿次。此后，爱奇艺通过《盗墓笔记》等一系列自制网剧推动会员用户从500万名增长到2000万名。到2018年，网络视听付费用户数已经达到3.47亿人次，而且还保持着快速增长的态势，较之2017年增长了23.93%。

《2017年网络综艺产业发展研究白皮书》宣布2017年为“超级网综元年”。骨朵数据显示，2017年新上线的网络综艺有142档，播放量总计563.8亿次，同比增长近120%。其中，排名前十的网络综艺播放量高达231亿次，占总量的42%，头部效应显著。《明星大侦探》《吐槽大会》《中国有嘻哈》《2017快乐男声》《火星情报局2&3》《明日之子》等现象级网络综艺无论是播放量，还是影响力都较之前的网络综艺有了质的提高，因而也奠定了2017年成为“超级网综”元年的基础。

网络自制剧与网络综艺的迅猛发展，也产生了可观的经济收入。2018年，国家广播电视总局公布我国网络视听节目服务总收入达到223.94亿元，较之2017年增长56.62%；节目版权总收入29.40亿元，较之2017年增长33.70%。

综上所述，网络视听媒介资源将是我国下一个竞争的热门市场，如何把握互联网时代市场的最新动态，如何抓取急速变换的受众兴趣点，如何制作迎合市场的产品，是开发利用网络视听媒介资源的重点。

3.报刊媒介资源

表5-3　2009—2018年全国出版报纸数据

年份	品种/种	总印数/亿份	总印张/亿张	平均期印数/万份
2009年	1937	439.11	1969.4	20837.15
2010年	1939	452.14	2148.03	21437.68
2011年	1928	467.43	—	21517.05
2012年	1918	482.26	2211.00	22762.00
2013年	1915	482.41	2097.84	23695.77
2014年	1912	463.90	1922.30	22265.00
2015年	1906	430.09	1554.93	20968.37
2016年	1894	390.07	1267.27	19494.94
2017年	1884	362.50	1076.20	—
2018年	1871	337.30	927.90	—

自互联网发展以来，我国的报刊媒介资源开始逐渐缩减。2018年，对于传统纸媒来说是一个寒冬，据不完全统计有近二十家报刊宣布停刊，如《北京晨报》《新疆都市报》《黑龙江晨报》《重庆时报》《法制晚报》《生活周刊》等。如表5-3所示，从2010年以后，全国报纸的出版种类、总印数整体都呈现缩减趋势，从2010年至2018年总印张更是缩减了近六成。

在互联网时代，报刊媒介因其自身存在静态性、时效差、重复性差、受众细分差等缺点，其发展速度变得缓慢甚至开始不适应当今媒介社会发展的需求，媒介资源也相应随之减少，如若仍不改变，则可能会有被淘汰的风险。因此，在日新月异的传媒环境下，尤其是面对网络媒体、自媒体的挑战，报纸媒介自身必须树立改革与创新的理念，及时做出思路调整，以寻找到适合自身发展的道路，只有这样报纸媒介才能适应时代的发展变化，达到经济效益与社会效益的“双赢”。

4.图书、期刊媒介资源

表5-4　2018年图书出版数据

项目	数据	增长率(较之2017年)
定价总金额	2002.91亿元	15.69%
利润总额	141.28亿元	2.76%

续表

项目	数据	增长率(较之2017年)
营业收入	937.30亿元	6.56%
总印数	882.53亿个印张	9.22%
	100.09亿册	8.28%
重印图书	27.22万种	5.74%
新出版图书	24.71万种	—3.14%

表5-5 2018年期刊出版数据

项目	数据	增长率(较之2017年)
种类	10139种	0.09%
利润总额	26.81亿元	-2.01%
定价总金额	217.92亿元	-2.67%
营业收入	199.41亿元	1.46%
总印数	126.75亿个印张	-7.25%
	22.92亿册	-8.03%

表5-6 2018年电子书数据

项目	数据	增长率(较之2017年)
种类	8403种	-9.06%
利润总额	2.80亿元	-7.99%
营业收入	15.20亿元	1.67%
出版数量	2.59亿册	3.32%

近年来,在报纸发行量出现断崖式下滑的情况下,同样作为纸质出版物的图书却逆势增长,各大品牌实体书店也在我国城市商圈遍地开花,呈现出蓬勃生长的态势。如表5-4所示,2018年我国图书出版的定价总金额、利润总额、营业收入、总印张、总印数、重印图书均出现上升趋势。在移动互联时代数字化阅读日益普及的环境下,读者仍然对纸质图书保持着青睐的态度。2019年4月16日,中国新闻出版研究院发布了《第十六次全国国民阅读调查报告》:2018年全国阅读指数为68. 87,成年居民人均纸质图书阅读量为4.67本,我国成年国民人均每天读书时间最长,为19.81分钟;超一成(12.3%)国民平均每天阅读1小时以上图书,比2017年(12.1%)略有增加。

在传统媒体受到互联网的猛烈冲击之下,纸质期刊同样受到影响。如表5-5所示,2018年期刊出版的利润总额、定价总金额、总印张、总印数较之

2017年都呈现出下降的趋势。但与报纸不同的是，期刊出版种类较之2017年增长了0.09%，期刊的营业收入比2017年也增长了1.46%，达到199.41亿元。

数字化阅读的迅速发展，大大提升了我国国民的综合阅读率，整体的阅读人数也呈现出持续增加的态势。从表5-6中，我们可以看到，在数字化阅读大势发展之下，2018年我国电子书的营业收入达到15.20亿元，出版数量也高达2.59亿册。但电子书的种类和利润总额却较之2017年出现了下滑。据《第十六次全国国民阅读调查报告》发布消息：2018年，我国人均电子图书阅读量为3.32本，较去年略有提升。人均每天电子阅读器阅读时长为10.70分钟，比2017年增加2.58分钟。

综上所述，根据表5-4、表5-5和表5-6所呈现的数据分析，在未来的图书、期刊媒介资源的开发利用上，应加大对精品纸质图书的投入，运用新信息技术开辟优质图书的发展空间，同时发挥图书资源的内容优势，开发IP价值优势，寻求与影视、游戏、活动的跨界拓展。此外，还应加大力度发展数字化阅读，分析读者的阅读喜好，迎合受众对于数字化阅读物的各样需求。

5.社交短视频、直播媒介资源

表5-7 2018年社交短视频、直播行业经济规模

项目	经济规模	同比增长
社交短视频	118.1亿元	106.1%
直播行业	363.3亿元	44.8%

社交短视频与直播媒介便是互联网高度发展下的产物。直播具有高度及时性，即时的互动，即时的沟通，还有实时的影响力，都让直播媒介成为当下最炙手可热的媒介资源。目前国内名气较高的直播媒介平台有：虎牙直播、映客直播、斗鱼直播、熊猫直播、来疯直播、新浪秀场、花椒直播、酷狗直播等等。如表5-7所示，2018年直播行业的经济规模已经达到363.3亿元，同比增长高达44.8%。

目前国内影响力较大的社交短视频平台有抖音、快手等，这两大社交短视频App的近年下载量，始终保持在前十。因此，如何开发利用社交短视频、直播媒介资源将是发展的重点。

二、媒介资源的经营

1.媒介信息资源

在传播学释义中，媒介是指通过某种介质来对信息存储和传递的物质工具，美国著名传播学家施拉姆认为，媒介在具备储存和传递信息的功能以外，还具备扩大并延伸信息传递的功能，并提出传播的关键在于媒介的内容。除此之外，习近平总书记在中央政治局第十二次集体学习时提出了“导向为魂、移动为先、内容为王、创新为要”的媒体融合发展战略。

信息是贮藏在媒介这个物质载体中的内容，无论是文字、数据、音乐、电影或其他形式的呈现，是信息而非媒介能为受众提供价值。例如，一张空白CD的价值也许不到1元，但当CD里面承载了音乐大师的作品时，它的价格会提升十倍甚至百倍。当媒介的形态不尽相同时，具有价值的、具有竞争力的核心将是媒介所传达的信息。

媒介信息的经营大致可以分为信息获取、信息编码、信息发布等环节。在信息获取环节，数据将成为媒体未来竞争的重要资源。在互联网、人工智能还未普及的时代，传统的信息获取主要来自社会民间、重要会议以及其他媒体的发布。

2.媒介人力资源

媒介人力资源是媒介战略管理的重要组成部分。媒介属于社会组织形态的一种，是由不同分工、不同团体组合而成的，所以媒介人力资源涉及许多方面。主要可以归为五类：(1)媒介领导者、管理者。(2)传播业务人才。业务人才主要是采编、播导、摄演人员，比如：记者、主持人、播音员、导演、导播、编剧等。(3)工程技术人员。比如：灯光师、舞美师、化妆师、工程师等。(4)生产营销策划创意人员。比如：市场总监，创意总监，策划、发行人员等。(5)相关人员。比如：会计、档案、后勤、保卫等人员。媒介实体只有具备良好的人才储备，具备一定的人才管理机制，最大限度地发挥这些人才的力量，才能够在资本运作中、在市场竞争中，确立自己的地位、争得自己的份额。

从媒介性质和专业分工来看，媒介专业人才是媒介人力资源经营中的核心。因此媒介需要结合当下传播环境、社会环境，创新核心人才的培养方式，培养其与时俱进的互联网思维，以一定的机制激发从业人员的创造力、内容生产力。媒介领导人要重视人力资源，爱惜人才、培养人才、善用人才，从而为媒介企业创造更大的价值。

3.媒介物质财力资源

媒介物质财力资源是媒介战略管理的有效保障。

媒介物质财力资源管理主要包括两个方面，一是通过对资金有效组织和合理运用，使之在媒介企业中增值的过程；二是媒介通过一定的筹资管理和经营，扩大财政收入来源，起到“开源”的作用。媒介企业的物质财力资源管理，主要包括筹资管理、成本费用管理、利润管理三个方面，媒介经济是保证媒介正常运转的基础。

因而，在成本费用管理方面，媒介必须将自身的资金合理有效地配置，对生产经营的全过程进行财务核算和监控，遵循市场规律，以科学的方法控制媒介企业的成本消耗。其中就包括媒介对物质资源的管理，例如，媒介生产设备的数量布局与更新迭代，媒介产品需要材料供应，以及媒介企业中如水电气等能源的供应。

4.媒介技术资源

媒介技术资源是媒介战略管理的支撑力量。

2G使数字语音传输技术成为核心，使媒体进入了“文字时代”；3G网速显著提升，使智能手机得到普及，因此受众对图片信息的需求增大，受众进入了“读图时代”；4G时代流量资费大幅下降，这促使视频成为“风口”，抖音、快手等社交短视频平台就在这个技术的发展之下占据了红利。

可以说，大众传媒的发展历程，本来就是伴随着技术的发展历史而进行的。算法、大数据使媒介传播更加精准化、个性化。习近平总书记在全国宣传思想工作会议中的讲话指出，媒体要“把握大势、区分对象、精准施策”，这为媒介的内容分发机制指明了发展方向。尽管媒体从根本上还是要靠内容取胜，但也必须认识到的现实是：谁掌握了技术，谁就拥有了平台；谁拥有了平台，谁就占有了内容。在提倡“内容为王”的同时，媒体必须更加重视技术和平台的作用。

总之，媒介资源分析的关键是资源的获得和配置利用的问题。媒介一定要把握发展的规律，合理利用和分配企业自身的各种资源，以释放出最大的能量，取得最大的效益。

三、媒介资源管理的制度化

我国的媒介资源管理制度研究起步较晚，研究的理论基础主要来源于传播学、管理学、人力资源学等基础学科。但是随着互联网技术日新月异的发展，各媒介平台的迅猛成长，传媒行业的空前繁荣，也涌现出了一些问题。

1.媒介管理制度

媒介改制是各媒介平台、组织管理制度改革的重要议题。媒介改制的核心问题是产权结构，必须明确媒介组织的利、责、权，并以此为依据建立激励和监督机制。媒介管理制度的改革问题主要存在两点：第一，公司治理权与产权的关系，事业单位或商业性质分别与政府行政监管所产生的权责问题。第二，是媒介组织的商业性质与事业单位性质所引发的改制复杂性和困难性，部分媒介组织拥有事业单位与商业的双重利益，从而为改制增添了难度。因此，媒介管理制度的改革基础复杂性要高于一般的国有企业。其最重要的问题在于要确保在稳固社会效益首位的前提下，充分有效地利用市场运转力量激发传媒组织的活力。

2.媒介内容生产管理制度

随着移动互联时代的到来，“人人都拥有麦克风”现象是最为真实的写照。在移动互联技术的支持下，自媒体、社交媒体吸聚了以亿人次计的互联网用户群体，他们依托互联网技术进行制定生产、传播，每一个用户都是互联网上的一个传播结点。加之，网络传播的匿名性、即时性和不可控性等特征，使网络往往成为虚假消息、负面内容的爆发地，为消除网络暴力传播所带来的负面影响，相关部门应完善对媒介内容生产的管理制度，承担起社会公共信誉构建者所应该承担的义务和责任，从而平衡社会利益、把握社会意见以及消除社会情绪之间所产生的矛盾。

3.媒介人力资源管理制度

从以往的研究中可以发现，媒介人力资源管理方面的研究一直落后于媒介资源其他方面的研究，理论研究的欠缺，往往不利于媒介实践的管理研究。这一问题的根本原因在于：第一，媒介人力资源领导思想刻板僵化，缺乏远景规划，没有跟上互联网时代发展的速度，管理思维和管理模式与现今移动互联时代的发展现状存在错位现象，而且原来固有的一套媒介管理制度，涉及人事利益的复杂性，导致很难改制。此外，事业单位性质的媒介组织还存在着领导人员流动性差，任期长，奖励和管理机制不健全的问题，缺乏灵活性与效率。媒介的人力资源管理制度必须要建立在对媒介从业人员情况的充分了解之下，实行管理与人性并举的原则，精准灵活地把握管理制度弹性，确保媒介人力资源管理的良好运行。

表5-8 媒介机构和从业人员情况统计

2018年全国开展广播电视业务的机构4万余家	
全国开展广播电视业务的机构	4万余家
广播电视台、电视台、广播电台等播出机构	2647家
广播电视节目制作经营机构	2.7万家

表5-9 全国广播电视从业人员情况统计

<table>
<tr><th colspan="4">2018年全国广播电视从业人员97.90万人,女性从业人员占比41.12%</th></tr>
<tr><td rowspan="5">岗位</td><td>广播电视从业管理人员</td><td colspan="2">16.04万人</td></tr>
<tr><td rowspan="3">专业技术人员</td><td>播音员、主持人</td><td>3.10万人</td></tr>
<tr><td>编辑、记者</td><td>16.7万人</td></tr>
<tr><td>艺术人员</td><td>2.72万人</td></tr>
<tr><td>其他人员</td><td colspan="2">30.48万人</td></tr>
<tr><td rowspan="4">学历</td><td>研究生及以上学历</td><td colspan="2">5.08万人</td></tr>
<tr><td>本科及大专学历</td><td colspan="2">74.59万人</td></tr>
<tr><td>高中及以下学历</td><td colspan="2">18.23万人</td></tr>
<tr><td>大专以上学历</td><td colspan="2">81.38%</td></tr>
<tr><td rowspan="3">年龄</td><td>51岁及以上</td><td colspan="2">11.67万人</td></tr>
<tr><td>36岁至50岁</td><td colspan="2">41.72万人</td></tr>
<tr><td>35岁以下</td><td colspan="2">44.51万人</td></tr>
</table>

4.媒介薪资管理制度

目前,各媒介组织薪资制度的改革重点应集中于健全定量与定性相结合的考核制度。主要方法是通过改革现有媒介薪资体系,从根本上刺激媒体人员的工作积极性,从而激发员工的活力,对于薪资体系的调整也常常是人力资源管理的基础。媒介管理者设计工资水平的基本原则是薪资和职位晋升相结合的激励机制,让员工内心有参与和发展的动力,从而不断优化媒介组织的薪资管理体系,以实现媒体工作人员个人能力发展与相应薪酬水平的良性互动。

5.媒介财务管理制度

随着国家开始停止对媒介组织的财政拨款,实行“事业单位,企业化管理”自负盈亏的措施以后,媒介财务也由以前核算型财务管理开始向经营性财务管理转变,财务管理的目标也越发明确,媒介财务管理的核心开始转变到风险管理。有学者研究指出，随着互联网的飞速发展，打破了传统的媒体格局，媒体组织传播方式的多元化发展，开始让媒介财务监管变得越加困难，为了强化对媒体组织的财务管理，媒介应该推行财务总监委派制度，明确财务人员的责任和要求，实行自上而下的统一管理制度。

表5-10　2018年广播电视实际创收收入数据

项目	数据	增长率(较之2017年)
广播广告	140.37亿元	-9.76%
电视广告	958.86亿元	-0.98%
网络媒体广告	491.88亿元	60.37%
有线电视网络收入	779.48亿元	-6.59%
新媒体业务收入	467.76亿元	68.47%
广播电视节目销售收入	642.56亿元	22.73%

注：新媒体业务包括交互式网络电视（IPTV）和互联网电视（OTT）

小结

本章紧扣媒体融合这一宏大背景，梳理了当下媒介组织内部主要的机构设置和运营模式，以及各内设机构的职能分工，又抓住县域级融媒体中心的建设，从国家广播电视总局的顶层设计规范到融媒体中心的挂牌实施，总结了融媒体中心、媒体中央厨房的机构设置。当前融媒体中心在全国已经建成了一些样板，比如浙江长兴、重庆潼南、北京大兴等融媒体中心，同学们可以课外搜集整理并研究其运营机构设置和管理。媒介组织的内部机构设置和管理没有绝对最好，只有相对适合，它与资源、技术、平台、人力等因素密切相关，好的机构设置易于管理并且高效出成果，而随着环境变化媒介组织的内部机构设置也会不断改革。

第六章 媒介战略管理

媒介战略与企业战略并没有什么太大的差别，其侧重点是围绕媒介组织、媒介产品的中长期发展而制定的可实操的规划路径和使命愿景。“战略”是军事用语，可以理解成作战的谋略。在实战中，战略与战术一词总是被混淆。我们可以这样理解，战略是具有全局性、总体性的规划，而战术是具体事情的实施策略。

美国著名管理学者切斯特·巴纳德(Chester Irving Bar-nard)在他的著作《经理人员的职能》中认为，战略是影响企业达到愿景的重要因素。可见，战略的制定和实施对于企业的发展具有重要的指导意义，它始终围绕企业愿景、企业使命来展开。在媒介组织中，往常也会有非常清晰的战略规划，它为媒介组织及其产品发展壮大勾勒了一幅宏伟蓝图。

第一节　媒介战略的构成要素

媒介战略是为媒介全局服务的，以媒介组织为行动的主体，以媒介资源的可持续发展为最终目标，采取必要的战术方针和资源使其朝着理想化方向迈进的一种总体规划。媒介战略应着眼于长远利益，从时间段划分，就包括了短期媒介战略（1—2年）、中期媒介战略（3—5年）、长期媒介战略（5年以上），媒介战略不是凭空想象的发展方向，而是与媒介组织的业务、资源、愿景、使命息息相关的全局性规划。

中国媒介战略管理的引入较晚，研究程度也较西方国家落后。随着我国媒介机构全面深化改革，探索事业单位性质企业化管理，企业战略的思想精髓开始进入到媒介领域，并且在媒介组织的特性上进行了优化改进。在媒介竞争白热化的大时代，媒介组织越来越重视媒介战略和媒介战略管理。

媒介战略究竟是由哪些关键要素构成的呢？其实，媒介组织与企业在战略构成要素上不尽相同，但它们都主要由业务、资源、远景、使命和网络协同组成，共同构成了组织的核心竞争力。

一、愿景

愿景又称远景，它是媒介组织通过一系列的努力和发展要达到的最终目的，表达的是媒介组织价值观。媒介愿景的确立，需要媒介组织的管理者具有远见卓识，能够以科学务实的长远目光对媒介组织的战略规划和优势做出理性评估，以便在不同媒介环境里以主动积极的姿态创造始终符合自身媒介组织发展的前景。从媒介愿景的概念阐述，我们可以理解以下几个方面的关键要素：

一是媒介愿景是为媒介组织的发展指明前进的方向；二是媒介愿景的确立意味着媒介组织价值观的形成，阐明了媒介组织的存在意义；三是媒介愿景是可实施的管理方案，是媒介组织内部的产品、人事、财务等都需要遵守的基本准则；四是媒介愿景是战略的顶层设计，是指导战略制定与实施的基本方向；五是媒介愿景的建立是媒介组织内部文化的重要组成部分，是催生创新的文化基石。媒介愿景具体是由哪些内容构成的呢？

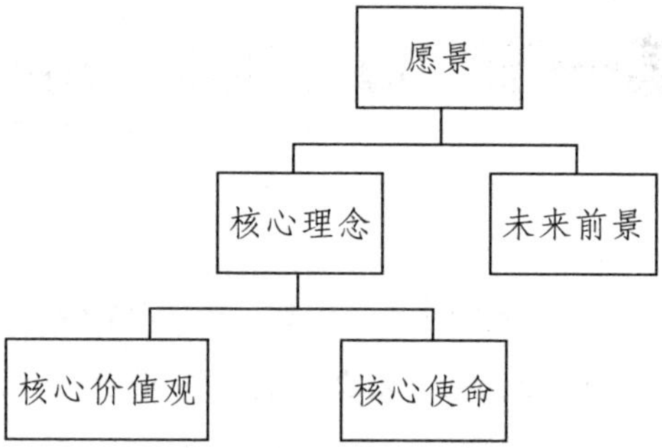

图6-1　科林斯、波勒斯的远景规划

科林斯、波勒斯认为，由核心价值观和核心使命构成的愿景，界定了一个组织的经久不衰的特征，成为组织稳定的标志，它超越了产品或市场的生命周期、技术突破和个人领袖，是一种在企业成长、分权、全球扩展、多元化的过程中把组织聚合起来的黏合剂，成为企业最显著和最持久的因素。①

从上述观点来看，媒介组织作为社会组织中的一种具体存在，其组织愿景的构成也不外乎是核心理念和未来前景两个要素（如图6-1所示）。那么，媒介愿景是如何形成的呢？

一方面，从媒介组织的管理层需要形成高度统一的意识，达成某种默契愿意朝着组织的光明前景而共同奋斗，由此，从媒介组织的自身优势、劣势识别媒介组织的不同环境，明确目标勾勒出媒介组织的未来图景；另一方面，从媒介受众的视角认可媒介组织的价值观，赞同其媒介产品所传递的信息，并且信息的内容具有前瞻性，它符合媒介环境的变化和社会进步的前进方向。

媒介愿景不是一个独立的体系，是解决媒介组织身份识别的价值描述。愿景的达成实施通常也是从战略、战术两个层面来加以推进，媒介愿景更不是一成不变的，它会因媒介组织外部环境变化不断修正，始终围绕媒介市场、媒介受众、媒介生态、媒介产品稳步实施。

二、使命

如果说愿景是媒介组织前景的描述，表达的是媒介组织的价值观，那么使命就应该是媒介组织在庞大的社会体系中应该承担的社会责任。媒介组

① 袁靖华.我国媒介企业愿景战略研究[D].杭州：浙江大学，2007.

织并不是以营利为第一目的，它还是党和政府的喉舌，传递的是主流价值和社会正能量的声音。因此，媒介使命是一项媒介组织社会责任的具体体现。比如，央视中文国际频道的口号为“传承中华文明，服务全球华人”，这句简单而富有内涵的频道标语是中央电视台第4频道立足国际视野，把中华文明点制定作为媒介的使命担当，把媒介组织定义为内容信息服务提供者。从这句话的具体解读来看，是否可以找到愿景与使命的具体不同呢？愿景是可以通过一系列努力而最终达到的目标，而使命是责任所在，是媒介组织要长期坚持的基本定位。

我们正处于一个信息大爆炸媒介融合的时代，由于媒介环境的变化，媒介生存的压力越来越大，有的媒体把“活下去”作为媒介组织最高的战略指引，比如有的网络媒介内容低俗，有的电视媒介刊播违禁广告信息，导致媒介公信力一步步下降，新闻翻转的事件时常发生。在媒介融合的语境中，不管是传统媒介还是网络媒介，要坚守的使命始终是坚持党性原则，坚持正确的舆论导向，传播正能量和主流价值，弘扬社会主义核心价值观。不论何种媒介环境，媒介组织的使命都没有发生根本变化，意识形态的稳固于国家安全而言都是极为重要的，媒介使命一旦缺失将对社会造成恐慌，严重的将会威胁到国家政权。因此，媒介使命是维护社会安定极为重要的历史责任。

三、业务

媒介战略的制定和实施始终是围绕业务而开展的，前面我们在媒介产品一章中对媒介业务进行了全面的介绍，媒介本身是传播的介质，媒介组织的传播形式外化就形成了具体的产品，包括了非营利性媒介产品、营利性产品等，当今的媒介组织越来越庞大，特别是媒介融合以后媒介组织的经营业务越来越多，所以跨媒介经营已经成为一种趋势，既有与媒介业务本身相关的多元化媒介业务，也有与媒介传播完全不沾边的非相关多元化业务。因此，媒介组织的业务发展呈现是明显的多元化、生态化等特点。

尽管媒介环境正在发生的深刻变化迫使媒介组织不断创新和转型升级，优化业务逻辑和结构，但媒介组织的核心业务仍然是新闻信息的采编。媒介业务作为媒介组织战略组成的关键要素，从媒介组织的使命进一步深化解读，媒介存在的意义即是为社会大众提供具有价值的信息，也是媒介组织获取流量换取收益的产品交易路径。

业务发展的走向与媒介组织战略息息相关，从不同的视角认识媒介业务又有多种划分的方法，比如从业务重要性可以分为主营业务、辅营业务；从业务的层级，又可以划分为总体业务、具体业务、核心业务等。在本章的第三节就重点介绍媒介业务以及其对应的战略层次。

四、资源

如果说媒介业务决定媒介战略的基本方向，那媒介资源的靠拢将对愿景的实现添砖加瓦。媒介资源的构成与企业资源略有不同，包括内部资源、外部资源，具体再细分下去又可以映射到有形资源、无形资源。媒介组织战略的制定要靠对资源的运用程度，包括资产、人力、硬件设备等有形资源，也包括商标、品牌等无形资源。

为什么要将商标视为无形资源？商标的注册和核准都有严格的评价准入体系，最后才能取得行政管理机关的商标许可。笔者认为媒介组织的商标与品牌都难以估值，较难直接通过产品形式而外化变现，都是靠着媒介组织持续的运营累积起来的社会美誉度、公信力等，但也不能否认它能与外部资源整合合力变现的事实。近几年，媒介组织用无形资源与外部战略合作伙伴探索项目合作开发产业市场的案例较多，具体的形式和案例将在本书的最后一个章节中梳理。

外部资源是媒介资源非常重要的部分，媒介组织的力量毕竟是有限的，在开辟媒介业务尤其是在媒介产品的产业化时，往往需要强大的外部资源注入，包括渠道、资金、技术等，外部资源通常是掌握在其他组织中，如政府、企事业单位等，这类组织我们通常称为战略合作伙伴，是为了共同达成某种战略愿景而建立起的同盟体。

资源是媒介战略实施的重要推手，因为资源的整合、合理化运用往往会为愿景的达成事半功倍。因此，战略管理这门学问可以说是对资源和业务的管理，从达到组织愿景和使命。

五、网络协同

提到“协同”二字，总是会让人想起与分工协作相近的词汇。的确，协同的本意就是通过专业化的分工协作达到共同的目的，有共同进步的意思在里面，网络协同只是顺应互联网时代对协作方式作出的重新定义。我们身处在一个产业化、精细化、信息化的时代，特别是网络的便捷让产品的生产方式越来越便捷，媒介战略的实施就需要立足全球化视野，通过网络协同制定共同的目的、推进日程，细化战略实施工序，通过内外部资源的联动整合实现产品品质的提升。

在庞大的传统媒介组织中，采编工作往往都是以部门为单位，自成体系对选题、素材、舆论导向进行把控。对于媒介内容不够生动、素材使用不够充分，为了达到媒介产品的深度报道往往会出现重复采编的情况，依托于网络信息技术建立的媒资系统就可以通过网络，实现对媒介组织素材的全局性把握，统揽全局以多重视角深度报道媒介内容，强化了媒介内容编辑的组稿思维，这样分工协同、资源共享的场景就是媒体中央厨房。

除了在媒介内容层面需要网络协同外，媒介产品的产业化实施往往被拔高到“转型升级”的高度，通常也是依靠网络技术平台实现分工协作，打破传统的媒介产品生产方式。通过专业化服务的购买换来创新理念的注入为媒介组织的商业模式塑造起到了至关重要的作用，这一部分的协作将在本书后面媒介产品、媒介营销等篇章里重点介绍。

第二节 媒介战略管理的基本原则

纵观媒介组织的发展历程，不同背景的媒介组织在环境中始终都在尝试采取不同的媒介战略，包括管理的原则、战术和模式等，对媒介组织的发展和经营都带来了显著的效果。但是，由于媒介环境的不同，媒介战略管理的手段再怎么变化，管理的原则始终也没有发生太大变化，管理原则包括整体原则、效率原则、价值原则和动态原则。这些原则产生出的无穷变化与媒介运营的战术相结合，可以衍生出众多的差异化策略，提高媒介组织的竞争水平和管理水平。

一、整体原则

整体原则是媒介战略管理的第一原则，是由媒介战略管理的层次所决定，战略的制定与实施始终是自上而下的，都要围绕媒介组织的顶层设计而展开，关于这部分的知识将在本章的第三节进行介绍。媒介组织的内部和外部相互联系、相互制约、有机结合构成了一个复杂庞大的媒介组织系统，这就要求媒介组织的战略管理必须是整体原则至上，重点要从以下几个方面着手：

一是必须具备鲜明的组织结构。在媒介组织一章中，笔者介绍了多种媒介组织的形式和管理层级，它们从媒介组织运营的核心出发，围绕媒介业务采编、制作、发布等工作工艺形成了一套完整的生产体系，对外是一个整体，对内是分工协作的功能性生产单元，必须通过严密的逻辑结构来实现业务流转，媒介战略管理需要了解各个单元的具体智能和相互的生产方式，以实现对各种生产要素的有机结合。

二是必须具备明确的愿景和使命。在第一节，笔者对于媒介战略的愿景和使命做了具体阐述，这说明了媒介组织在战略管理中需要有清晰的定位和目标，它们在媒介系统的运营过程中起到激励、监督、聚合和评价的作用，媒介战略的最高实施准则就是社会效益和经济效益的双丰收，推动媒介组织整体前进，管理工作有序进行。

三是必须要有全局性的思考，从顶层设计的高度促进管理机构的建设，通过带动作用发挥各个层级机构的积极作用，实现多层次的战略推进，还要保障各个层次不同职能单位的特殊性，促进局部与整体的协同进步。

二、效率原则

媒介战略管理的另一原则是有效提升媒介效率，既包括媒介内容生产的效率，也包括信息传播的准确性、覆盖率等传播效率，几乎所有的媒介组织都制定了详细而科学的责任目标，并作为不同层次战略实施的具体要求，按照具体的战略管理规范和实施细则准确无误地对标对表地完成各项工作。媒介战略管理的效率原则需要注意以下两个方面：

一是坚持效率至上，但不能摒弃法治原则和责任原则。媒介的本质是为提供有价值的信息，尽管媒介之间的竞争是新闻价值、时效性、新闻深度与观点等之间的竞争，但绝不能违反社会伦理道德、违反公序良俗、违反传播规律等。媒介战略管理要求始终要坚持主流价值，遵循合理合法合规的内容传播和市场运作，对社会、经济、文化的发展产生正向引导力。

二是追求效率不能着眼于眼前，而应立足长期的利益。媒介作为社会公器的特殊属性，必须从经营战略管理的层面有所思考、有所舍弃、有所坚持。公信力是传统媒介生存的底线，如果追求眼前的经济效益而缺乏产品的战略性创新，一旦公信力消耗殆尽生存就岌岌可危了。

三、价值原则

媒介战略管理的最终目的是促成价值的变现。在履行媒介战略管理价值原则的过程中，媒介组织需要明确两个方面，一是明确其在社会信息传播和舆论监督引导中的社会价值，二是依靠广告、内容和渠道的市场化经营等多种方式获得的经济价值。媒介战略管理的价值原则就是要做到社会价值和经济价值的平衡，没有孰轻孰重，必须重视价值的评估量化。目前几乎所有的媒介组织都对战略管理中的经济价值建立了评价体系，但是社会价值尚未建立完整合理的评价体系，或可能影响到媒介组织的社会定位，所以在媒介组织转型升级探索市场改革的步伐中，仍然需要重视双重价值的平衡，尤其不能让社会价值管理缺位。践行媒体战略管理的价值需要从社会价值和经济价值两个方面着手。

社会价值是指媒介应对其发布的信息承担责任，包括信息的真实性、准确性和舆论引导方面的具体体现；经济价值是指媒介组织依靠广告、内容、版面和渠道等多种方式经营从而获得经济效益。因此，在媒介组织的绩效考核中，媒介组织的社会价值和经济价值是两大非常重要的指标，媒介组织管理者在战略制定和实施过程中应充分平衡两者之间的关系。

四、动态原则

随着全球化、媒介网络化、信息化、一体化议题的趋势明显，媒介环境可谓是瞬息万变，当今媒介之间、媒体之间的竞争加剧，动态原则是当前媒介组织在战略管理过程中不可忽视的原则之一。动态原则一方面可以使媒介组织发展方向适宜于媒介环境，与媒介组织的愿景、使命等更接近；另一方面增加媒介组织的内涵，提升从业人员的参与感、积极性，构建文化型媒介组织文化，提升组织效率。

媒介战略管理动态原则关注视点主要集中在绩效考评的几个重点指标上，包括考核总体目标的动态性、考评主体与对象的动态性、关键指标的动态性等。媒介战略管理的动态性既可以因事也可以因人而动，是一个相对较大较为长期的过程。总之，动态调整媒介战略及实施策略有助于媒介组织在激烈的竞争中赢得生存优势。

第三节 媒介战略的层次

一个媒介组织需要有一个总体的战略，为了达到这一愿景将根据业务条线制定相关的战略，并深入到业务开展各个方面，甚至财务、人力等都应该具备相关的职能战略，所以媒介战略包括总体战略、业务战略、职能战略三个层次。由此，我们可以看出，媒介战略的制定是一个由点及面、由上到下的庞大体系，每一个细小战略与战术将对愿景的实现至关重要。表6-1列举了媒介组织的三个层次之间的区别：

表6-1 不同战略层次的区别

特点	总体战略	业务战略	职能战略
兴致	观念型	中间	执行型
明确程度	抽象	中间	确切
可衡量程度	以判断评价为主	半定量化	通常可定量
时期	长期	中期	短期
承担的风险	较大	中等	较小
代价	较大	中等	较小
灵活性	大	中	小
协调要求	高	中等	低

媒介组织的三个战略层次相互依存，联系紧密。只有在总体、业务条线、具体部门职能上形成合力贯彻实施各个层级的战略才能达到媒介组织的愿景，媒介组织的战略实施是一个长期持续的过程，具有一定的纲领性和相关诉求，同时它也不是一成不变的，会因媒介环境、产品等因素的变化而适时调整。

一、总体战略

总体战略，也称作公司战略，在媒介领域即指媒介组织整体的战略纲领，是由媒介组织的最高管理层指导和控制组织的最高行动纲领。从这一概念可以得出,媒介组织的总体战略是由组织高层制定和提出的,比如报社社长、电视台长、总编辑等媒介组织的主要负责人,而不是普通的媒介工作人员。总体战略一般是一种观念,具有一定的高度、广度、深度,它既充分结合了媒介环境的变化,也结合了自身的业务特点、区位优势,创造性地提出了该媒介组织未来一个时期要实现的总体目标和愿景。因此,不同的媒介组织所制定的总体战略各有不同(如表6-2所示)。

表6-2　五个省级广电媒介总体战略及新媒体业务战略

广电集团	总体战略	新媒体平台
湖南广电	平台化、引擎化、资本化	云中心 芒果TV(网络电视台、移动平台) IPTV……
江苏广电	云平台、组团、多终端	荔枝云(云平台) 荔枝网(网络电视台) 长江手机台 乐享电视(社交电视) 荔枝新闻/社区(移动平台) IPTV……
上海文广	一体两翼、耦合发展	云平台 看看新闻(视频新闻网站、移动平台) 百事通(IPTV、OTT) 阿基米德(移动社交音频平台)……
湖北广电	融媒体、平台化、资本化、创客化	长江云(云平台) 微摇(互动服务平台) IPTV……
重庆广电	平台网络化、渠道生态化、内容产业化	云平台 第1眼(移动资讯平台) 逗听(移动音频平台) 视界网(网络电视台) 渝眼TV(手机台) 来点(IPTV、OTT)……

从湖南、江苏、湖北、上海、重庆五省市广电媒介组织的总体战略来看,大都注重传统媒体与新媒体的融合发展,高度重视平台和渠道生态的建设。其中“平台”二字出现的频率最高,这体现出广电在应对媒介融合的课题时表现得更加包容,开始重视云平台的建设,看重大数据、云计算的开放和广泛链接,为打造精准高效的信息交互夯实了基础,更为后续推动精准营销做好了布局。

除了广电之外，纸质媒介的总体战略也一边倒地出现了高度网络化，比如人民日报社不仅开发了“人民日报”App，还注册了微信公众号、新浪微博官方账号、抖音官方账号等，建立起了内容多渠道发布的传播矩阵，传播的形态也出现了图文、音视频、H5等多种形式。总体而言，我们可以看出媒介组织的总体战略纷纷倾向于网络化和产品化，并且更加看重议事日程的设置，抓住重大时间节点和重大新闻事件抢用户，媒介组织的领导们都明白这是一个流量的时代，得用户者得天下。所以，在媒介组织的总体战略设计上更注重于工作方式的转变，传播和互动的高效，获取用户的精准反馈，持续多轮回环的反复沟通，传递媒介和媒体价值有助于维护用户的忠诚。

制定媒介组织的总体战略，需要注意哪些要点呢？

一是优势互补、上下衔接整体联动，制定多元化的目标体系，明确不同经营业务的使命愿景；二是提升媒介组织的整体效益，包括社会效益和经济效益，通过多元化的经营实现经济效益的整体提升以对抗媒介生存风险；三是优化资源配置，充分调动各种生产要素激活内部生产力打造具有影响力的产品，从有利于效益和竞争力的角度出发，对媒介产品要不断地提档升级；四是树立各种资源的竞争优势，探索多元化的经营模式保持不同业务条线的生产协作，利于产业经济的带动。

二、业务战略

业务战略，是指媒介组织依法开展相关业务活动而制定的战略。笔者认为，这里的“业务”有广义和狭义之分，包括了营利性业务和非营利性业务，而两者之间又相辅相成。比如，媒介组织开展的核心业务就是内容的生产，其次还有广告的销售和辅助性营收业务，这属于媒介组织的相关业务，是一种狭义的业务统称；而广义的媒介业务，还包括媒介内容的变现的后续运营，如IP打造和变现、媒介品牌的运营等，都属于与之相关的业务。这一部分的业务往往是最容易被忽视的，属于业务运营战略。

在融媒时代，传统的广电媒介把业务触手拓展到了新媒体领域，开始尝试内容付费的变现，最典型的就是湖南广电打造的芒果TV，大量优质的内容并未在电视屏幕播放，而是选择在芒果TV作为一项独播资源，对忠诚度较高的用户有较大的吸引力。当然，我们也应该看到网络新媒体也开始尝试在传统的电视领域找到一些机会，比如近几年爱奇艺、腾讯视频在网络综艺节目的制作方面就取得了突破，打造了《吐槽大会》《奇葩说》等诸多的网络综艺,捧红了一批网络红人。从内容上看,其核心的制作技法还是来自电视综艺。所以,我们应该看到不同媒介会因自身优势不同、资源不同、渠道不同,开展相关的业务也各有不同,但他们都在尝试横向联动,通过媒介资源的运营实现产业链的整体营收。

与总体战略不同的是,业务战略更偏向于具体的操作层面,提出这一战略的往往是业务条线的负责人或者是内容的制片人,但这一战略又与总体战略之间环环相扣,因此它是在总体战略的指引下针对具体的某个垂直领域或业务条线而制定的实操性战略。业务战略的总体目标是保障业务条线的运营正常有序,始终围绕总体战略明确的使命愿景开展工作,绝不能违背媒介组织总体战略的发展方向。在有些中大型媒介组织中,其跨行业的业务比较多,比如传媒集团从事地产的开发和经营等,尽管这些业务看似与媒介组织的业务没有什么直接关系,但它始终是在朝着集团制定的多元化整体营收的目标而组织实施的。

三、职能战略

媒介组织的顶层设计有总体战略,媒介组织开展的业务或产品有具体的业务战略,但是为了保障这些相关战略的实施还需要一些战略作为支撑。我们可以想像,在企业和媒体组织中除了开展的相关业务外,还有关于人事行政、财务管理、市场营销等工作,这些都属于有较强的专业性,也需要相关的战略来推动业务战略的实施,这个层级的战略就被称为职能战略。职能战略,就是企业实施管理活动中的某一个具体职能的战略,它是业务活动开展的强有力的支撑。

职能战略在一些中小型企业和媒介组织中往往不被重视,因此时常会出现业务活动开展过程中沟通时效较长、沟通成本较高的情况,这往往与职能战略的制定和实施有很大关系。职能战略的制定和实施主要围绕业务活动开展的流程而制定,包括策划、组织、实施、控制和监督等环节,职能战略是直接面向战略实施一线员工而制定的。因此,在制定职能战略时,既要充分考虑业务活动开展的实际情况,又要考虑简化内部沟通成本和管理成本,毕竟稳定、快速、准确的决策将为媒介组织赢得市场机会提供可能。

在媒介领域中,近几年最引人关注的职能战略是人力资源战略,尤其是在传统媒介中已经出现了非常明显的结构性失衡,一是男女比例的严重失衡,女性要明显多于男性;二是人才结构的失衡,过去媒介的存在是为了向社会提供准确的信息，因此媒介组织最需要的是内容生产型人才，但近几年随着媒介竞争的加剧，媒介组织纷纷感受到生存和转型压力，对人才的需求也倾向于复合型和多元化，传统媒介中经营管理型人才极度匮乏；三是下沉市场的媒介专业人才需求较大，因晋升通道、薪资福利等配套不完善，往往留不住人才。

职能战略中的财务战略在当今媒介组织的生产经营活动中愈发重要，尤其是媒介组织实行事业单位性质企业化管理，在本轮全面深化改革中，随着县域级融媒体中心的挂牌，县市级也成立了相应的国有传媒集团，对于实施国有资本的财务管理就新增了难度，一些刚起步的传媒集团正探索着自收自支，一些起步较早的省级国有传媒集团已经尝试股权经营、投融资和企业的并购等，随着业务体系的庞大对于财务战略的制定就显得尤为重要。

如何制定有效的职能战略？实际上，在企业和媒介组织中因管理职能的不同，具体的职能战略就有所不同，但我们还是可以从中窥见一些规律：一是保持企业的活力，合理地调配资源和优化资源；二是理顺业务条线，简化沟通程序保障企业生产决策的效率；三是自上而下、自下而上需要形成企业文化，打造具有团队精神的人才队伍；四是抓住机遇迎接挑战，建立配套完善的科技创新、管理创新激励机制，激活企业创新动能。

第四节　媒介竞争的战略类型

前一节中，我们按照企业和媒介组织战略制定的层次，划分成了总体战略、业务战略、职能战略三个层级。不同的阶段和不同的战略所对应的战略战术各有不同，下面我们就重点要介绍下不同生命周期媒介竞争的战略类型。

一、基本竞争战略

基本竞争战略，重点在“基本”二字，顾名思义是指大多数企业和媒介组织在生存环境中使用最频繁最基础的战略。再看，基本竞争换个说法就是基础的竞争，也就是竞争还未达到白热化的阶段，企业和媒介组织都还有很大的上升成长空间，这一阶段是最容易形成媒介组织的品牌、IP等。但是创业初期并不容易，资源资金都是相对有限的，如何在共性中找到个性化的发展呢？在基本竞争战略中，就包括了成本领先战略、差异化战略、集中化战略等。

1.成本领先战略

毋庸置疑，成本是所有创业者最关注的指标之一。在媒介领域，以广电为例要创办一档自办栏目，并不是无上限的投入。小到演播室景片、舞美搭建设计、人力成本，大到栏目年投入的总量都要控制，都是有非常明确的实施指标，而把握这一指标的合理化权利往往就在制片人手中。所以，电视台也不是随便就能开办一档栏目，而是先要平衡成本开支与社会效益、经济效益之间的合理性。

成本领先战略重点关注生产环节中的成本构成项和对应的量化指标，包括交通差旅成本、人力成本、场地租赁使用成本、道具成本等，以及一些不可预见的生产成本和管理成本。成本领先战略往往采用的是总量控制，到具体的成本构成项分量实施。比如，在一个进入正常运行轨道的栏目中，年制作成本、人力成本都是有固定的数值。成本领先战略的实施并不是一成不变的，它也有非常明显的优势和劣势，影响成本领先战略的因素就包括了新进入者、替代品、消耗品、消费者、供应商、同业竞争等因素。同时，谈到成本领先战略，无可置喙地要提到差异化竞争战略，这两种战略是媒介组织和媒介产品导入期最为重要的竞争战略。

2.差异化战略

差异化战略，也称特色优势战略，是指企业力求在顾客广泛重视的一些方面，在该行业内独树一帜。它选择许多用户重视的一种或多种特质，并赋予其独特的地位以满足顾客的要求。它既可以是先发制人的战略，也可以是后发制人的战略。差异化战略的关键影响因素则是资源的集成，媒介产品与媒介优势之间的互补性。在媒介领域中，往往是差异先行。毕竟内容形态的跟风效应是很难制止的，比如央视创办了一档读书节目，省市级乃至县域级电视台多则群起效仿这种节目样态。当两者形态相仿时，就势必会打差异化竞争这张牌，因此在品牌识别等方面要做好相应的工作。

差异化战略更加注重独家资源，确保市场占有率小但投资回报率高。当然，差异化并不仅局限在资源上的差异，有的则重视做好后端的服务来赢得生存的机会。差异化战略的实施有几个方面需要格外注意：一是可能会丧失一部分潜在的内容消费者；二是差异化只是一种手段，不可避免地会被模仿，因此差异会被逐渐缩小而形成同质化；三是受众、用户会随着差异化战略实施周期的变长，其所需表达更为明确，往往忽略产品的差异化特质；四是谨防过度差异化所带来的对媒介组织、产品内核的影响。

当媒介组织在推广产品制定差异化战略时，必须要做好前期的市场调研工作，掌握消费者也就是我们的目标受众、用户所带来的内容消费偏好，这里我们称之为消费者偏好。另外，还要考虑媒介产品内容实质的替代品所带来的影响，以供全面的决策。

3.集中化战略

集中化战略又称专一化战略、目标集中战略、目标聚集性战略等。它是指企业为了满足市场上特定的消费者群体的特殊需求，或集中于某一区域市场、某一产品线细分区段等，从而建立企业自身的竞争优势，获取市场有利竞争地位的战略，主要有两种表现形式，即企业在目标细分市场中寻求成本优势的成本集中和在细分市场中寻求差异化的差异集中。

媒介企业在经营管理中选择实施集中化战略，一是以高效率、更好的效果为某一特殊对象服务，从而超过市场广泛的竞争对手，或实现差别化，或实现低成本，或二者兼得，进而取得较大的市场份额；二是大大缩短与市场竞争对手直接对抗的周期，为媒介争取使用媒介企业资源的时间，进而实现高度专业化的组织生产，降低成本，从局部市场获取竞争优势；三是目标集中战略与成本领先战略和差异化战略一样，能够抵御行业中存在的各种竞争力量，使得媒介企业能够在本行业中获得高于一般水平的收益。

当然，媒介企业在实施集中化战略时也需要注意竞争对手能否在企业已定的战略目标市场上找到更为细分的目标市场，从而为企业带来风险进而改变企业原定的目标市场，使得原来目标集中程度显得并没有那么明显。同时，还需要注意企业战略目标市场和整体市场上对提供的产品和服务的需求存在哪些差异，避免目标市场定位不明确、不清晰，使得一些狭窄目标市场的媒介企业丧失成本优势或与竞争对手之间存在的差异化优势被弱化。

二、成长战略

1.一体化战略

一体化战略是指媒介充分运用自己在技术、产品、服务、市场等各方面的优势，在现有的经营范围基础上进行横向或纵向扩展的一种战略。媒介采用一体化战略的前提是所属的细化行业具有广阔的发展前景，并且能够保证媒介经过一体化战略以后可以提高市场活力、经济效益等。

一体化战略分为横向一体化战略和纵向一体化战略。

（1）横向一体化

横向一体化战略，也被称为水平一体化战略，它是指媒介为了扩大生产规模、降低成本、巩固企业的市场地位、提高市场占有率、提高企业竞争优势、增强媒介实力而与同行业媒介进行联合的一种战略。横向一体化一般是通过契约式联合、合并同行业的媒介方式来实现，在这种情形下将有效发挥媒介扩大规模、降低成本、巩固市场地位等作用。

（2）纵向一体化

纵向一体化是媒介在实施经营战略上，从业务链的前后两个方向进行扩展和延伸的战略，又分前向一体化和后向一体化战略。媒介前向一体化战略属于进攻性战略的一种，往往通过建立、合资或者并购一个及多个企业，向其产品的销售行业方向发展。媒介采用前向一体化战略的主要目的是在于提高产品的销量，扩大市场份额和占有率。反之，媒介后向一体化战略则是属于防御性战略的一种，是指媒介的经营业务向供应的方向扩张，获得供应媒介的所有权或增强对其的控制能力。

2. 多元化战略

多元化战略，又称多样化战略或多角化战略，是著名企业战略管理家安索夫于1957年发表的《多元化战略》一文中提出的，它是指某一个媒介的经营业务范围已经超过一个行业的范围，从而在多个行业中谋求媒介更多发展的战略。对媒介而言，实施多元化战略的好处在于可以避免单一的经营风险，从而扩张和占领更多的新市场或新领域，并保持媒介持续的增长态势，极力追求最大的经济效益。

3. 密集型战略

密集型战略，也被称为集约型发展战略，它是指企业在原有的生产范围内，充分利用其在产品和市场方面的潜力来求得成长与发展的战略。它是将企业的营销目标集中到某一特定的细分市场，这一特定的细分市场可以是特定的消费群、特定的区域、特定用途的产品或服务等。它主要有市场渗透战略、市场开发战略和产品开发战略三种形式。

（1）**市场渗透战略**

市场渗透战略是指企业通过更大的市场营销和努力，进而提高产品或服务在现有市场上的市场占有率或份额。这一战略通常被广泛地单独运用或结合其他的战略运用，媒介企业在充分运用现有的产品、服务条件和市场基础上，通过改善现有产品或服务等的经营手段、方法等，进一步拓展市场，提高企业的市场份额，以达到逐步提高销售量和销售面，获取更多的利益。

（2）**市场开发战略**

市场开发战略是指媒介或媒介企业将现场的产品或服务打入新兴市场的区域市场，即开发新的客户群体或新的市场从而扩大产品及服务市场销量的战略。处于激励市场竞争环境中的媒介企业，都希望扩大自己的新市场，发展新客户群体，例如媒体融合大环境下市场上新媒体突增，传统媒体依靠经营电视广告为主营业务已经不能完全维持，进而需要不断开发新市场，为目标群体或市场开发新的服务或产品，从而获取经济新增长点。

媒介企业如果存在下述情形，可适当考略市场开发战略：

①存在未饱和或未开发的市场区域。

②媒介经营的领域非常成功。例如知名的媒介企业湖南广电，旗下有

快乐阳光、芒果互娱、天娱传媒、芒果影视和芒果娱乐等公司。

③媒介可能到新的、可靠的、经济和高质量的销售渠道。

④媒介存在过剩的生产能力，具有足够的市场开发资本和渠道等优势。

⑤媒介的主业属于正在迅速全球化的产业。例如美国著名新闻和媒体经营者罗伯特·默多克创建的新闻集团是当今世界上规模最大、国际化程度最高的跨国传媒公司之一，集团经营的业务基本涵盖了当今世界上所有的媒介产品。跨国性媒介企业的出现，也极大地促进了媒介全球化的发展进程。

⑥媒介拥有扩大经营所需的资金、人力和物质资源。

(3)**产品开发战略**

产品开发战略是市场上最基本的战略，是指考虑在现有市场上通过改良现有产品或开发新产品来扩大销售量的战略，媒介运用现有市场投放仿制的新产品或新技术改造现有产品，从而达到扩大市场占有率、跨国性销售额和竞争力的战略。该战略也是媒介发展的核心所在，因此在一定程度上不断推出新产品是媒介可持续发展中的很重要和关键的环节。

媒介企业如果存在下述情形，可适当考略产品开发战略：

①媒介拥有非常强的研究能力和开发能力。例如慢综艺逐渐成为中国综艺节目市场的主流形态，《中餐厅》《亲爱的客栈》《朗读者》等慢综艺代表节目。

②媒介在高速增长的产业中参与竞争。

③媒介拥有成功的、处于生命周期成熟阶段的产品，由此可以吸引老用户使用改进的新产品，因为他们对媒介现有的产品或服务以及有满意的使用经验。例如广电媒体除了影视制作与播出等主业外，也逐渐退出新媒体移动端，参与计算机开发等服务，不断推出新产品，以满足市场主体需求，巩固市场地位。

④媒介主要竞争对手以可比价格提供更高质量的产品。

当媒介不具备上述条件时，其开发新产品的能力处于相对较弱时，这种情形如果强制开发新产品可能会导致媒介所不能承受的压力和负担。此时，媒介只能模仿其他媒介的新产品而跟随其后，但只要跟得快也可以从中获取新产品的一定利润。

三、稳定战略

稳定战略是指媒介在内外部环境因素和条件的约束下，准备在战略规划期内使用的使媒介的资源分配和经营状况基本保持在目前状态和水平上的战略。一般情况下，实施稳定发展战略的媒介都集中于单一的产品或服务。媒介的增长和发展依赖于在稳定增长的市场上维持他们一定的市场占有率，或缓慢提高其市场占有率，或增加其新产品或新服务，或扩大媒介市场覆盖范围。稳定发展战略的风险比较小，对于处于稳定增长中的媒介或稳定发展环境中的媒介来说，选择稳定战略是非常有效的战略选择。

四、紧缩型战略

紧缩型战略，又称退却型战略或收缩型战略，属于防御战略的一种。它是指媒介从目前的战略经营领域和基础水平进行收缩和撤退，且与起点战略偏离较大的一种经营战略。紧缩型战略与稳定型战略和增长型战略相比而言，它是一种具有消极性质的发展战略。一般情况下，媒介选择实施紧缩型战略都是短暂的，最终目的是帮助媒介在度过风暴后可以选择其他的战略。在特殊情况下，媒介只有实施收缩和撤退的措施，才能够有效抵御来自市场竞争对手的攻击，进而避开环境威胁，并快速实施自身资源最优配置。也可以理解为，紧缩型战略是一种以退为进的战略。

第五节 媒介战略管理的决策与控制

决策与控制对于媒介紧缩性管理而言是非常重要的,决策可以帮助媒介组织决定未来发展方向和目标,而控制则能保证媒介战略系统的方向正确性,并保障媒介战略不偏离既定的战略目标。本节将重点为大家介绍媒介战略管理中的决策与控制两个环节。

一、战略管理决策方法

战略决策是关系媒介全局和长远发展的重大问题的决策。它涉及了媒介的发展方向、经营方针、经营目标、产品发展、服务发展、市场开发、媒介转向、媒介转型、媒介技术、人力资源开发等事关媒介可持续发展和生存的重大问题,是具有非程序化的、带有风险性的决策。决策过程就如同管理过程一样,组织中存在的各项管理职能的履行本质就是进行决策活动。

1.定性决策方法

定性决策法,又称主观决策法,是指在决策中主要依靠决策者或相关专家的智慧来进行决策的方法,通常被定义为"软技术"。

定性决策方法通常又包含两种,即集体决策法和有关活动方向的决策方法。

(1) 集体决策方法

①头脑风暴法

头脑风暴法,是管理上最常见的一种决策方法。它指一群有相同兴趣的人聚集在一起,在不受约束的条件下,充分发表想法,克服阻碍产生创造性方案。它运用了一种思想的产生过程,首先鼓励所有人自由谈论,跳出现有的条条框框,从不同的层次,不同的方位尽可能多的提出设想,追求数量是首要目的。但在讨论当场不对任何设想做出评价或者否定批评,都等会议结束后再一起进行评判。该方法分为六个阶段,首先准备阶段负责人事先研究的议会问题,准备好资料。其次是热身阶段营造好自由、轻松的氛围,让大家思维达到较为活跃的状态。接着是明确问题阶段主持人提出待解决的问题，大家讨论并深入了解问题，主持人或书记员整理和归纳大家的发言，找出富有创意的表述。然后是畅谈阶段主持人引导大家自由发表言论，并对会议发言进行整理。最后是筛选阶段，在会议结束后，主持人将大家的想法整理成若干文案，再根据各类标准进行筛选。如此反复对比后，最终选定1—3个最佳方案。

②德尔菲技术

德尔菲法，也称为专家调查法，其本质上是一种反馈匿名函询法，按照规定的程序，征询有关专家对未来市场的意见或者判断，然后进行预测的方法。

具体的操作方法如下：

a.确定调查题目，拟定调查提纲，设计征询解决问题的调查表。

b.准备向专家提供的资料，包含预测目的、期限、调查表以及填写方法等。

c.组成专家小组。专家人数的多少，可根据预测课题的具体内容而定，一般来说不超过20人。

d.将调查表寄给专家，请专家提出解决问题的思路，填写后反馈给工作小组。

e.将各位专家第一次的判断意见处理汇总，列成图表，进行对比之后，再次返还给各位专家，让专家结合其他人的想法，修改自己的意见和判断。

f.将所有专家修改过的意见整合起来，再次寄送给各位专家，如此反复几次（一般需3–4次），直到每位专家都不再修改自己的意见为止。

（2）***有关活动方向的决策方法***

这类型的方法有助于媒介根据自身特点和市场特点选择媒介或产品、服务等的后续活动方向。活动方向一般包含发展、维持、收缩、放弃和清算等五种情况。具体有波士顿矩阵（BCG法）、政策指导矩阵（DP矩阵）两种方法。

2.定量决策方法

决策硬方法也是我们常说的定量决策方法。定量决策方法常用于数量化决策，应用数学模型和公式来解决一些决策问题，即是运用数学工具、建立反映各种因素及其关系的数学模型，并通过对这种数学模型的计算和求解，选择出最佳的媒介决策方案。对决策问题进行定量分析，可以提高媒介常规决策的时效性和决策的准确性。运用定量决策方法进行决策也是媒介决策方法科学化的重要标志。定量决策的方法主要包含：风险型决策、确定型决策和非确定型决策三种。

二、媒介战略管理的实施与控制

1.媒介战略管理的实施

战略实施是战略管理过程中的第三阶段活动。也就是把战略制定阶段所确定的目标性战略转化为具体的组织行动,保障战略能够实现预定的目标。新战略的实施通常会要求一个组织在组织结构、经营过程、能力建设、资源配置、企业文化、激励制度、体制机制等方面做出相应的变化和采取相应的措施,并涉及对被实施的战略的一个评估活动。媒介在实施战略管理过程中,须有一定资源的保证,同时还必须对所属的各类资源进行优化配置,才能充分保障媒介既定的目标战略得以实现。但大多数情况下,还有大部分媒介没有意识到资源保证和资源优化配置对其的重要性,这对正处于发展中的媒介而言无疑是具有风险性的。

资源是实施媒介战略管理的一项保证,而实施战略则能够促使各项资源被合理有效地整合与运用,最大限度地发挥资源优势和作用,避免因过度滥用资源给媒介所造成的恶劣影响,同时还可以促使媒介在适当的契机下,以低成本、快速有效的储备资源,为媒介的可持续发展提供能量。

2.媒介战略管理的控制

(1)**媒介战略管理控制的概述**

控制是管理过程中的一项重要职能,它是指管理者为保证实际工作与计划一致,有效实现预期目标而采取的一项行动。媒介战略管理,是指在媒介实施经营管理的过程中,检查媒介为达到目的而开展的各项活动的进展情况,评价媒介在实施战略后的绩效,并将它与既定的战略目标与绩效标准进行比较,发现战略存在的差距,分析产生偏差的原因,进而纠正偏差,使媒介战略的实施更好地与媒介目前所处的内部环境、外部环境、媒介目标协调一致,使媒介既定的战略能够得以实现。

媒介战略控制按照时间来看分为事前控制、事后控制、随时控制三种类型,按照控制主体来看分为避免型控制、开关型控制两种类型,按照切入点来看分为财务控制、生产控制、销售规模控制、质量控制、成本控制五种类型。在进行战略控制时,必须要按既定的战略采取相应的控制,进而确保战略目标的有效实现。同时,为了防止目标偏移等不良现象,可以遵循战略重点原则、适时控制原则、一致性原则、面向未来原则、保持弹性原则、自我控制原则、经济合理原则、适度控制原则、确保目标原则、例外控制原则、适应原则、信息反馈原则等12种战略控制原则。

(2)**媒介战略管理控制的内容与过程**

在媒介战略管理过程中，无论控制对象是什么，在控制过程中都需要遵守四个基本的工作环节，具体环节如下：

①制定标准

在媒介战略管理控制过程中的首要步骤，即制定标准。标准就是一种作为模式或者规范而建立起来的尺寸或衡量单位。媒介战略控制标准应该与媒介组织的目标一致，并且用可衡量的相关条款来表示。媒介常用的可衡量标准具体包括时间标准、成本标准、数量标准、质量标准等，具体包括媒介在经营过程中的资产、市场占有率、市场份额、销售额、净利润、产品质量、净利润、销售成本、劳动生产率等。

媒介在确定控制标准的过程中需要确定控制对象、选择控制重点、确立绩效指标（如表6-3所示）。

表6-3　确定控制标准的过程图

确定控制对象	选择控制重点	确立绩效指标
影响媒介在一定时期内经营成果的主要因素如下： 1.环境的特定及其发展趋势； 2.各类资源的投入； 3.各项活动的组织	当媒介在选择控制对象后，还必须要选定控制的关键点，也就是控制重点，并把处于关键点的媒介工作预期成果作为控制标准	一个合理的绩效衡量指标需要包含： 1.与既定目标的一致性； 2.各项指标间的均衡性； 3.指标体系具备的完整性； 4.指标体系的可控性

②衡量绩效

制定标准后，媒介紧接着就需要进行绩效衡量。这一阶段媒介主要是按照预定的时间和频率对战略实施的成果进行实际的判断和衡量。媒介通常可以采取个人观察法、统计报告、口头报告、书面报告、召开会议等方法对其进行衡量。在衡量过程中还需要注意信息的真实性、完整性、及时性、实用性，保证信息质量，为管理者提供可靠有用的信息，为纠正偏差提供参考依据。

③分析偏差

分析偏差就是将控制标准与实际绩效进行对比，找出控制过程中两者间存在的偏差，为进一步采取纠正管理措施做好准备。一般来说控制标准与实际绩效存在偏差的原因主要有：

a.媒介标准本身就存在一定偏差过高或者过低；

b.媒介外部环境的影响，例如市场环境变化、宏观经济的调控、政治因素、技术更新等的变化；

c.媒介内部环境的变化，例如工作人员松散、组织松懈、控制能力不足等因素。

④采取纠正措施

纠正措施是媒介战略管理控制过程中最关键的一步。媒介需要根据偏差分析结果，进行决策，制定纠正偏差的相应措施并实施，以保证媒介既定目标得以有效实现。

这时需要考虑以下几点问题：

a.存在的偏差是否为临时性波动？

b.媒介战略的执行过程是否存在问题？

c.外部环境是否存在重大变化，导致既定的战略与目标发生偏离？

在媒介确定纠偏措施及实施过程中需要保持纠偏方案双重优化，充分考虑要换实施计划的影响，逐步消除人们对纠偏措施的疑虑，协调好媒介组织成员之间的关系。

小结

随着国民经济的不断发展，战略管理的成败决定了媒介的竞争能力。近年来，在媒介技术的不断进步和媒介产业化发展等内外部环境影响下，我国媒介的生存和发展迎来了新的机遇，或者新的威胁，或者原定战略存在偏差和不完善等现象，这些都一步步助推着我国媒介行业快速转型发展，也倒逼着绝大部分媒介企业对原定的战略进行完善或改革。所以，科学选择正确的战略管理方式是解决我国媒介面临的管理问题和挑战的基本思路。

媒介战略管理如同企业战略管理一样，是个动态过程。尽管近年来，我国媒介对战略管理的关注度愈发增加，但在媒介的战略管理上还是存在诸多问题，同学们可以通过以上介绍的案例和方法结合不同媒介组织的战略，总结出媒介战略管理中的一些共性。

第七章

媒介品牌运营管理

品牌是商品参与市场竞争最有效的筹码，好的品牌不仅收获的是消费者的美誉度，还有经济效益。可以说，品牌的塑造直接关乎产品在市场中的竞争力、识别度，优秀品牌往往重复关注度较高且直接影响到复购率。那么，媒介品牌与商业品牌有何相同，怎样的媒介品牌才算是好品牌，如何打造和管理一个媒介品牌，本章就重点围绕这些话题展开学习。

第一节　媒介品牌的含义

一、媒介品牌的含义与构成

媒介品牌，指被顾客认同的具备功能价值和附加价值的媒介产品。那何谓附加价值呢？即媒介品牌中最为重要的部分，包括外观、品牌个性、受众的主观感受等，它能集中反映媒介产品形象、代表媒介产品的市场形象、象征媒介产品的实力。主要通过媒介品牌的建立、提升、延伸等一系列战略决策与实施，实现媒介品牌认同和品牌忠诚，从而实现媒介品牌增值。

媒介品牌主要由媒介的品牌信息、品牌形象、品牌价值构成。一个成功的媒介品牌，最重要的特征是媒介产品本身。高品质的媒介产品主要具有以下几个特点：具有较高知名度和满意度、具有较高市场占有率和渗透度，具有优良的品质和鲜明的个性、具有较高的社会效益和经济效益。

二、媒介品牌资产

品牌资产(Brand Equity)也称品牌权益，媒介品牌资产是指只有品牌媒介才能产生的市场效益，换言之，不同媒介产品在有品牌时与无品牌时存在市场效益的差距。媒介品牌的名称与象征所代表的层级不同，它能够使通过媒介产品或媒介服务提供给用户的价值不同。“媒介品牌资产”的关键词是“资产”，和其他有形资产等同。媒介品牌除了本身具有经济价值之外，还可以为附加价值，这是创造价值不可缺少的一种资源，品牌是无形资产的重要组成部分。

随着市场不断变化，竞争日益激烈，人们把媒介品牌资产进行分层处理。

(1)媒介的浅层品牌资产：媒介品牌资产中最基础的是知名度，然后是品质认可度。媒介品牌知名度与品质认可度是媒介品牌的初级浅层资产，因为拥有这两种品牌资产仅仅是媒介品牌成功的基础，并不能构成竞争者难以复制的优势。

(2)媒介的深层品牌资产:包括品牌美誉度、品牌忠诚度、品牌溢价能力。媒介品牌联想带来差异化的竞争优势,品牌忠诚度和品牌溢价能力为品牌方带来更多市场份额和丰厚的利润。优秀的媒介品牌具有个性鲜明、忠诚度高和议价能力强等特征,而当前我国媒介品牌绝大多数都处于浅层品牌资产阶段,因此,要成为更高品级媒介品牌的关键是——打造深层品牌资产。

三、媒介品牌战略

媒介品牌是在媒介传播或媒介营销过程中形成的,用以将媒介产品、媒介组织或个人与媒介消费者等关系利益人联系起来,并能带来新价值的一种物质和信息存在[①]。牛津大学赛德商学院首任院长约翰·凯认为"战略,是一套分析技巧,是组织对其内部能力和外部环境的分析和匹配,其目的是更好地理解、从而影响一个组织在当前和潜在市场中的地位"[②],因而,媒介品牌战略是以媒介品牌为主要服务对象,主要目的是扩大影响力和知名度的一种策略。

随着科学技术的发达,信息到达市场和受众的传播渠道也越来越多,宣告了传媒市场的供求关系已经由过去的"供不应求"转变为现在的"供过于求"。同时,大多数传媒均处于对资讯的初级加工阶段,即仅仅作为简单的信息提供者,导致了媒介之间的竞争越发激烈,尤其是同一个城市的几个媒介,在受众定位、采编内容、栏目设置、报道策划、版面编辑样式上几乎是大同小异,这种内容和形式上的雷同,使得同城的媒介在低端层面的竞争更加无序而激烈。要解决这种无序而激烈的竞争,最好的手段便是对媒介的品牌价值进行开发,创造其高附加值,以占取竞争的制高点,立于不败之地。我们必须要突破"单点式"的经营模式,而展开传媒产业品牌价值链的开发和构建,以形成新的盈利模式和新的经济增长点。媒介的竞争和企业竞争一样,都要经过产品的竞争到文化的竞争这样一个阶段,而文化的竞争也就是品牌的竞争,品牌才是媒介价值的核心,只有抓住了这个核心,才能提升媒介的竞争力,提高媒介的盈利能力。

一般说来,媒介有四种盈利模式:一是卖内容,二是卖广告,三是卖影响力,四是资本运作。但媒介目前的问题是内容上的高度同质化,使得其竞争

① 宋祖华.媒介品牌战略研究——理论分析与中国实证[D].上海:复旦大学,2005.

② [美]芝加哥大学商学院等联合编辑.把握战略:MBA战略精要[M].王智慧,译.北京:北京大学出版社,2003:5.

力大大削弱；其次，由于媒介过分依赖广告收入，使得经营的风险程度增大；再次当很多媒介还处于对资讯的单一初级加工阶段，还没有形成一条健全的价值产业链时，资本运作则根本谈不上。因此，当其他三种盈利模式都受到发展的限制时，能迅速提升媒介竞争力的最佳手段就是提高媒介的影响力，开发媒介的品牌价值，即提高品质、提升品位、抬高品级、增强品德。

四、品牌生命周期

为了更好地防止别人的产品取代自己的产品，媒介产品也会想方设法建立自己的品牌，以便更好地控制市场。可以说，品牌的产生是竞争的结果。它如同生命一样，经历出生、成长、成熟、衰亡。因此，品牌的生命周期是品牌的市场寿命。品牌生命周期指品牌的市场生命周期，它包括孕育期、幼稚期、成长期、成熟期、衰退期等五个阶段。

品牌的孕育期是指品牌随产品或企业进入市场到被绝大多数目标市场消费者感知的过程。

品牌的幼稚期是指品牌已被目标市场消费者普遍认识和熟悉，但还未被绝大多数目标市场消费者认同。

品牌的成长期是指一定数量的目标市场消费者在消费了已熟悉的品牌所代表的产品后感到满意，或通过其他途径认识其品牌后，从而对该品牌产生认同感和信赖感，这种认同感和信赖感通过一定的方式传播和扩散，最终成为普遍的社会共识。

品牌成熟期是指对具有较高知名度的品牌进行维护，并随着企业内外环境的变化而不断完善其良好的品牌形象，提高目标市场消费者对品牌的认识、认同和信赖程度的过程。

品牌的衰退期是指品牌退出市场的过程。媒介产品经过研究开发、试销，然后进入市场，逐渐形成一定影响力，产生了品牌。然后，在此基础上一步步成长，直至最后媒介产品在市场上失宠，品牌不再具有影响力。

第二节 媒介品牌包装

互联网与信息技术的快速发展使媒介的形式发生了天翻地覆的变化，各媒介纷纷搭上了互联网的快车，开始享受基于互联网运营管理新方式所带来的“红利”。在这种环境下，媒介品牌运营管理打破了传统市场营销的诸多限制，快速发展并进入了一个相对鼎盛的时期。不管是传统媒体还是新媒体，都可以通过互联网的快捷与便利来达到品牌的运营和管理。

在互联网的助力下，传统媒体和新媒体也共同携手加入了媒介品牌的运营和管理的队伍。媒介品牌包装的势力不断发展壮大，社会对媒介品牌的需求也不断增加。不管是通过互联网自主创业的人员，还是有志于从事新媒体相关工作的人员，都应该紧跟新媒体发展的步伐，才能真正在未来的营销市场中占有一席之地。本节从媒介品牌包装的角度出发，系统全面地介绍了当前媒介品牌运营与管理的发展趋势，以及相关运营策略和方法，帮助媒介不断提升自己品牌包装的技能，提升媒介的综合竞争力。

一、媒介品牌的个性

Troika Design Group创意总监及合伙人马克·波曼说过，“最实在的品牌来自有原创性的思考。它一定不能好像别的什么东西，那样的话，你就失败了。这一切其实就在于挖掘出那些特殊的、独特的、影响深远持久的而且是原创的东西，那些能够自己给自己赋予生命的东西”[①]。随波逐流或者没有个性、价值的品牌内容无法为受众提供深刻的认识，基于事物本身出发而得来的个性和品质则有助于增强对媒介品牌理解的深度。从战略思考角度来看，也秉持着同样的要求，美国著名管理学家彼得·圣吉说过“战略性的思考是从对某一事业最深的本质和这一本质带来的挑战的思考开始的”[②]。想要研究媒介品牌、媒介品牌运营、媒介品牌战略，不单是要了解其共性、规律，

① 香港CMM信息咨询有限公司.世界2003—2004电视媒体指南[M].北京：中国国际广播出版社，2004:20.

② [美]约翰·米德尔顿，鲍勃·戈尔斯基.战略管理[M].王啸，译.北京：华夏出版社，2004:8.

更要着重分析媒介品牌的共性背后的个性、规律背后的思维逻辑，这是媒介品牌发展的核心所在。

1.媒介品牌的共性与个性特征

"媒介品牌"作为"品牌"，它也具有一般品牌的共同特征。诸如品牌的标示、情感、理念、体验、价值等，这是"媒介品牌"成为品牌的主要因素，具有决定性作用。同时，也是媒介品牌作用于研究的基石。不过，媒介品牌相较于其他产业品牌又具有很强的独特性。我们把媒介品牌的主要研究对象放置于其普适性和个性上来看，除了对市面上成熟的商业个案予以关注外，同时也对媒介品牌整体进行完整的分析，以归纳总结媒介品牌的共性和个性。

"品牌是商品经济发展到一定阶段的产物"[①]，"最初的理论借鉴广告学、销售学，在发展过程中又吸收了传播学、营销学、公共关系学、消费心理学、经济学等其他学科的理论成果"[②]。它始终是以商品经济和市场经济中的商品、企业及其品牌为主要研究对象的。迈进二十一世纪以后，"品牌"的指代"已不单单限于商业品牌，还包括城市品牌、区域品牌、院校品牌、团体品牌、个人品牌等社会品牌"，尽管如此，当前主流品牌仍然以"狭义"的视角去窥探媒介品牌。部分理论对媒介品牌的经营是有指导性的，但是单有指导性，不赋予市场生命来研究等同于脱离发展轨道。只有充分认识和把握媒介品牌的特征，总结其特有的发展规律和内在联系，才能因地制宜，随势赋形，制定出适合媒介品牌个性的发展战略。

我们从两个方面来分析媒介品牌的特征，一方面是共性，即任何媒介品牌都具有行业性的特征，这是用于区分媒介品牌与其他品牌的主要依据；另一方面是个性，即不同媒介品牌具有符合自身基本属性的个性特征。根据基本属性和资源补偿方式的不同，世界上的媒介品牌主要有公共事业性媒介品牌和商业性媒介品牌两种。公共事业性媒介品牌以公共服务为基本特征，主要收入来源依靠国家拨款、政策优惠或公民所缴纳的收视费等。商业性媒介品牌以获取商业利润为基本特征，资源补偿与收入来源主要通过市场系统获取。一般品牌理论上往往以商业品牌为研究对象，把其他类型的品牌当作特例处理，但是媒介品牌研究则不能按照这样的逻辑思维进行研究，因为商业性质的媒介品牌暂时没有占有绝对的主导地位，我们在研究媒介品牌过程中，要根据其情况单独进行考量。

所以，对媒介品牌特征的分析，既包括对具有普适性意义的行业特征的

---

① 余明阳.品牌学[M].合肥:安徽人民出版社,2002:23.

② 余明阳.品牌学[M].合肥:安徽人民出版社,2002:37.

分析,又包括对不同种类媒介品牌的个性特性的分析。某种意义上说,后者具有更大的价值。

2.媒介品牌的个性特征分析

首先,从经济角度来看,媒介品牌不同于一般品牌。媒介品牌是非霸权独占的,不影响其他消费的可能,并且任何消费行为都不会对产品、行业的价值造成本质上的损失。通常,媒介产品的边际成本会随着消费者的增加而迅速下降,利润迅速上升。因此,扩大消费者群体是媒介经营的关键所在。媒介品牌是联系媒介组织、媒介产品与消费者关系的纽带,代表着它在消费者中的知名度、认可度和忠诚度,扩大消费者群体及媒介品牌在消费者中的影响力有重要意义。从这个意义上来说,媒介品牌是整个媒介产业的重要环节。随着信息技术和数字技术的不断发展,媒介组织和媒介产品之间交互性不断增强,媒介市场的竞争与日俱增。

其次,从媒介品牌的意识形态来看,媒介品牌就好比一条生命,它拥有自己强烈的意识形态,并在市场的活动下赋予其色彩。如可口可乐代表着美国文化和美国形象,海尔某种程度上是正在崛起的中国的象征,不过它们的意识形态表达是粗线条的、派生性的。媒介品牌则不然,从现在的品牌定位、品牌标示、品牌经营行为、推广口号、消费者群体到内容的品牌情感、品牌理念、品牌个性,再到与不同主体相结合所展现表达出来的品牌价值、国家价值、文化价值、资本价值等,无一不体现出强烈的意识形态特征,有些品牌甚至还是上层建筑不可或缺的组成单元。

再次,媒介品牌的传播途径也与众不同。它不仅可以采用广告、公关活动、促销等一般手段,也可以通过大众媒体进行"二次传播",提高知名度。当然,倘若出现负面信息,也有可能因其传播特性快速扩张,造成品牌的负面影响和贬值。因此,在打造品牌知名度和认知度的同时,要注意平衡信息的源头和产品本身的质量把控。

最后,媒介品牌的"人性化"也应当提及。现代媒介产业具有大规模机械复制的特性,阿多诺曾把它称作"文化工业",认为它已经成为经济生产"巨大机器的一个标本",个人属性成为虚幻的东西。而媒介品牌未必如此,大部分品牌都是源自人的创造性思考,引起与人之间的互动,承载着人的情感。法兰克福学派对现代媒介产业的批判具有警示意义,却不是对当今媒介产业发展图景的客观描述,也未必揭示了它的发展方向。媒介品牌,不是机器生产出来的死气沉沉的物品,而是承载着生产者和消费者情感、体验和创造灵感的属"人"的综合体。凤凰卫视总裁刘长乐曾经指出媒体行业与印制企业或电子制造业的不同,"后者是按部就班的,员工只要循规蹈矩就可以了,媒体人每天没有干一件重复的事,所有采访的事都是最新鲜的,冒着热气的,所以在这种情况下,媒体人所表现的工作成绩和工作状态与他们有没有投身事业的精神是密切相关的"。用这段话来说明媒介品牌的属"人"性,是再恰当不过的了。

3.新媒体品牌的个性

在新媒体时代,媒介品牌的包装需要体现自身的个性,而新媒介品牌个性的树立需要做到以下几点:

(1)解读产品。脱离产品本身的媒体运营是没有任何实际意义的,短时间内的高浏览量对产品传播没有促进作用,最终将难以持续。媒体运营要先熟悉产品、了解产品,先分析产品最吸引用户的点在哪里,再思考目标用户的行为模式特点,不同类型的用户在使用产品过程中会经历的场景,遇到哪些问题,产生哪些需求等。这样才能写出激发用户购买欲望或者传播欲望的新媒体策划案。

(2)积累"网感"。所谓"网感"其实是要求媒体运营者具备能够快速抓住网络流行热点的捕捉能力,进而创造热点内容的行动能力。这需要长期对网络话题的数据、舆论进行分析,对信息进行梳理和把握,并且要和自身品牌相调配。

(3)资源整合。媒体运营并不是单纯地写出几句好文案,而是要让这些文案能够在可控范围内得到扩散,扩散之后能带领着品牌产品进行信息裂变,对整合互联网上的优质资源有一定的推动作用。

二、品牌包装的误区

1.宏观层面

"品牌热"表象总是间歇性出现,而这背后,往往纷繁复杂。当前,我国媒介品牌的运营存在着明显的短效化、零细化等不良趋势。

(1)短效化

强势媒介品牌正在全球化,但是他们更加注重的是品牌的持续性,而不是将品牌推向浪潮之后任其发展。打造出优秀品牌后,不仅能够持续品牌的影响力,还能够对品牌进行重复利用。例如,资源匮乏的日本企业几乎都选择使用"共用"品牌(而不是每个产品各用一个品牌),以获得共用品牌的知名度带来的收益。顾客对高质量共用品牌感到熟悉,至少会促使其产生先入为主的观念，对带有这一“标记”的新产品至少会考虑购买。就像日本索尼公司在推出一项新产品时，只要贴上索尼的品牌，市场的销售额就会大增的情况吧。[①]。由此反观中国媒介产业，其品牌的经营、运营，大部分都处于追求“短期效果”“陡增的发行量”“突然的收视率”，这是一个普遍现象，但是并不意味着这个现象是良性的。“我们最关心的一点是，实施品牌营销之后，广告到底有没有增加。”这样的观点已经不是一两家企业的想法，一意孤行地认为广告投放，一时的声名鹊起是良好的端口，其实则不然。品牌的塑造和推广，有利于产品的发展和经营，这样的路径才是正确的。品牌包装“短效化”现象，既不能反映经营规律，又不能给产品带来实质性的帮助。“大悲大喜”“各领风骚一两年”，不是长久之计，这也是品牌经营出现“短效化”现象的重要原因。

（2）零细化

前文提及的“短效化”反映的是媒介品牌经营上的不足，而“零细化”反映的是媒介品牌在空间层面的缺失。著名整合营销大师唐·舒尔茨在《整合行销传播》中运用了一个概念“媒介零细化”，用以描述“每个媒体的视听众愈来愈少的同时，每个消费者或潜在消费者所接触的媒体却越来越多”的媒介现状。随着“品牌热”的不断升温，市场上“破土而出”的品牌经营比比皆是，品牌的数量越来越多，品牌的类型越来越多，而每个品牌的影响力却越来越低，笔者把这种现象称为品牌“零细化”。

是什么造成这种现象呢？长期以来，我国媒介产业的品牌经营一直是以“战术为主、反应为辅”，刻意突出品牌的某些方面，比如包装、定位，进而注重收视率、广告效益等短期实效。这种方式与近几年竞争日趋激烈的媒介产业市场已经背道而驰了。组织内部的品牌结构日益复杂，国外管理理念冲击，经营局限性日益突出。再加之，品牌运营注重单向传播的线性传播模式，缺乏人际沟通传播，困境更深。著名传播理论家埃弗雷特·罗杰斯1962年在《创新的扩散》中指出：“这种信息的交换和思想的交流实际上是通过人际交往来实现的，也就是我们所说的聚合过程，而不是单向过程。从本质上来说，创新的扩散是一个社会化的过程，也就是多个个体对新构想的主观感受沟通的过程。”[②]在当今媒介生态环境中，品牌经营必须提高战略意识，对品牌组织内外环境进行分析，制定出符合自身品牌发展、针对环境实

① [美]加里·哈梅尔，C.K.普拉哈拉德．竞争大未来——企业发展战略[M].王振西，主译．北京：昆仑出版社，1998:181.

② [美]埃弗雷特·M. 罗杰斯．创新的扩散[M].辛欣，译．北京：中央编译出版社，2002:3.

行动态管理,这样才能够充分发挥品牌和品牌系统的“协同效应”,打造包装出真正的强势品牌。

(3)**微观层面**

媒介品牌包装在具体实践操作层面也存在着三大误区,如下:

误区一:品牌包装单一的拥有者

谁拥有品牌是在品牌研究中出现最多的疑问。一种说法是认为媒介组织或单位拥有品牌,并且有责任去尽可能培育、发展和优化品牌。另一种说法是受众拥有品牌,因为只有受众才能认同品牌,并且为品牌带来效益。唐·舒尔茨(Don E. Schultz)认为争论谁拥有品牌是毫无意义的。品牌管理者并不能为所欲为地处理品牌,品牌管理者对于品牌的处理也必须考虑到顾客的需求,而不能够按照自己的主观意图去处理品牌。

目前在任何一家面向受众的媒介组织里,都是有包装品牌经验的内部人员在起作用,正是那些没有受过品牌业务培训的媒介内容工作者在驱动媒介品牌的运营。他们的责任心以及他们制作的媒介产品内容向受众传达媒介平台、传播媒介品牌。这些媒介内容工作人员赋予品牌以特征和个性,正是这些特征和个性使得受众成为媒介平台忠实的观众。比如,主打“青春”媒介内容的湖南卫视、主题“婚恋”内容的江苏卫视、主营“喜剧”内容的东方卫视。因此在今天,品牌包装更多的是由每一个媒体内容工作者制作出精良的内容产品以及为受众的服务来塑造的,而不是通过杜撰惊天动地的广告效果来实现的。唐·舒尔茨对品牌做了一个小结:品牌从内部开始,它始于企业员工及其责任心和热情,而不是始于外部环境中的某种因素、广告噱头或者捏造的[①]。

从整合营销传播的角度去考虑,再联系品牌与受众的种种关系,可以推出的结论是:品牌包装是同时属于品牌所有者、顾客、内部员工以及其他相关利益群体的,任何一方对于品牌包装的发展都要做出贡献。品牌是共有价值观体现,品牌包装也是在一系列相互关系的基础上创立起来的,没有单一的拥有者。在品牌业主享有品牌收益的同时,其他利益相关者也会得到好处。

误区二:品牌包装等于潮流包装

品牌与时尚有所区别,尤其是媒介品牌的包装。一些昙花一现的媒介产品看上去收视率高、话题度高、流量高,但是并不长久。比如,江苏卫视的《非诚勿扰》节目火了,就追逐潮流开办相亲节目,塑造婚恋品牌;东方卫视

---

① [美]舒尔茨.唐·舒尔茨论品牌[M].高增安,赵红,译.北京:人民邮电出版社,2005:28.

《欢乐喜剧人》火了,又追逐喜剧内容节目,打造喜剧品牌。在打造包装媒介品牌的过程中,最难的一点就是要知道在什么时候值得你花费精力和时间去长远规划、精细包装媒介品牌,而不是跟风追逐潮流。任何媒介品牌是否成功在很大程度上取决于所开发出来的产品或者服务理念,以及已经建立起来的运营模式。它们推动媒介品牌的发展并决定媒介品牌的最终成功。媒介品牌之所以成功,是因为品牌存在于受众的记忆当中,是他们日常生活的一部分。对于已经视媒介品牌为自己精神生活的一部分人来说,媒介品牌就是他们长期的、高价值的精神内容产品和服务。媒介品牌的打造包装,要有自身的长远规划和定位。

误区三:品牌包装是一种创意

对品牌所有者来说,"创意"既是好事也是坏事。它可能会花费品牌所有者大量的资金,但是有时候也会给品牌所有者带来丰厚的回报。显然,品牌管理者和所有者的主要任务就是要分清楚什么是好的创意,什么是不好的。但是要做到这一点很不容易。创意具有很强的主观性,特别是当它被用于产品的开发、命名、设计、包装、说明、录像以及具有创造性的相关活动时。创意不但与文化、背景、创意产品开发者的经历密切相关,而且高度依赖于这些因素,甚至可以说这些因素决定了创意。我们来回顾一下20世纪后半期的著名撰稿人和富有创造性的导演斯坦·坦姆对创意所做的描述,他把过程描述成"受控制的创意",意思是创意的实施应该针对打算促销的产品、服务以及目标顾客。创意产品不应该把注意力集中在促销项目的传播活动中,用斯坦的话来说,"除非卖出了东西,否则就不是创意"[①]。在他看来,现代广告、营销传播和品牌塑造令人唾弃的地方是为了创意而创意,为了吸引人们的注意力而故弄玄虚。

斯坦的观点是正确的。媒介之所以要包装品牌有两个原因:使品牌所有者受益和使品牌使用者受益。在评价品牌和品牌包装工作中的创意因素时,我们应该问的第一个问题就是:这个创意是否有助于媒介品牌的树立和广告商的购买。如果创意对包装品牌和广告增加没有帮助,那就应该立刻将工作重心转移到其他方面。品牌包装的最终目的是增加媒介平台的广告效应,并且让受众满意,而不是炫耀自己的创意。

在品牌包装的创意中应注意几个问题:①谨防为了创意而创意;②创意不能抄袭,必须是原创;③创意必须简洁、凝练、清晰,易于理解;④严格控制预算费用。

① [美]舒尔茨.唐·舒尔茨论品牌[M].高增安,赵红,译.北京:人民邮电出版社,2005:107.

第三节 媒介品牌的实施与运作方法

一、媒介品牌形象的实施途径

任何时代背景下，内容都是媒体赖以生存发展的根本。关于媒体品牌经营战略，说到底，就是从“品质到精品”的突破，“内容为王”就是要求通过品质看到价值。提供源源不断的精品，无疑是实施媒体品牌战略的宗旨和根本。然而，仅仅认识到这一点也是不够的，还要在着力创精品、抓品质的同时，明确品牌战略实施的特别策略，这正是本节所要论述的内容。

1.品牌定位策略

媒体要实施品牌战略，首先要充分调查市场，分析现状及既有条件，提出明确的品牌定位方向和策略，而为了掌握媒体品牌定位策略，首先要知道媒体品牌定位的原理。美国著名营销专家艾·里斯和杰克·特劳特于20世纪70年代首次提出“定位”，他们对定位的定义是：“定位要从一个产品开始。那产品可能是一种商品、一项服务、一个机构甚至是一个人，也许就是你自己。但是，定位不是你对产品要做的事。定位是你对预期客户要做的事。换句话说，你要在预期客户的头脑里给产品定位。”①。其核心思想在于定位不在产品本身，而在消费者心里。1996年，屈特又与S·瑞维金写出了《新定位》一书，该书强调洞悉消费者心智，是定位的前提。因此该书列出了消费者的五大思考模式和相对应的定位五大技巧（见表7-1）。

表7-1 消费者五大思考模式和定位技巧

消费者思考模式	定位的五大技巧
消费者易随波逐流	定位研究要抓住要点
消费者对品牌的印象不易改变	善用公关策略
消费者只能接受有限的信息	品牌名称要好听
消费者好简繁杂	产品类别需清楚且易于了解
因品牌延伸消费者的想法易模糊	再定位时需有适当推动力来逐步改变定位

① [美]艾·里斯，杰克·特劳特．定位[M].王恩冕，于少蔚，译．北京：中国财政经济出版社，2002:2—3.

"品牌定位"指对媒介产品和媒介形象进行策划和塑造,目的是让受众的内心对产品有一个价值性的判断,进而对媒介产品进行感知和定位,以满足信息需求和精神需求。"抢占市场、争夺受众"是品牌定位的走向。从20世纪70年代开始,美国就开始出现媒介从满足大众需求转向满足部分人、满足某方面需求转变,也就是"广播"向"窄播","大众"向"分众"的转变。媒介在选择和塑造品牌形象的同时,也要进行市场分析,针对实际情况占领对应市场,才能得到"市场反应"。

媒体有二次售卖理论,这个理论主要是指媒体第一次售卖的是媒介产品本身,而第二次售卖的则是受众的注意力资源。这个注意力资源则包含了诸多与受众密切相关的因素,比如年龄、身份、地位、兴趣爱好。由于受众人群庞杂,媒介环境也纷繁复杂,品牌定位若是做不到有的放矢,则将使得媒介市场更加无序,甚至游离。根据受众的理解进行判断,形成不同组合进行推广,才能够使得受众需求满足的最大化。比如《新周刊》,舆论特征明显、语言颇具特色。无论是批判还是尖锐,背后都张扬着个性。背后可能是时尚,也可能是年轻、守旧或是新生代,都充斥着自己的风格和味道。自然而然,广告的投放也可以从这些角度入手,更能巩固媒介品牌定位的地位。

"品牌定位"最常用的是对市场进行细分,根据受众特色和差别进行市场的"差别对待",可谓是"因地制宜、量体裁衣"。当今时代,媒体态势裂变增长,受众的选择面越来越广,选择机会越来越多,垂直细分受众,有利于市场的精准定位,有益于品牌在受众心里的认知地位提升。

2.品牌特色策略

品牌特色是媒介品牌鲜明独特的识别标志。在这个互联网发达的信息时代,消息可以无障碍快速抵达,但是与此同时,信息同质化严重,媒体能够胜出的一个法宝是从共同的信息源中深度挖掘,做出特色报道、特色评论以拥有受众的忠诚度。

(1)品牌识别

首先,我们需要引入品牌学中企业形象识别系统的概念。它包括视觉识别、理念识别和行为识别。品牌名称、标识、标语、企业主题曲、员工着装、企业建筑和室外展示都是这些标识的组成部分。如报纸、杂志等印刷媒介及其栏目会有报刊头、报刊徽、独特的注册商标图案以及封面、色彩、版式和图文安排。而电视台、电台等电子媒体则会有固定的台标、片头、主题音乐、主持人等。

媒体品牌是消费者赋予的,存在于消费者认知中。消费者的行为忠实度和情感忠实度高的媒体品牌价值更高。提高媒体对受众的信息报偿程度,主要取决于媒体产品的内容特质,而降低人们接受媒体服务的代价,则要建立鲜明的形象,以明确的品牌名称、标识、标语功能分明的版组版面、时段设计等来降低媒体产品的"选择—辨识"成本需要通过适宜的定价、便捷通畅的发行渠道、稳定的发行时间等,而降低受众的"接触—获得"成本和"理解—精力"成本需要媒体从业人员对纷繁复杂的资讯进行专业化梳理和通俗化。媒体品牌识别的构成要素有:

①媒体名称

一般认为,品牌名称是品牌标识的核心。它不仅能帮助消费者识别商品,也能帮助产品树立形象。有学者研究认为,传媒品牌由媒体种属、理念、标志口号、形象识别、报纸个性、品牌产地、服务对象、产品内容、时代特征、品牌个性、文化内涵等几种要素组成。[①]一个媒介品牌名称通常涵盖以上一种或几种要素。如《商业周刊》指出了媒介的产品内容和发行周期,《纽约时报》则告诉读者该报的地域和媒体类别,《人民日报》告诉读者其服务的对象。

②媒体口号

《南方都市报》"办中国最好的报纸"、《南方周末》的"在这里读懂中国"、《广州日报》"比往年更好、比太阳更早"、《北京晚报》"晚报、不晚报"等,分别从不同的角度树立了自身独特的品牌个性。《南方周末》以深度报道与评论见长,关注中国社会的焦点与前沿问题,"读懂中国"鲜明而通俗地反映了自身品牌的优势。口号深刻而巧妙,主题突出,朗朗上口,很容易被读者记住。因此,创造媒体有鲜明特色、易于广泛流传的标志性口号,不失为品牌特色营造中的有效技巧。

③媒体理念

媒体理念:迪士尼的首席执行官米切尔·艾斯纳自豪地说,"迪士尼品牌不仅仅代表着它的产品,它还代表着普遍的、永恒的情感标准"。他认为,正是这种情感维系着迪士尼的几代受众,使迪士尼得以长盛不衰。[②]雅虎公司把开心和友好当作自己的品牌核心,声称"现在,在许多市场中,我们已经超越仅仅建立品牌知名度阶段,而更加侧重于同我们的用户建立情感方面的联系"。MTV追求年轻、时尚与充满活力,ESPN注重动感和刺激。中央电视

① 丁和根.传媒竞争力——中国媒体发展核心方略[M].上海:复旦大学出版社,2005:258.
② [英]菲欧娜·吉尔摩.钢索上的品牌战士[M].刘军,等译,北京:中信出版社,2002:18.

台的《东方时空》栏目,“真诚面对观众”。

(2)品牌的风格创造

风格能够使得自身与其他媒介产品形成差别化。就比如说,同样的事件同样的内容,不同的角度和视角来进行报道和分析就可以形成独特风格。找准受众,整合资源优势,形成自身媒体风格,有利于品牌的个性凸显。

纵观成功的媒介品牌案例,自成风格才能占领位置。《羊城晚报》开设的“昨夜今晨”在“晚”字上下工夫,占领时间空当,突出其浓郁的晚报风格,成了与日报竞争的拳头产品。再看《生活空间》,融知识、服务、新闻于一体。还有,被听众称为“午餐桌上的朋友”的中央人民广播电台的《午间半小时》……这些栏目由于风格定位准确而个性凸显,形成了强烈的认知符号,对品牌风格的塑造功不可没。

(3)打造优质品牌

品牌栏目随着品牌意识的强化越办越多,成功的栏目会快速成为大家效仿的对象。创新始终相伴,风格才能求得永恒。

品牌栏目是媒介品牌赖以生存的基础,优质的品牌栏目才能支撑品牌的发展。这就要求品牌媒介整合资源、集中优势力量打造具有自身特色、高水平的品牌栏目,使得与其他栏目形成差异性和优势,从而提高品牌影响力,增强受众对品牌的忠实度。然后,利用品牌效应形成的连锁反应打造品牌链,推崇品牌特色,这就要求致力于打造“王牌栏目”。具有自己特色的品牌才能成为某个地区或者某个电视台的标志,这样的品牌效应才会随着时间的推移而更加影响深远。例如,《中国好声音》《奔跑吧》《王牌对王牌》《来吧冠军》等知名节目深深地烙印上了浙江卫视的印记。

此外,名栏目一方面培养本地观众对于这个频道忠诚度和识别度,另一方面还有一个很重要的作用,那就是通过名栏目的打造,可以输出节目版权和节目内容。节目模式的研发和权利交易在欧美已经成为一个相对独立的行业,并且拥有很大的市场。在我国,各地面频道、卫星频道开始制作自己的节目内容,并可以以节目供应商的身份去推广自己的节目内容,特别是当这些节目成为名牌之后,对于各频道的品牌提升也作用颇大。

(4)培养自家明星

在受众心中,媒介品牌与记者、编辑、主持人是融为一体的。因此,除了王牌栏目的打造之外,品牌媒介还需要培养王牌记者、编辑和主持人。如被誉为三大财经媒体之一的《中国经营报》,在其周年庆典系列活动时,特意安排五位主编来搜狐直播间做客，在体现该报以编辑记者力量为主体的价值观的同时，也意在推出其名记者、名编辑。而凤凰卫视也很注重名记者、名主持的塑造，其董事局主席兼行政总裁刘长乐在接受媒体采访时透露，凤凰卫视提出“三名制”，即名主持人、名评论员和名记者，这也是凤凰卫视品牌塑造成功的一个秘诀。一项有关品牌无形资产评估显示，凤凰卫视的品牌价值达到亿元人民币。美国公共电视网创始人詹姆斯·德在谈论主持人的公众形象时说“主持人是一种独特的人物，公众把他们作为一种性格来认识，他综合了记者的能力和人格的力量，是公众意识的创造者，具有很大的明星效应”。在媒介品牌的经营过程中，主持人和节目是相通的，节目主持人能以其鲜明的个性特色为品牌栏目增添魅力。品牌媒介可以以品牌栏目推出主持人，也可以通过节目主持人扩大栏目影响，与此同时，还能提高收视率。人们看到撒贝宁，就会想起央视的《今日说法》。以节目主持人为依托载体的品牌媒介能够展示其独有的魅力，是媒介品牌形象的重要标志。

3.品牌宣传策略

品牌贵在传播。媒体品牌的宣传手段是媒体区别于竞争对手的差异，它既是媒介品牌的标志、口号、属性、个性、风格、知名度、美誉度和价值，也是媒介品牌的内容、版面、标题、风格等的定位。其中，最主要的差别就是产品的质量和传播。这里的传播指的是媒介品牌与消费者沟通的一切环节与活动，比如产品包装上的宣传、促销活动的推广、广告的投放、公关的调节等等，不同手段在品牌推广中所起的作用不同。通过传播，有利于形成和加强受众对品牌的认知。

4.品牌延伸策略

品牌延伸，按照菲利普·科特勒的定义是：把一个现有品牌的名称用于新产品上。[①]成功的媒介品牌延伸可以使受众短时间了解媒介的新产品，减少新产品进入市场的费用。

恰当地运用品牌延伸，能够壮大品牌资本，提升品牌的影响力和竞争力。但是，如果运用不当，品牌延伸也可能成为一个“陷阱”，不仅不会壮大品牌资本，甚至会损害原品牌形象、模糊品牌定位和品牌个性。如全球传媒娱乐巨头迪士尼公司，不仅制作精美的卡通片，而且还做视频产品的发行，或是后续产品的开发，如主题公园以及根据卡通人物开发的各种玩具、服装、手表、手机等消费品。虽然这些产品横跨了几个行业，但由于具有相关

① [美]菲利普·科特勒. 营销管理 第11版[M].梅清豪，译. 上海：上海人民出版社，2003:482.

性，受众和消费者都比较容易接受。但若运用不当，也会给品牌形象带来负面影响。如20世纪末期，迪士尼的卡通形象出现在了从小汽车到麦当劳、再到小孩尿布等各种产品上，造成了品牌形象使用不当，曝光率太高。为此，迪士尼公司专门进行了一次品牌盘存，并成立了一个品牌资产小组处理这种现象，以保证迪士尼形象的一致性以加强其健康、有趣的家庭娱乐这一联想。①

因此，一个品牌要延伸到新的产品类别，首先要让消费者深信品牌在逻辑上是合适的，与新产品具有关联性。媒体在品牌延伸的过程中，若是盲目追风，延伸品牌在品位、格调上与固有的价值追求产生较大的偏差甚至背离，从而损害到集团的整体形象和效益，都是不当的。

在媒体品牌延伸方面，比较常见的一种形式是媒体利用自身已有的品牌优势资源推出新品牌。这方面成功的案例不胜枚举，如纽约时报集团借用《纽约时报》的优势成功创办了《纽约时报书评周刊》和《纽约时报星期刊》；有“百报之团”之称的美国甘尼特报业集团在创造了《今日美国》报的奇迹之后，又成功创办了《今日美国在线》，实现了《今日美国》品牌在互联网上的延伸；全球最令人尊敬的杂志品牌之一——《国家地理》的延伸产品包括一个电视网、一个畅销节目、一个流行网站，经营范围还涉及电视、电影、图书、探险活动等领域。

此外，近年来很多国内媒体还借助优势品牌栏目，向媒体活动、赛事等方面延伸，也都取得了不错的经济和社会效益。如河南卫视依托当地的“戏曲”资源，发展的王牌栏目《梨园春》，在广大受众特别是戏迷爱好者中受欢迎度较高，因此河南卫视以《梨园春》品牌为突破点，举办了“全国专业戏曲院团展演”赛事活动，并在澳大利亚悉尼歌剧院成功地举办了《梨园飞歌》大型戏曲交响音乐会。此外，还远赴巴西、委内瑞拉进行访问演出，并进行了一年一度的戏迷擂台年终总决赛。这些品牌栏目相关活动的举办，不仅带来了收视率的节节攀升，也同时促进了《梨园春》，栏目品牌和河南卫视的品牌知名度和美誉度。数据显示，2014年，河南卫视全国覆盖人口破亿，在最能代表电视媒体全国传播价值的省中跻身省级卫视三甲。观众满意度、频道创新力位列全国省级卫视第二，广告创收连续保持高增长率。河南卫视的收视、覆盖、创收、影响力等各项指标同时出现大幅提升，充分说明了其传播价值已经得到了广大电视观众、客户和业内外人士的认可，这与河南卫视的经营策略密不可分。

① [美]凯文·莱恩·凯勒.战略品牌管理[M].李乃和，等译.北京：中国人民大学出版社，2006:135.

媒体品牌延伸可扩大媒体品牌知名度，是媒体品牌管理和品牌战略必然要考虑的一个环节，它不仅有助于提升品牌知名度，也是壮大媒体经济实力、走媒介集团化发展的一条必经之路。

二、新品牌冷启动的包装策略

“冷启动”(cold boot)是数据挖掘领域的一个专业术语，是指数据挖掘需要数据的积累，而产品初期数据为空或者数据量太少导致所需的数据量达不到要求。因此冷启动就是积累第一批种子用户的过程，在产品并没有打磨得非常舒服的情况下，并不适合进行付费大面积推广，这之前非常困难的那部分工作，就是冷启动过程。力美互动广告公司合伙创始人高臻臻甚至认为“冷启动就是零成本做营销，根本上是要用创新的方式来融合资源，资源之间互相借力，减少硬成本的投入。尤其是这个时代的营销，资金投入大，很多企业根本做不起。因此要通过资源整合、资源借力，做省钱、有效的营销”[①]。

冷启动概念后来渐渐地也被用来解释产品在公司或者项目起初的阶段应该如何去积累客户，如何进一步实现运营。获取核心种子用户一般是在媒介产品概念设计之初的时候就需要考虑的问题，一个产品只有拥有了核心的种子用户，才能够在产品的前期阶段生存。资金、流量、内容的缺乏会导致团队处于“冷启动困境”。尤其是在当前媒介环境下，往往大公司已掌握了核心资源，把控能力强，小团队的前景和范围受到限制。新品牌冷启动的包装策略如下：

1.初期关注：兴趣生态和等级生态

兴趣生态是为了解决用户构成从小众到大众的问题，并更好地服务受众，做到提高黏性，比如：健身软件KEEP、finger乐器教学App。兴趣生态的作用就是让用户花更多时间在媒介产品上，当竞争产品出来的时候在功能和创意上很容易就超过现有的媒介产品，除非保证每次迭代升级都是用户特别想要的。品牌做好到一定程度上是能起到更好的留存帮助作用的。

而等级生态是为了解决新品牌内容的运营重点的排序，也是运营传达给用户：我们这里的内容或人，是这种水平的！比如：玲珑沙发。等级生态的作用是：直接影响用户分层的运营，先定好用户分层中哪一类是最顶端

① 高臻臻.冷启动：零成本做营销[M].北京：人民邮电出版社，2018：3.

的，那么在冷启动的时候就要坚持从那个等级开始做起，不然会出现捡了芝麻丢了西瓜的情况。

2.冷启动的热内容

新品牌冷启动，一定要注意搭配热内容。市场的时间窗口越来越小，一方面需要制定好细节规则，另一方面需要有更发散的思路和新方式的跟进意识。

（1）渠道专注和发散

冷启动的前期，最重要的工作是培育种子用户。渠道专注是指对于种子用户获取，不要广铺渠道，而是对一部分核心用户进行多维度的宣传“打击”，用深度的方式获得认可，即使同时求量，也要“模拟深度”。换句话说，如果连承载足够数量种子用户的渠道都没有，要不就是产品需求误区，要不就是运营难度有坑。

渠道发散指的是利用合作，曲线找用户。找到能号召或掌控C端用户的机构组织，通过资源合作强制，甚至让机构自发的引流。比如“汤圆创作”App的校园推广，并非直接找用户，而是通过扶持文学社，间接覆盖用户，并通过建立文学联盟，形成马太效应。“车到加油”是一个O2O加油服务平台，2015年启动时，为C端用户提供App下单和支付功能，通过区域的广推获得用户。虽然用户量上来了，但是订单量增长和流量效应并没有显现，因为用户不会因为便捷而多加油。经过思路调整，与加油站合作，提供营销管理服务，加油站为了提高经营利益会自发转化用户，而油站的自营销可以提升订单量。

（2）明确定位，积累用户

媒介新品牌冷启动的运营阵地定位选择很慎重，包括早期产品、社群、新媒体和线下集会场所等。因为每个阵地的属性不一样，一般选择为主，其余辅助，但媒介产品能够直接满足受众需求。例如：微博内容短小高频、活动和内容丰富；微信承载PGC内容和品牌形象；QQ群众规模化针对性交流；论坛PGC容易突围。从现实情况看，垂直用户重点吻合其中一个渠道，譬如同类用户很少QQ群和微信群同时高频活跃。

此外，用户是不会无偿为你体验产品的，设计的产品阵地必须基于“利益”交换，如报酬、需求满足或人情。种子用户因为需求被刺激，才会愿意加入，因此在没有产品的情形下，通过紧凑的氛围营造、响应时间、活动和内容输出等方式，缩短用户融入和体验的时间，快速提供价值，以转化种子用户为忠实用户。冷启动的大部分环节都和媒介产品有关，首先是产品的切入理念，与冷启动的阵地设计和用户宣传吻合，如何接地气和差异化是关键，不能一味找概念。例如，“不跑就出局”是一个约束跑步的微信公众号，核心功能是加入一个跑班，根据设定的周期，跑步次数和距离等规则，缴纳契约金。如果没有坚持完成，按比例扣除契约金进入奖金池，周期结束领回剩余契约金，平分奖金。

用户传播是冷启动过程中我们期待获得的附加效应，它是产品和运营的综合结果，既有人为也有偶然。根据传播性质分为几个层面，一种是产品质量被认可，被自然扩散；一种是通过活动及利益，产生营销方式分享；还有一种是单点引爆。

小结

媒介品牌是本书中极为重要的一个章节。媒介传播活动就是在为自己和客户树立品牌形象，在本书中梳理了一些媒介品牌管理和打造媒介品牌的实用方法，特别是“冷启动”法实用性很强，从事媒介工作打造品牌必须要经历从0到1，从无到有的过程，掌握这样的实操方法对工作的开展具有很强的指导意义。

第八章

媒介的人力资源管理

媒介人力资源管理对中国传媒产业发展的重要性不言而喻。而当前中国媒介人力资源及其管理的现实状况不容乐观。面对国内国外传媒市场的激烈竞争，尽管中国的媒介管理者在管理制度和方法上做出了不懈的努力和尝试，也取得了若干瞩目性成果，但是依然不能达到媒介产业和媒介人才共同发展的“双赢”目标。

考察世界上众多成功企业的实例，我们认为解决中国媒介产业和媒介人才共同发展难题的关键，是要树立一种人本精神，采用现代管理理论推崇的“人本管理”的理念和思想，去开发和实施媒介人力资源的科学管理。

第一节 媒介人力资源管理的主要内容

1978年,人民日报社等一批新闻单位率先获得财政部批准,实行"事业单位,企业化管理",拉开了中国新闻媒介走向市场经营的序幕。之后的30余年,中国的媒介产业从单纯依赖国家财政拨款的纯事业单位快速成长起来,羽翼日丰,时至今日已发展成较为成熟的市场经济主体。媒介产业事业性质、企业管理的双重身份,使得媒介产业既具有一般企业的特点,又具有自己的一些独特性。

因而,"中国的新闻媒介在进行媒介人力资源管理时也必须同时遵从多种游戏规则,但由于现实中的一些媒介管理者对媒介人力资源及其管理的特殊性认识不深,把握不准,致使媒介人力资源管理至今仍是'传媒业最薄弱的环节'"①。

可见,探寻任何一种管理理念在媒介人力资源管理中的实现途径,都必须以研究媒介人力资源及其管理的特殊性为起点,这些特殊性是实现企业管理理念的关键点也是结合点。

一、人力资源的规划

1.概念界定

所谓人力资源规划(human resources planning,HRP)也叫人力资源计划,是指为实施企业的发展战略,完成企业的生产经营目标,根据企业内外环境和条件的变化,通过对企业未来的人力资源的需要和供给状况的分析及估计,运用科学的方法进行组织设计,对人力资源的获取、配置、使用、保护等各个环节进行职能性策划,制定企业人力资源供需平衡计划,以确保组织在需要的时间和需要的岗位上,获得各种必需的人力资源,保证事得其人、人尽其才,从而实现人力资源与其他资源的合理配置,有效激励、开发员工的规划。

① 訾鹏.人力资源管理已是传媒业最薄弱的环节[J].新闻记者,2004(7):51—52.

广义上定义为：人力资源战略规划与战术计划即具体的实施计划的统一。狭义上定义为：为实施企业的发展战略，完成企业的生产经营目标，根据企业内外环境和条件的变化，运用科学的方法，对企业人力资源的需求和供给进行预测，指定相宜的政策和措施，从而使企业人力资源供给和需求达到平衡，实现人力资源合理配置，有效激励员工的过程。①

2. 人力资源规划的制定原则

人力资源规划制定原则包括因事择人原则、因才器用原则、用人所长原则、人事动态平衡原则。在制定规划时需要考虑以下几点：

(1)充分考虑内部、外部环境的变化；

(2)确保企业的人力资源保障；

(3)使企业和员工都得到长期的利益。

人力资源规划不仅是面向企业的规划，也是面向员工的规划。企业的发展和员工的发展是互相依托、互相促进的关系。如果只考虑企业的发展需要，而忽视了员工的发展，则会有损企业发展目标的达成。优秀的人力资源规划，一定是能够使企业员工达到长期利益的规划，一定是能够使企业和员工共同发展的规划。

3. 人力资源规划的内容

人力资源规划应包括的主要内容包括：

(1)人力资源规划是实现组织战略的基础规划之一。

(2)人力资源规划有助于企业对市场经营环境、竞争、企业重组及新技术引进等做出相应的调整反应。

(3)人力资源规划有助于组织降低人员的使用成本。

良好的人力资源规划能充分发挥人员的知识、能力和技术，为每个员工提供公平竞争的机会；能客观地评价员工的业绩，极大地提高劳动积极性。通过人力资源规划，向员工提供适合个人的职业生涯发展规划，提高员工生活质量，开发员工的生产能力，最终提高组织对人力的使用效率。

二、媒介组织人力资源工作分析方法的基本步骤

1. 媒介人力资源的含义与特性

“媒介人力资源是指媒介组织中的人力资源，是从事媒介生产和管理的

① 中国就业培训技术指导中心．企业人力资源管理师 三级 第3版[M]．北京：中国劳动社会保障出版社，2014:1.

人员的脑力和体力的总和。"[1]媒介人力资源作为人力资源的一种，必然具备人力资源的所有特点，即生物性、动态性、能动性和社会性。同时，由于媒介产业的特殊性又必然使得媒介的人力资源带有自己的特性，如果再结合中国媒介的特殊身份和使命，中国的媒介人力资源的性质必然更加复杂。研究中国媒介人力资源的管理，首先必须研究中国媒介人力资源的特质。

（1）**媒介人力资源的政治性**

在中国，传媒是党和国家、人民的喉舌，新闻传播要对党负责、对人民负责，要推动社会主义经济建设和社会生活的和谐稳定，这就要求新闻从业者有很强的政治嗅觉，在传媒活动中坚持党性和新闻性的统一，坚持正确的政治立场，不断提高自身的政治素质、把握正确的舆论导向。

（2）**媒介人力资源的智能性**

智能性是人力资源能动性特征的表现。当社会生产进入到知识经济时代，智力因素在生产中的作用日益突出，即便是一般的生产活动其对高智能型人才的需求也在逐步上升。媒介从事的是精神产品的生产，传递的是帮助受众消灭不确定性的信息，其消费者对媒介产品的质量要求很高。

（3）**媒介人力资源的独特性**

不同的编辑、记者、主持人，其新闻作品必定彼此不同，各有行文习惯，各具风格特色。一些独特性显著，而又广受受众青睐的作品成就了众多名编辑、名记者和名主持人，他们又以自己的个性在媒介圈独树一帜，影响着媒介产品的生产和贩售。可以说，独特性是传媒、传媒从业者生存竞争的基本条件。

（4）**媒介人力资源的敏锐性**

敏锐性是一种发现和辨别社会现象所蕴含的传播价值的能力。传媒产品要有市场，就必须能发现社会热点、洞察世事、具有超前的眼光，看清事物的发展方向和局势。这就要求媒介从业者在传播中，要善于把握传播的度，分得出轻重，掌握好火候。这是对媒介人力资源敏锐性特征的基本要求。

（5）**媒介人力资源的流动性**

伴随着媒介从机关事业单位向企业管理型单位的逐步转型，中国媒介从业者的行业内流动亦实现了由极少到频繁的转变。这种流动一方面是受体制自由的鼓励，另一方面来自媒介从业者趋利避弊的转换冲动。媒介人力资源合理的业内流动，有利于系统内人员的优化配置，有利于业内的经验

① 刘社瑞，张丹. 媒介人力资源管理[M]. 长沙：湖南大学出版社，2006：128.

交流，更有利于媒介从业者个人的发展。但不能否认的是，过频、过快地流动，仍然是弊多利少的，而在当前的媒介产业圈内，这种不健康流动有增多的趋势。

2.媒介人力资源管理的含义与特性

媒介人力资源管理指的是媒介对人力资源进行组织、利用、开发和调配的过程和方法，目的是使之达到人、财、物的最佳结合，以充分发挥媒介人才的价值，获得媒介产业和媒介人才的共同发展。①笔者认为媒介人力资源管理具有如下特殊性：

(1)重政治导向；

(2)重人才素质；

(3)重人才个性；

(4)重激励手段；

(5)重个人发展。

媒介管理者必须为员工呈现出清晰的职业生涯规划，让从业者看到自身的上升空间，实现个人的发展，以培养其对企业长久的忠诚度。企业的发展能够为人才的成长提供优越的环境，而人才的成长又是企业 发展的核心推动力，媒介人力资源管理必须立足于发展，这是人力资源管理的终极目标。

3.媒介组织人力资源工作分析方法

媒介产业要发展，便要盈利，我们不能否认媒介追逐利润的合理合法性，但媒介中的人绝不仅仅是手段，更是目的。管理者必须明白，利用人是为了实现企业的发展，企业的发展是为了成全人，企业的发展和人的发展是协调统一的，这里人的发展才是最终目的，是根本。

媒介组织人力资源工作分析方法主要包括以下几个方面：

(1)**人力资源数量分析**

人力资源规划对人力资源数量的分析，其重点在于探求现有的人力资源数量是否与媒介组织的业务量相匹配，也就是检查现有的人力资源配量是否符合一个媒介组织在一定业务量内的标准人力资源配置。可以从动作时间研究，也可以从业务方面进行审查，比如最佳判断法、经验法，还可以进行工作抽样、相关与回归分析法等。

(2)**人员类别的分析**

通过对媒介组织人员类别分析，可实现一个媒介组织机构业务的重心

① 王德华.产业化背景下媒介人力资源管理优化策略研究[D].南昌：南昌大学，2008.

所在。它包括以下两种方面的分析,即工作功能分析、工作性质分析。

(3)**工作人员的素质分析**

人员素质分析就是分析现有工作人员的受教育程度及所受的培训状况。一般而言,受教育与培训程度的高低可显示工作人员的知识和工作能力的高低,任何媒介组织机构都希望能提高工作人员的素质,以期望人员能对组织做出更大的贡献。但事实上,人员受教育文化程度与培训程度的高低,应以满足工作需要为前提。

因而,为了达到适才适用的目的,人员素质必须和企业的工作现状相匹配。管理层在提高人员素质的同时,也应该积极提高人员的工作效率,以人员创造工作,以工作发展人员,通过人与工作的开展,促进企业的壮大。

(4)**年龄结构分析**

分析员工的年龄结构,在总的方面可按年龄段进行,统计全媒介组织机构人员的年龄分配情况,进而求出全媒介组织机构的平均年龄。了解年龄结构,旨在了解下列情况:

①组织人员年轻化还是日趋老化;

②组织人员吸收新知识、新技术的能力;

③组织人员工作的体能负荷;

④工作职位或职务的性质与年龄大小的可能的匹配要求;

⑤以上四项反映情况,均将影响组织内人员的工作效率和组织效能。

媒介组织机构的员工理想的年龄分配,应呈三角形金字塔为宜。顶端代表50岁以上的高龄员工;中间部位次之,代表35—50岁的中龄员工;而底部位人数最多,代表20—35岁的低龄员工。

(5)**职位结构分析**

根据管理幅度原理,主管职位与非主管职位应有适当的比例。分析人力结构中主管职位与非主管职位,可以显示组织中管理幅度的大小,以及部门与层次的多少。如果一个组织中,主管职位太多,可能表示下列不当的结果:

①组织结构不合理,管理控制幅度太狭窄,而且部门与层次太多;

②工作程序繁杂,增加沟通协调的次数,浪费很多的时间,容易导致误会和曲解;

③由于本位主义,造成相互牵制,势必降低工作效率;

④出现官僚作风,形成官样文章。

第二节　人力资源供给的预测方法

人力资源供给预测(Supply forecasting of Human Resources)是人力资源规划中的核心内容,是预测在某一未来时期,组织内部所能供应的(或经由培训可能补充的)及外部劳动力市场所提供的一定数量、质量和结构的人员,以满足企业为达成目标而产生的人员需求。从供给来源看,人力资源供给分为内部供给和外部供给两个方面。

一、内部供给预测

企业内部供给预测方法:

1.技能清单

技能清单是用来反映员工工作能力特征的一张列表,这些特征包括培训背景、以前的经历、持有的证书、已经通过的考试、主管的能力评价等。技能清单是对员工竞争力的一个反映,可以用来帮助人力资源的规划者估计现有员工调换工作岗位的可能性大小,决定有哪些员工可以补充企业以前的空缺。

2.现状核查法

现状核查法是对企业现有人力资源的质量、数量、结构和其在各职位上的分布状态进行核查,来掌握企业拥有的人力资源具体情况,以便为企业人力资源决策提供依据。

现状核查法只是一种静态的人力资源供给预测方法,不能反映企业中人力资源动态未来的变化,所以只适用于中小型企业短期内人力资源的供给预测,存在很大的局限性。

3.职位置换卡

职位置换卡也称管理人员接替模型,是一种专门对企业的中、高层管理人员的供给进行预测的方法。它通过对企业中各管理人员的绩效考核及晋升可能性的分析，确定企业关键职位的接替人选，然后评价接替人选目前的工作情况及潜质，确定其职业发展需要，考察其个人职业目标与企业目标的契合度。其最终目的是确保企业未来拥有足够的、合格的管理人员。其与技能清单的区别在于：技能清单的出发点是个人，描述的是个人的技能，而职位置换卡的出发点是职位，描述的是可能胜任企业中各关键职位的个人。

4.马尔可夫模型

马尔可夫模型是一种内部人力资源供给的统计预测方法，其基本思路是通过收集具体的历史数据，找出企业过去人事变动的规律，由此推测未来的人事变动趋势。

二、外部供给预测

人力资源外部供给预测方法是什么？当企业内部的人力供给无法满足需要时，企业就要分析企业外部的人力资源供给情况。一般说来，进行外部供给预测，应考虑以下几个方面的因素。

1.宏观经济形势和失业预期的影响

主要了解劳动力市场供给情况，判断预期失业率。一般说来，失业率越低，劳动力供给越紧张，招聘员工越困难；失业率越高，劳动力供给越充足，招聘员工越容易。相关数据可以参考各类统计资料和公开出版物。

2.地域性因素

它包括企业所在地的人力资源整体现状；企业所在地的有效人力资源的供求现状；企业所在地对人才的吸引程度；企业薪酬对所在地人才的吸引程度；企业能够提供的各种福利对当地人才的吸引程度；企业本身对人才的吸引程度等。外部供给是企业在劳动力市场采取的吸引活动引起的，所以，外部供给分析也需要研究企业可能吸引的潜在员工的数量、能力等因素。

3.劳动力市场状况的影响

劳动力市场是人力资源外部供给预测的一个重要因素。据此可以了解招聘某种专业人员的潜在可能性。有些机构定期为企业进行外部劳动力市场条件的预测和劳动力供给的估计

4.国家政策法规的影响

特别是国家的教育政策、产业政策、人力资源政策等，对人力资源供给的影响更大。

5.科学技术的发展

科学技术的发展,特别是互联网技术和电脑技术的迅速发展,对人力资源的外部供给产生很大影响。科学技术的发展使人们从事生产的时间越来越少,闲暇时间越来越多,因此服务行业的劳动力需求量越来越大。

第三节 制片人及一线采编人员的管理制度

在激烈的媒介竞争下，电视台，特别是省级电视台面临巨大的经营压力。一方面传统的体制性事业管理方式在制片人及一线采编人员的管理制度上已经不能适应商业市场的发展，但另一方面，作为政府喉舌的电视台又不能简单地推向市场，所以对电视台的制片人及一线采编人员的管理制度上的改革研究就具有典型的意义。

一、媒介机构的制片人管理职责

20世纪90年代，伴随着中国经济的腾飞，中国电视制片管理领域开始了一场“革命”，电视栏目制片人制开始逐步在各级电视台运用，这种制度让电视生产力的潜能被充分激发。近二十年来，制片人制已经逐步成为中国电视行业内部最普遍、最主要的节目制作与管理形式，一批素质水平高、业务能力精、管理能力强的电视制片人逐渐涌现出来。但是，制片人制存在的问题也在不同层面逐渐显露出来，并严重地制约了制片人制的发展。

随着电视产业的市场化程度不断地提高和制播分离电视改革步伐的逐步加快，虽然目前短时间内，电视栏目制片人制对电视台还有较强的依附性，但随着改革的一步步深入发展，特别是以上问题的逐步解决，电视栏目制片人制将会逐步摆脱这种依附，走向成熟和完善。

1.电视栏目制片人的界定

目前，人们对电视制片人的理解有以下几个观点：

第一种观点：制片人是电视节目制作集体中的总负责人，他负责拟定选题、拍摄 计划、组织导演、编剧、摄影、录像、录音、演员等设置人员进行协调而有效率的工作，直至指导、监督制作技术处理等；

第二种观点：制片人实质上是电视产业的资本家或电视产业资本家的代理人；

第三种观点:制片人是文化工作者,是精神产品生产的组织者和指挥者;

第四种观点:制片人就是电视节目制作过程中管后勤的人,是为编剧、导演、演员等服务的主管,即“大管家”;

第五种观点:制片人就是电视节目制作部主任或制片主任;

第六种观点:制片人是电视节目在合作的经营管理者。①

电视要满足受众对信息的需求,就必须在节目资源的合理配置和有效利用上下功夫。电视栏目制片人可以发挥制片人的作用,为栏目发挥最佳效益找到立足点。电视栏目制片人是栏目化节目的负责人,制片人负责节目,而且在经济收入和经济支出以及人员的聘用上有自主权。

王甫、吴丰军在《电视制片管理学》中这样定义:“电视栏目制片人是指一个电视栏目的总负责人,是组织者,又是把关人,严格意义上的栏目制片人掌握着栏目的财权、人权,并对节目的选题、策划、制作、初审等节目运作环节实施全面的控制,对电视片生产需要的所有要素进行合理配置、协调组织。他是现代电视生产关系的枢纽,是电视节目生产单元的创作核心、管理核心和经营核心。”②以上观点全面地概括了电视栏目制片人的实质。

2.电视栏目制片人制的管理职责

《电视制片管理学》一书根据中国电视产业的特性,将制片人体制研究集中在栏目制片人和独立制片人上,并分别提出了各自的职能。书中指出,中国电视制片人制在其形成过程中,曾出现多种形式:

第一种:以导演为中心的“导演制片共同负责”的制作管理体制;

第二种:以制片人和主任为主的“制片导演共同负责”的制作管理体制;

第三种:以导演或制片主任承包为主要形式的制作管理体制;

第四种:委派性的制片人制,在这种制作管理条件下,制片人没有自主权,花钱要做预算,收入要全部要上交电视台,其实质是非制片人制的制片人制;

第五种:制片人制的制作管理体制。

其实,在概念上,委托型制片人、依附型(从电视台领取全部拍摄资金)和半独立型制片人(从电视台领取部分资金)、执行制片人和准制片人十分相似,都表示中国电视制片人的一种强依附性,尚未能完全脱离(主要表现在资金依附上)电视台独立运作,还不是完全意义上的电视制片人,其特征

① 汪锋.广播电视台管理百科全书[M].合肥:安徽文化出版社,2004:365.

② 王甫.吴丰军.电视制片管理学[M].上海:复旦大学出版社,2006:132.

是:不需要筹资,不需要负责节目的发行销售,不对节目制作的盈亏承担实质性风险,只负责摄制经费的包干使用,只要控制预算经费或包干经费不超支,摄制周期不超期,就算完成任务,同时对节目的制作质量负责。

二、独立制片人制度

近几年,为了应对日益激烈的市场竞争,一些中国一线电视台开始探索节目生产机制方面的变革。例如,湖南卫视探索的“独立制片人制”,在季播节目《我是歌手》热播时,这种机制被业内所熟知,并逐渐成为湖南卫视一种普遍的节目生产模式。“独立制片人制”的逐渐盛行,从一个侧面说明电视媒体在新的竞争环境下对节目生产机制的求新求变。

1.什么是独立制片人制

独立制片人制最早起源于英国,英文Independent producer system,原意是指电视播出机构将部分节目委托给独立制片公司或独立制片人来制作的节目生产体系。在中国,前者变为与民营制作公司合作的“制播分离”模式,而后者就是现在主要所说的“独立制片人制”。

独立制片人制的主要特点是以一名优秀制片人为核心,围绕这个核心组建团队,并负责栏目从策划、制作、运营到推广等全部环节的现代节目运营机制。

2.独立制片人制与现有制片人制的不同

表8-1 现有制片人制度与独立制片人制度的区别

职位	现有制片人制度	独立制片人制度
角色定位	“车间主任”	“产品没有”
工作内容	以节目制作为主	涉及节目制作、推广、营销等全环节
人员组成	分配为主	制片人有充分权利组建团队
项目招标权	部分生产环节	有招标必要的所有环节
收益再分配权	无	与业绩挂钩的收益再分配权
内容终审权	频道	频道
与职能部门合作方式	被动	主动
创新压力	一般	大

3.独立制片人制的优势分析

(1)密切接轨市场,有助于做出最高水平的电视节目

传统制片人机制下,栏目组以安全生产、收视率达标为目标,至于市场喜不喜欢、欢不欢迎,不是制片人主要考虑的问题。独立制片人制下为了让节目做到最好、收益最大,在保证内容安全的前提下,必须与市场需求对接,考虑受众喜好,尽可能地利用市场上最好的资源、最专业团队做出最好的节目。

(2)责权利统一,奖罚明确,有利于节目创新和调动节目组一线员工积极性

独立制片人拥有比以往更多的自主权,也承担了更大的责任和压力。由于在权责利方面充分对等与挂钩,制片人及其团队的积极性很高,他们的切身利益也与节目运作好坏密切相关,奖罚分明且力度更大。以高收视、高影响力为导向的考核让制片人及其团队必须打起精神,不断思考创新问题,千方百计地确保目标任务的完成。

(3)面向全媒体,有利于培养新媒介环境下的电视人才

独立制片人制的栏目组有着相对自主权、良好的发展空间,它需要对电视产品的全部环节进行紧密策划、制作与推广,设计产品上、中、下游的各个环节,所以栏目组需要不断培养能洞悉市场、有媒介视野的制作人员去生产适合新媒介环境下的电视产品。

三、融媒体时代一线采编人员的职业素养

所谓的融媒体,其实就是利用媒介载体在内容、宣传等多个方面实现报纸、广播等互补性媒体融合的新型媒体。伴随着融媒体时代的到来,新闻信息的采集、表达和传播渠道都发生了较大变化,对一线采编人员提出了更高的要求,从而促使采编人员不断提升自身职业素养。因此,还应加强对融媒体时代一线采编人员职业素养的研究,从而更好地推动传媒行业的发展。

1.融媒体时代新闻采编人员面临的发展形势

(1) 信息载体的丰富化发展;

(2) 信息资源的复杂化发展;

(3) 信息应用的多元化发展。

2.融媒体时代一线采编人员应具备的职业素养

在融媒体时代,节目的制作播出对一线采编人员提出了更高的要求。想要满足这些要求,一线采编人员还应具备基本业务素养、职业道德素养和创新发掘素养,从而较好地迎合时代发展需求。

(1) 应具备基本业务素养

作为一线采编人员,面对媒体的深度融合发展态势,还要不断巩固自身基本业务技能,加快新技术、新技能的学习,才能更好地应对媒体融合的挑战。一方面,采编人员应加强对各种传播技能和技术工具的掌握,不能只为单一媒体服务,而是要为手机、电视台和网络等各种平台提供节目内容。另一方面,一线采编人员需要加强对融媒体采编运作流程的掌握。不同于过去的单一媒体,融媒体的采编对象、顺序和时间都有所不同,新闻采编工作参与人数较多,需要采编人员学会协同作战,并利用统一标准完成新闻内容加工,同时实现资源共享,进而获得更好的新闻采编效果。

(2) 应具备职业道德素养

在融媒体时代,一线采编人员应具备较高的职业道德素养,从而使媒体的公共形象得到较好的维护。面对质量参差不齐的信息,一线采编人员还要利用自身专业技能完成内容真实性的辨别,并通过整合和提炼来规范节目内容,以确保节目的可靠性,同时加强对社会舆论的正确引导。想要达成这一目标,采编人员还要学会站在党和人民的视角看待问题,在接触形形色色的信息时坚持以国家和人民利益为出发点,能够完成内容的客观分析。现阶段,国家正处在转型发展阶段,采编人员还要对这一过程中存在的问题和困难有正确的认识,积极消除报道的负面影响,进而使节目内容发挥良好的导向作用。

(3) 应具备创新发掘素养

在融媒体时代,媒体平台繁杂多样,信息也呈现出了趋同化的特点。对于一线采编人员来讲,还应加强对内容的创新挖掘,从而使受众对内容的新鲜感得到保持,继而使内容保持较强的竞争力。一方面,在利用电视、广播等媒体进行信息内容获取的同时,采编人员还要利用微博、微信等平台建立立体化媒体网络,对各种信息内容进行整合挖掘,从而完成新媒介产品的开发。例如,在策划重大活动的报道时,就可以从各个媒体上进行有关活动信息的搜集，并通过深度加工完成活动主题的提炼，从而使节日的内涵得到提升。另一方面，采编人员需要完成对常规节目制作规律的总结，以便从中完成新创意、新亮点的挖掘，从而使节目的制作水平得到提高。

四、传媒组织机构员工的绩效管理与激励

1.绩效管理优化的原则及目的

(1)优化设计的原则

绩效管理优化设计要遵从两大原则：科学、规范。科学是指绩效考核的方法要遵循科学规律，要符合管理学、经济学、社会学 的规律，不能靠拍脑袋制定政策，要经过充分的调研与论证，摸清自身情况，有针对性地制定合理流程，利用科学的手段进行绩效管理，如引入KPI法、平衡计分卡法等方法对传媒组织机构员工绩效管理进行优化。考核的指标应当尽量可量化，要能够真实反映员工工作的情况。

规范是指传媒组织机构员工绩效管理要形成规范的制度且严格执行，要做到公平、公正、公开。在实施员工绩效管理的时候要把绩效计划、绩效考核、绩效反馈等各个环节的工作向每个员工公开，制定绩效目标时要让每个员工参与，在绩效考核中要对每个员工的评价公开，考核方法及结果也要公开。

(2)优化设计的目的

传媒组织机构绩效管理优化是在中国广播电视行业改革的大背景下，以为全台建立科学规范的人力资源管理体系为目的。主要体现在以下几个方面：

首先，提供更优的人力资源管理办法，促进广播电视台的发展。

其次，解决传媒组织机构自身运营管理存在的问题。

然后，员工绩效管理优化还可以为其他管理提供条件和支撑。通过执行传媒组织机构员工绩效管理可以提高各级领导者的管理能力，梳理工作流程，合理制定工作计划，帮助员工提高工作效率，还能通过绩效管理发现人才，培养人才。

总体思路是：整体上引入平衡计分卡法构建传媒组织机构绩效管理的框架，从财务、客户、内部管理和学习成长四个方面制定考核体系；局部针对不同方面采用不同的考核方案。如图8-1所示：

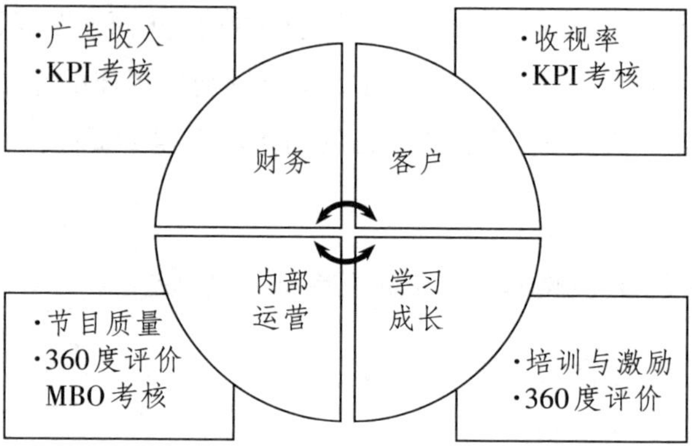

图8-1　传媒组织机构绩效设计总体思路

最后，将绩效评价的结果应用于员工薪酬、晋升、培训、调迁、退职等方面的管理。除此之外，还应注重绩效改进，做好绩效分析与诊断，完善与改进员工绩效管理流程。

2.优化员工绩效管理实施过程

绩效实施的过程是各部门管理者和员工一起排除困难、集思广益、克服障碍，对绩效任务的进展不断进行沟通和交流，及时处理问题，最终达成目标的过程。对此，传媒组织机构员工绩效管理优化过程应该注意以下几个方面：

首先，要强调员工绩效目标与全台绩效目标的统一。其次，提高绩效实施的过程中各环节的管控。绩效管理本身就是个动态调整的过程，不是一成不变的规章，也不可能一开始就制定得完美无瑕。在绩效管理实施过程中一定会随着流程的深入开展，慢慢显现出这样那样的问题。出现问题并不等于绩效计划的失败，但一定是有不合理的地方。在进行传媒组织机构员工绩效管理实施过程中，要不断积累经验，发现问题，分析原因，不断优化方案，这样才能逐步完善，将绩效管理从最初的方案，变成一套成熟的体系。

3.制定科学化的绩效考核体系

员工绩效管理中最重要的一个环节就是绩效考核，管理层人员主要使用KPI关键指标方式考核，注重的是管理人员能否通过自己的管理能力使所在部门完成既定指标；普通员工则根据岗位灵活制定，例如可以使用考核工作质量的方式，其中包含工作的“质”和“量”两个方面。例如节目制作部门更看重的是节目的“质”，只有优质的节目才能赢得市场；后勤保障部门看重的是工作的“量”，往往这些部门的工作性质单一，以值班保障为主，考核工作时长之类的“量”更能够反映员工的工作程度。

以下以电视台最具代表性的新闻记者岗位为例，探讨员工绩效管理的各个环节。

(1)**普通员工考核“质”“量”方式**(如表8-2所示)

表8-2　新闻记者采编考核表

内容	A	B	C	完成好可加分
长消息	8分	6分	4分	8分
短消息(不分等级统一分数)	6分	6分	6分	6分
简讯(不分等级统一分数)	4分	4分	4分	2分
典型报道	20分	16分	12分	20分
主题报道	20分	16分	12分	20分
专题	80分	60分	40分	80分
故事	40分	30分	20分	40分

A.B、C三档分值和加分情况评分标准(短消息和通讯沿用原打分标准)	
等级	评分标准
A级(符合七项及以上标准)	①时效性;②发现性;③重要性;④深度;⑤得到表扬(地方一级及以上);⑥播出时间在1分半以上;⑦社会影响力对社会和群众的影响;⑧在重点栏目播出;⑨报道方式新颖;⑩具有一定持续性
B级(符合五项及以上标准)	①时效性;②发现性;③重要性;④深度;⑤得到表扬(地方一级及以上)⑥播出时间在1分半以上;⑦在重点栏目播出
C级(必须符合三项标准)	①时效性;②发现性;3重要性
加分符合三项及以上标准	①独家播发;②制作创新;③采制周期长;④采制过程艰苦;⑤得到表扬(区一级表扬及以上)

(2)**管理人员考核KPI关键性指标**

作为经营者要提高收视率、广告量，产出越来越多的价值；作为管理者又要控制运营成本、加强内部培训。所以从管理学角度为领导层制定的KPI指标主要包括收视率、排名、广告量、经费成本、培训计划等。

可以设置为表8-3，从而强化管理层量化考核，提高考核合理程度。

表8-3 管理层KPI考核

序号	KPI	指标定义	权重	目标值	评分标准	数据来源	考核人评分
1	收视率	栏目月度平均收视率	30%	%			
2	收视排名	栏目同时段月度平均收视排名	20%	名			
3	广告创收	栏目月度广告收入	25%	万元			
4	部门/栏目经费控制数	月度栏目经费预算执行情况	15%	万元			
5	专业培训时间	月度组织栏目内部举办专业知识与技能培训的小时数	10%	小时			
合计			100%				

4.健全绩效评价结果的应用

绩效结果的推广主要体现在员工薪酬福利、升职调动方面的管理。要公平、公正、公开地为核算员工的薪酬,奖励业绩优秀的员工,必要时惩戒表现不佳的员工。同时根据长期的绩效考核数据,可以为管理层筛选出优秀员工进行加薪或者升迁之类的人事管理。另外对于考核不达标的员工,管理层应该与员工进行访谈了解原因,了解员工情况和特点,酌情进行安排和处理。如果属于不适合岗位的情况,可以考虑转岗,如果真是属于工作能力的问题,也能够通过考核结果告知员工。

5.做好绩效反馈工作

过去传统媒体的员工绩效管理中并没有设置绩效反馈。绩效反馈是绩效管理中实现员工和管理者沟通的重要环节,通过绩效反馈员工和管理者都可以了解自身存在的问题从而改进和修正。绩效反馈不是批评教育,是对事情进行梳理而不是针对人,反馈要是建设性,管理者最终的目的是让员工明白解决问题的思路。

第四节　播音员主持人的评价与管理

伴随着传媒产业的发展，传媒经济的竞争归根结底就是人力资本的竞争。现代传媒机构不仅需要高素质的、优秀的节目播音主持人才，更需要大量经验丰富、敬岗爱业、专业知识过硬、文化素养深厚的播音员主持人队伍。优秀节目播音员主持人的紧缺制约着传媒机构的发展，也阻碍了整个传媒行业向更高层面迈进的步伐。构建播音员主持人的评价体系，是建立在传统的播音员主持人评价体系的基础上的，针对传媒行业的特殊性，对专门从事节目进行播出任务的播音员主持人群体如何进行全面客观的评价进行探讨。

一、播音员主持人的管理原则

播音员主持人首先必须是栏目的一种标识，播音员主持人的工作是一种深入参与、深刻融入节目的工作状态。他们是主动的信息选择、整理、表达和沟通者。因此，播音员主持人的管理原则应该如下：

(1)坚持职业性质的正确引导原则。

(2)建立健全播音员主持人外出主持的管理机制原则。

(3)确立正确的公众人物观念原则。

(4)严格约束日常行为原则。

(5)加强学习和教育，提高业务素质原则。

(6)倡导良好的职业精神和职业道德原则。

随着媒体向产业化方向转型，播音员主持人群体中的部分人员已率先走向市场，而这一群体完全市场化、社会化也许是不久的事实，他们将成为突破媒体管理旧体制、推动媒体传播资本化的最活跃的群体。他们正在由“单位人”逐渐成为“社会人”“市场人”。因此，建议修订《播音员主持人管理办法》，制定具体的实施细则。同时，可以拟定《播音员主持人岗位承诺书》，进一步明确岗位职责，加强管理执行力度，努力维护公信力和良好形象，做好体制外播音员主持人的社会化管理工作。

二、播音员主持人的评价指标

1.传媒组织机构节目的播音员主持人评价指标体系的构建

目前,中国播音员主持人管理制度的缺陷也使建立一项科学合理的播音员主持人评价指标体系显得格外紧迫。中国媒体对不同类型节目的管理观念在某种程度上依然停留在计划经济的时代。观念上的滞后导致对播音员主持人管理的机制陈旧,管理方式粗放。播音员主持人管理制度的缺陷还体现在中国媒体一直缺少一整套科学合理的播音员主持人评价指标体系上。播音员主持人评价指标体系的缺失又带来了在电视综艺娱乐节目播音员主持人选拔、聘用、使用等方面的一系列的误区。因此,建立一套科学合理的电视综艺娱乐节目播音员主持人评价指标体系是当务之急。

2."引用"—"叠进":播音员主持人评价指标体系的构建机制品牌原理的引用

品牌播音员主持人是一个节目的支柱之一,在某种程度上也是整个媒体的支柱之一。品牌播音员主持人在受众审美的引导上具有重要的作用。在品牌原理中"知名度、美誉度、满意度、忠诚度"是四个重要的衡量指标,根据播音员主持人品牌化的特质,可将上述四个指标相应地叠进为"知名度、专业度、受众满意度、节目依赖度"四个指标(如图8-2所示)。

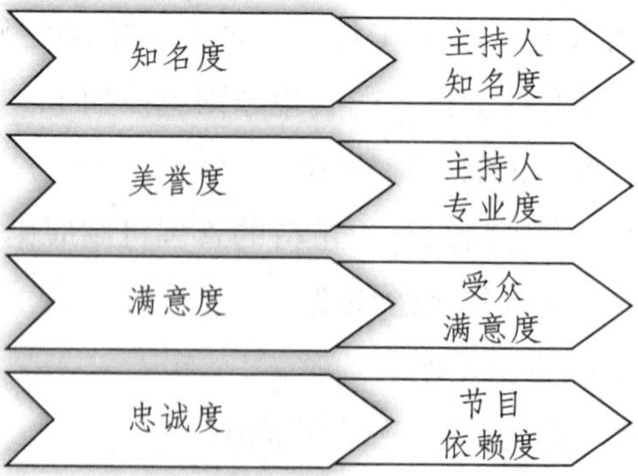

图8-2 播音员主持人评价指标的"引用"—"叠进"评价指标体系构建

无论是传媒组织机构播音员主持人评价指标体系的建立还是其他评价指标体系的建立都应当遵循SMART原则,即关键绩效指标因子必须是:具体的(Specific)、可衡量的(Measurable)、可达到的(Attainable)、相关的(Relevant)、以时间为基础的(Time-based)。

按照SMART原则,首先,把"知名度、专业度、受众满意度、节目依赖度"四个指标作为电台播音员主持人评价指标体系的一级指标;

表8-4　播音员主持人评价指标体系的构建

一级指标	二级指标	权重较大指标	权重较小指标	刚性固定指标	弹性动态指标	短期绩效指标	长期绩效指标	社会效益指标	经济效益指标	个人关联指标	媒体关联指标	职称性指标	非职称性指标
知名度	媒体平台												
	播出时间												
	节目时长												
	获奖情况												
	媒体曝光率												
	网络检索率												
	其他节目主持												
	影视剧表演												
	专注发行												
专业度	节目驾驭能力												
	受文化程度												
	继续教育程度												
	文化底蕴												
	心理素质												
	审美修养												
	形象塑造												
	语言艺术												
	个性风格												
满意度	受众追随度												
	满足心理需求												

续表

一级指标	二级指标	权重较大指标	权重较小指标	刚性固定指标	弹性动态指标	短期绩效指标	长期绩效指标	社会效益指标	经济效益指标	个人关联指标	媒体关联指标	职称性指标	非职称性指标
	引导审美情趣												
依赖度	与节目的融生关系												
	广告商追随度												
	挖掘潜力												

其次，在各个一级指标下设置“媒体平台播出时间、节目时长、获奖情况、媒体曝光率、网络检索率、其他节目主持、影视剧表演、专注发行、节目驾驭能力、受文化程度、继续教育程度、文化底蕴、心理素质、审美修养、形象塑造、语言艺术、个性风格、受众追随度、满足心理需求、引导审美情趣、与节目的融生关系、广告商追随度、挖掘潜力”等二级指标。在确定每个指标的权重上采用由日本木林富士郎提出的权重分配模式，分为“权重较大指标、权重较小指标、刚性固定指标、弹性动态指标、短期绩效指标、长期绩效指标、社会效益指标、经济效益指标、个人关联指标、媒体关联指标、职称性指标、非职称性指标”(如表8-4所示)。

根据播音员主持人的特点将其分为非娱乐明星型播音员主持人和娱乐明星型播音员主持人两类，分别对这两类播音员主持人所对应的指标进行分析，在各二级指标与其对应的指标权重相交之处进行相应标注。[①]

综上所述，传媒组织机构节目播音员主持人管理具有责权明确、操作便利的优点，因此，应对播音员主持人采用这种管理模式。播音员主持人管理的实施应根据品牌播音员主持人、一般播音员主持人、新晋播音员主持人的具体情况加以实施。对电视综艺娱乐节目播音员主持人的管理应建立科学合理的评价指标体系。

① 徐浩然.电视节目主持人评价指标体系设计[J].电视研究,2007(4):8—9.

三、媒介机构播音员主持人面临的主要问题

随着互联网技术的不断发展,其与各种技术不断融合。特别是互联网对大众传媒的影响,给传统媒体带来了巨大的挑战,也对播音员主持人提出了更高的要求,播音员主持人必须适应当下媒介融合的新形势,把握主动权,才能不断地完善自我,提升专业能力。

1.播音员主持人面临的挑战

(1)媒介环境的变化

自从2012年浙江卫视推出《中国好声音》以来,电视节目就开始兴起了“去主持人化”的潮流。所谓“去主持人化”是指在一个节目中,主持人不再是节目的中心或者最重要的部分,而是变成了节目的参与者,融入节目中。以《中国好声音》为例,节目中的四位“导师”其实就是担任着主持人的工作,串联着整个节目。

(2)来自其他行业的从业者的挑战

目前,很多节目为了让自身有看点,吸引更多的观众,会邀请一些明星来主持节目,而不是专业的主持人。的确是会吸引更多观众,其中不乏有很多成功的非科班出身的主持人。例如演员张国立,他最近主持过很多节目,浙江卫视的《演员的诞生》,中央电视台的《国家宝藏》,而且他主持得很成功,很受观众的喜爱,也很认可他作为主持人的身份出现在大众的眼前。这其实也给科班出身的播音员主持人带来不少影响,观众会越来越推崇明星或演员来担任节目主持人。我们非常熟悉的主持人何炅,其实也是非科班出身的,但是他通过自己的智慧和努力,不断提升专业素养,已经成为受大众喜爱的主持人。还有很多“去主持人化”的节目,比如综艺节目《奔跑吧》,节目里就没有主持人,而是几位明星一起串联整个节目,还很受大众的关注和喜欢。许多网络节目也是如此,邀请更多的明星或者演员来主持整个节目,提高自己的收视率。

(3)受众选择的冲击

当下不论是互联网技术还是科技,都在不断提升,社会也逐渐变得浮躁,大众在不断追求快潮流、快文化。很多新媒体的出现给播音员主持人带来不少冲击。比如大众喜爱的微博、微信公众号、手机App等,这些平台在随时更新资讯、热点,人们可以直接通过手机关注,导致人们更加习惯从手机获取最新的资讯。微博上也出现了大量自媒体,比如papi酱等,他们自创

视频的时间不长，而且内容丰富创新，符合当下的潮流，满足了各类受众的需求，因此也吸引了不少观众。于是大量的观众选择更加方便快捷的新媒体，而很少关注主流的电视节目。

(4)自身能力素养的欠缺

融媒体时代，新技术、新手段不断推陈出新，公众对节目要求更加具有观赏性、丰富化和真实化。需要播音员主持人不断提升自身的语言表达能力和临场掌控能力等，以更加生动形象的语言和技巧，吸引更多的观众，为观众传达最新的资讯。若是播音员主持人欠缺这方面的能力，在媒介融合环境下很容易被观众淘汰，失去竞争力，失去更多好的机会。

四、播音员主持人管理的有效措施

目前中国电视主持人队伍超速膨胀，但对主持人这类“特殊”人力资源的管理和开发却滞后，这是中国传媒界影响力不够的主要原因。如何加强对播音员主持人的管理，提高播音员主持人和节目的知名度、影响力是当务之急。

1.健全播音员主持人的选拔制度

“播音员主持人的选拔，昭示的是播音员主持人综合素质静态结构要素的信息，关键是能在选拔中体现合理的、科学的素质结构的动态平衡，因此，播音员主持人的选拔也成为制约播音员主持人队伍整体综合素质良性发展的重要社会因素。”①可见健全传媒行业播音员主持人的选拔制度在建立播音员主持人队伍建设和管理体系中的重要地位。

为顺应传媒组织机构的发展趋势，对提升传媒组织机构播音员主持人综合素质的呼声很强，所以在选拔主持人时，就要做好充分准备：

(1)放宽播音员主持人选拔的年龄；

(2)提高播音员主持人综合素养；

(3)举办专业化的播音员主持人大赛，为专业性播音员主持人队伍储备后备力量；

(4)内生外引，优化资源配备；

(5)以老带新，后备力量充足。

---

① 吴郁，等.电视节目主持人的综合素质研究[M].北京：中国广播电视出版社，2007:120.

2.健全电视节目主持人竞争与激励机制

(1)健全物质刺激机制

物质刺激是提高工作效率的可行管理办法,在建立健全合理的薪酬制度的前提下,提供公平竞争的平台,完善绩效考核制度,通过科学平等的考评系数来评估播音员主持人的工作数量与工作质量,从而达到能者多劳,多劳多得的良性循环,这样可以有效地提高和调动播音员主持人的工作积极性和工作热情。

(2)健全职业培训措施

职业培训是指按照职业岗位对劳动者提出的要求进行的培养和训练,旨在把一般人培养成为具有一定道德品质和技术业务素质的合格劳动者,以适应职业岗位的需要。播音员主持人也需要通过职业培训来提高工作效率和业务水平,从而使自己在竞争的平台始终处于优势状态。这种人才资本的升值是非常有利于巩固播音员主持人对所在电视台的忠诚度。

(3)健全职业发展规划

目前各类传媒组织机构播音员主持人队伍中,受过高等教育的占总人数的90%以上,他们中的大部分人还是非常看重自己的职业发展和职业规划。而这正是现有体制中的薄弱环节,要根据每一位播音员主持人的不同性格特点、播音主持风格、语言特色等量身制定和规划其整体的职业目标和发展方向。想让其成为可为传媒组织机构所用的专业人士,必须使其与电视台的总体战略发展目标相一致,在大前提相同的框架中,再向其提供诸如成长、发展的机会,使得播音员主持人可以最大限度地发挥个人潜质,实现他们的最大价值。

(4)健全传媒组织机构的内部文化

传媒组织机构的内部文化可以说是传媒组织机构的灵魂所在,凝聚力也是由这里产生,它是每一位传媒工作者的价值取向和行为取向的引导者。它的内部文化直接影响到每一位传媒工作者的工作积极性和奋发向前的动力,在好的内部文化的影响下,每一位传媒工作者包括播音员主持人都会产生认同感和依赖感,会不自觉地将内部文化精髓以及机构的战略目标与自己融合,使目标整合划一。但如果传媒组织机构的内部文化不是那么积极和进取,或者没有明确的目标,那么所有的工作人员也会茫然,不知所措,终将走向衰退,最终消失在媒体竞争的热浪中。

第五节 媒介经营管理人才的培养路径

媒介经营管理人才在完成了基本的普及教育后，进入各类媒体，由于行业的特殊性媒体的用人机制、管理模式、在职培训等对于他们进一步的成长相对于其他行业显得更为重要。

努力使具有基本传媒经营素质的毕业学生尽快成为合格的媒介经营管理人才，这固然需要人才本身的自我努力，而其所处的环境也非常重要，传媒产业有其特殊的政治属性，但作为企业化经营，也要遵循企业发展的其他特点。因此，只有认识人才成长的基本规律，了解企业培养人才的基本机制，使个体同组织形成有机的联动，才有利于人才的成长和培养。下面就传媒企业在选人、育人、用人、留人四个方面谈一谈媒介经营管理人才的培养路径。

一、选人

选人是人才成长的第一步，企业在选人时，或是针对应届生，或是针对有丰富经验的中、高层经营管理者，要求的能力、素质各有区别，形式、内容各有特色，但是很多基本的选择标准是一致的。这里我们不妨借鉴一些世界知名企业选人的“通用标准”：

1.诚信品质

这是几乎所有企业用人的一个基本点和出发点，也是首要原则。企业在招聘员工时，“诚信”是最被看重的东西，如果应聘者品行不符合公司要求，就算专业水平再高，工作能力再强，企业也不会录用。著名的宜家公司特别不能容忍欺骗，他们如果发现员工有存心欺骗公司的行为，就毫不留情地将其扫地出门，并且不会再给他们第二次机会。

2.团队合作

越来越多的传媒企业强调员工的团队合作能力，他们并不强求员工个人能力都非常强，但必须要有团队精神，服从团队利益，利用企业文化把员工紧紧团结在一起，成为市场竞争中的锐利武器。世界快餐业巨子麦当劳招聘员工时，选择的就是相貌普通、文化程度一般的“中才”，经过企业全方位培训，融合麦当劳企业文化，他们很快成为麦当劳坚定的一份子。

3.创新激情

知识经济时代，创新从来没有像现在这样被传媒企业如此重视，企业在选拔人才时，不仅要看他是否能胜任现任工作，更重要的是否有创新精神。微软公司宁愿冒失败的危险，任用曾失败的人，也不愿要一个处处谨慎却毫无建树的人。英特尔公司在高校招聘时，更喜欢招录各科虽是3分，但富有创意，最好完成过颇有新意项目的学生。正是凭借这种冒险精神和创新意识，微软和英特尔成为计算机业中的“蓝色巨人”。

4.学习能力

未来企业的核心竞争能力，取决于企业是否拥有更快的学习能力。UT斯达康、欧莱雅、安永等众多知名企业十分重视应聘者是否具备良好的学习能力和强烈的求知欲。尤其在招聘应届毕业生时，企业往往将学习能力和求知欲作为考察的重点。因为刚毕业的新人往往不具备直接进行业务操作的能力，基本都要过系统的培训。很多跨国公司表示，公司不是很在乎实习生与公司要求之间的差距，因为他们对自己的培训体系非常自信，只要有强烈的求知欲和学习能力，一定可以通过系统培训脱颖而出，因此在面试中这两项考核十分关键。

二、育人

1.卓越的企业文化

对于文化程度普遍较高的传媒从业人员来说，虽然物质待遇对于他们很有吸引力，但是他们更看重环境、价值观念的认同，这是发挥他们才能的前提条件。企业文化就是以人为中心，以文化引导为根本手段，潜移默化地影响企业员工的意识和行为，从而达到以激发员工的自觉性和主动性为目的的一种文化现象和管理思想。

2.人力资源规划

对传媒领导人来说，“花在人的管理与进行人事决策的时间，应当超过花在其他工作上的时间，因为，没有任何别的决策所造成的后果及影响，会像人事决策与管理上出现的错误那样持久而又难以消弭”。对于传媒产业来说，建立现代人力资源管理制度，制订适应企业发展的人力资源规划，引入竞争机制，使个人发展与企业发展相一致，是实现人才成长的制度保障。

（1）**竞争上岗，人人可升迁**

现在大多数传媒集团已对中层领导干部实行竞争上岗，淡化行政级别，如重庆广电集团在竞争上岗中，曾将只有高中学历但有新闻报道专长的一名干部聘任为处级领导岗位。在这种竞争机制下，一线员工如果工作出色，可以根据自身条件走上管理之路，如果管理干部工作不力，则可能走上技能岗位，所有的员工必须不断地进行自我提高，争取不被淘汰。

目前国内企业化运作程度较高的媒体里大多采用这种机制，如《京华时报》已取消了传统意义上的行政级别，用人采用全员劳动合同制，在《京华时报》，只要你有才华，就不必一年一年地熬资历。你可以毛遂自荐，经过公开演讲、群众测评、人力资源部门评估，如果报社多数员工认为你可以，就可以破格提拔。《京华时报》给年轻人提供了一个发展、竞争的平台，使每个有能力、有事业心的年轻人迅速成长起来。

（2）**强制竞争淘汰**

通过企业内部考核，每年必须有5%—10%管理者退出管理队伍，参加人力资源部的重新培训，强制竞争淘汰，使每一位管理干部都存在危机感和压力感。

例如湖南省广电厅实行了三级全员聘任制，采取了末位淘汰制度，每年有5%的滚动淘汰，《京华时报》根据具体情况对每个部门评测的“末位人士”，进行惩处，对于那些在工作期间，通过群众测评认为不适合现有岗位的，马上就会被换下来。

（3）**提供培训机会**

传媒组织机构要提供教育和培训的机会。经营即教育，在以人为本的社会，高度重视人力资源投资与开发已不仅仅是一种时尚了。所谓“工欲善其事，必先利其器”“磨刀不误砍柴工”。通过教育和培训方式，企业帮助人才及员工进行职业生涯设计，努力使他们的职业成长与企业的发展目标及其实现过程协调一致，融为一体。对传媒经营管理人员进行有针对性的培训，是他们成长的有力保证。

三、用人

市场经济条件下的传媒不仅是舆论工具，企业属性也会日趋明显，经营媒体从某种角度上讲就是企业行为。在现有条件下，有效的用人机制可以使那些具有传媒经营潜质的人才脱颖而出。

1.坚持能力合适原则

由于传媒经营人才比较缺少，现阶段在传媒经营人才的选聘上，可以坚持能力合适的原则，引入灵活的竞争机制，凡是有能力胜任媒体经营业务的，只要是确有能力，完全可以破格使用。这样的做法，在现阶段，往往效果显著。电视湘军的领军人物魏文彬在创建湖南经济电视台时，大胆改革，使后来担任湖南经济电视台台长的欧阳常林，连跳几级，从一个部门副主任直接升为台长。如果没有灵活的机制，没有能力合适的原则，这是不可思议的事情。

2.建立“分级选拔制度”

所谓分级选拔制，是对经营人才进行甄别、教育、在岗训练的三位一体的经营人才培养方式，即对经营核心人才的预备军进行早期甄别，一边进行特别基础培训，一边在实际工作中进行业务判断、经营判断等训练。传媒经营人才的特殊性决定了对其能力有更高的要求，有的传媒经营管理人才在知识素质、学历文凭、就业经历等方面达到了要求，但实际操作能力还有待提高，因此有必要对其进行三位一体的选拔，侧重实际能力的培训，培养合格的经营管理人才。

3.薪酬战略

为了有效地培养传媒企业的经营管理人才，企业的人力资源管理部门要根据需要创建新的报酬和福利计划，实行激励机制，拉开分配距离，用弹性报酬培养员工的满意度，以此激发他们的积极性。例如，湖南经济电视台实行“5级员工10档工资制”，湖南出版集团和广东出版集团对所属子公司的经营者实行了年薪制。传媒行业被华尔街认为是目前“最吃香”的行业，对于优秀的传媒经营管理人员，薪酬战略+笼络人才是最有效的手段。

小结

本章我们从媒介组织中的岗位分类较为全面地认识了媒介中的人力资源管理，通过以点带面的学习，大家不难发现，媒介组织的管理并不是事业单位的管理手段，而是高度的市场化，既重视人才的职业规划和发展，也要重视媒介组织长期发展的利益。媒介竞争白热化，归根结底是人才的竞争，作为管理者而言要充分考虑到激发人才活性，创造有利于人才发展的制度和薪酬体系，管好人留住人。同时，作为内容生产一线的基层员工，也应该清晰地认识到时代发展对于人才的能力要求是越来越高，岗位的轮替和竞争淘汰都是十分正常的现象，因此需要注意自身综合能力的提升，成为与时俱进的传媒人。

第九章

广告伦理及运营管理

广告作为媒介产品之一，承担着媒介资源变现的重要任务。从宏观上看，广告市场仍然保持着较低的增长，中国广告市场仍然有一定上行的空间；从微观上看，传统媒介的广告下滑严重，报纸、杂志、广播、电视的广告受制于大众传播，无法实现营销主需求的精准营销诉求，广告存量尚未见底。同时，移动媒体的快速崛起，移动广告借力 LBS、DSP、RTB 等广告发布模型，使移动媒体的广告市场仍然处在最高阶段。

于此，带来的问题是广告的价值和伦理的讨论，个别媒体为了求生存拉广告不讲导向不讲市场，引发的社会问题也是时有发生。因此，本章我们将重点分析和讨论中国广告的伦理、法规和运营管理模式。

第一节　当前中国广告市场的现状

一、我国广告市场经营现状

2019年，由于受整体经济形势下降的影响，广告市场也受到较大波及，开始重新进入调整期。2018年，中国广告市场的增长率为2.9%，但在2019年第一季度，我国整体广告市场下降11.2%，尤其是传统广告市场下降了16.2%，报纸、电视、传统户外媒体的降幅均超过10%。2018—2019年，具体媒体的广告下降体现在：

1.电视广告

2018年，电视广告刊例收入减少0.3%，而2019年第一季度电视广告的刊例收入出现了断崖式下滑，整体减少16.5%。这从电视广告的时长统计数据上就能看出最直接的反应，2018年电视广告时长总体减少8.1%，2019年电视广告时长总体减少22.2%。2018年，我国各省级卫视中，云南卫视、黑龙江卫视、天津卫视、山东卫视、陕西卫视、安徽卫视、江苏卫视、甘肃卫视、东方卫视、江西卫视、湖南卫视、陕西卫视、青海卫视、新疆卫视都出现了广告时长不同程度的增长；2019年第一季度，各省级卫视只有重庆卫视、宁夏卫视、青海卫视和新疆卫视的广告时长呈现增幅。2018年至2019年，在电视广告中花费最多的行业仍是药品、饮料、食品、化妆品/浴室用品和酒精类饮品，没有发生变化。

2.广播广告

2018年，广播广告刊例收入呈现出上升态势，增长5.9%；但2019年第一季度却呈现出下降走势，广播广告刊例收入减少9.8%。广播广告下降现象最直接的反应仍是广播广告的时长，2018年广播广告时长减少5.1%，2019年广播广告时长则再次锐减五分之一。2018年广播广告花费最多的五个行业是：商业及服务性行业、交通、食品、邮电通讯和金融业；2019年广播广告花费最多的五个行业出现了一点儿变化，娱乐休闲行业入围，挤掉了2018年的邮电通讯。

3.报纸和杂志广告

2018年，报纸和杂志的广告刊例收入遭受了断崖式下跌，分别下降30.3%、8.6%。2019年第一季度，报纸和杂志的广告刊例收入雪上加霜并未挽住下降的颓势，分别继续下降29.7%、5.7%。报纸和杂志的广告下降现象最直接的反应是广告面积的变化，2018年，报纸和杂志的广告面积分别下降34.1%、14.0%；2019年，报纸和杂志的广告面积分别下降27.3%、5.4%。2018年，报纸广告花费行业增幅最高的五个是商业及服务性行业、金融业、房地产/建筑工程行业、娱乐及休闲、交通；2019年第一季度报纸广告增幅最多的五个行业出现了一点儿变化，邮电通讯入围，挤掉了2018年的交通。2018—2019年广告增幅最多的五个行业没有变化，仍是杂志个人用品、化妆品/浴室用品、交通、衣着、娱乐及休闲。

4.传统户外广告

2018年，传统户外广告刊例收入下降近五分之一，减少17.9%；2019年第一季度，传统户外广告刊例收入再次下跌14.2%。传统户外广告下降现象最直接的反应仍然是广告面积的变化，2018年，传统户外广告面积下降19.1%；2019年第一季度，传统户外广告面积再次下降17.5%。2018年，传统户外广告花费行业增幅最高的五个是商业及服务性行业、邮电通讯、房地产/建筑工程行业、娱乐及休闲、交通；2019年第一季度传统户外广告花费增幅最高的五个行业较之2018年没有发生变化。

5.电梯电视广告

2018年，电梯电视广告刊例收入呈现出了较大幅度的上升，增加了23.4%；2019年第一季度，电梯电视广告刊例收入仍然保持着上升的动力，再次增加7.3%。2018年，电梯电视广告花费行业增幅最高的五个是邮电通讯、IT产品及服务、娱乐及休闲、饮料、酒精类饮品，品牌增幅最高的是“郎”“拼多多”“弹个车”“肯德基”“瓜子二手车直卖”“蒙牛”；2019年第一季度，电梯电视广告花费行业增幅最高的五个是食品、邮电通讯、商业及服务性行业、IT产品及服务、娱乐及休闲，品牌增幅最高的是“天猫商城”和“天猫”。

6.电梯海报广告

2018年，电梯海报广告刊例收入还超过了电梯电视广告刊例的收入，增加了24.9%；2019年第一季度，电梯海报广告刊例收入仍然保持着上升，再次增加11.7%。2018年，电梯海报广告花费行业增幅最高的五个是邮电通讯、商业及服务性行业、交通、IT产品及服务、食品；2019年第一季度，电梯海报广告花费增幅最高的五个行业发生了一点儿变化，酒精类饮品入围，挤掉了2018年的IT产品及服务；品牌增幅最高的是"苏宁易购""科发源""中国移动通信""天猫"。

7.影院视频广告

2018年，影院视频广告刊例收入较之2017年增加18.8%；2019年第一季度，影院视频广告刊例收入持续增长，增加了5.6%。2018年，影院视频广告刊例增幅最高的五个行业是交通、活动类、邮电通讯、IT产品及服务、娱乐及休闲；品牌增幅最高的是"瓜子二手车直卖""弹个车""快手""幸福""蒙牛"。2019年第一季度，影院视频广告刊例增幅最高的五个行业较之2018年没有发生变化；品牌增幅最高的是"长安福特""小米""蒙牛""暴龙""彪马"。

8.互联网广告

2018年，互联网广告刊例收入较之2017年继续呈现上升态势，增加7.3%；2019年第一季度，互联网广告刊例收入则出现下降态势，减少5.6%。2018年，互联网广告刊例增幅最高的五个行业是交通、商业及服务性行业、房地产/建筑工程行业、IT产品及服务、邮电通讯；2019年第一季度，互联网广告花费增幅最高的五个行业发生了一点儿变化，金融业入围，挤掉了商业及服务性行业。

综上所述，2018年至2019年第一季度，中国广告市场整体呈现出下降趋势。以电视广告、广播广告、报纸和杂志广告、传统户外广告为代表的传统广告市场下降趋势尤为明显；电梯电视广告、电梯海报广告和影院视频广告在新的媒介传播环境下，呈现出逆势增长的态势，较为受大众欢迎。

二、我国广告市场新特征

2019年上半年，受到经济环境"稳中有变，变中有忧"的影响，广告主对2019年整体经济市场的信心有所波动，致使中国广告市场重新进入调整期。一方面，用户深受移动媒体、互联网思维的熏陶，对循规蹈矩的传统广告关注度持续减弱，给广告营销带来了极大挑战；另一方面，广告行业入局者众多，持币观望的广告主，在受众人群、媒体流量以及创意形式方面提出了更高要求。同时，传统广电发力5G，互联网一路高歌，电梯电视逆流而上，影院视频渐成潮流，我国的广告市场呈现出新的特征。

1.电视广告“口红效应”明显，地域分级区分度高

电视媒体广告在2018年上半年短暂上涨之后，2019年又再次进入负增长，并创5年以来新低，广告刊例花费下降12.4%，广告时间降幅达17.2%。其中，中央级电视媒体和省级卫视降幅较小，省级地面台和省会城市台降幅较大，均超过10%。从广告主的行业具体来看，投放电视广告的TOP10行业广告花费整体处于下滑趋势，但是食品类和活动类行业花费呈现正增长。而食品行业的增长其实也是与“口红效应”紧密相关的。“口红效应”是经济学中的一个术语，起源于20世纪30年代美国大萧条时期，指的是虽然整体不景气，但物美价廉的口红却逆流而上，取得优异的市场成绩。但由于这一效应不仅适用于口红，还适用于其他物美价廉的产品，因此，又被称为“低价产品消费趋势”。

从微观经济学来看，“口红效应”出现的原因是“替代效应”超过了“收入效应”。具体来说，“收入效应”是指随着人们可支配的收入减少，消费金额也会减少；而“替代效应”则表示，当人们对奢侈品和大件物品的消费减少时，由于消费欲望的存在，会转向物美价廉的大众商品和服务，中高端食品、饮料以及体验性的服务消费逐渐替代房屋、汽车等单价过高的产品与服务。这种消费者心理的转变带动了广告投放量的改变，使得交通工具类的广告相对下降，而食品活动类的广告保持增长势头。

活动类增幅，则与电视的分级传播关系密切。其表现为，从中央电视台到省级卫视台，再到省级地面台以及省会城市台，其辐射范围呈梯度递减。而省会城市台因为其涵盖地域较小，具有明显的区域特性，使得本土的活动广告在垂直投放于省会电视台时，有较强的针对性传播作用，以及不可比拟的高效性。2019年上半年省会电视台的广告中，活动类广告增幅15.4%占据榜首位置，恰恰说明了这一点。

2.广播广告传统行业品类集中，新品聚焦区域服务

广播媒体在2019年上半年的刊例花费降幅达9.7%，广告时间同比下降了12.9%。除了房地产/建筑工程行业、娱乐及休闲业以及饮料业的广告投入仍呈小幅增长外，其余行业如交通工具、食品等都有所缩减。同时，在广播媒体广告投放的新品牌中，区域性、服务性的品牌如餐厅、酒店以及培训学校有所增多。

其实，这与广播的多元化发展，与互联网音频平台以及旅游、餐饮公司的深度合作，实现多元盈利，娱乐及休闲行业的广告投入也相继持续增加有

关。在这些行业中,品类的集中度持续上升,零售服务、交通工具、房地产、保健食品持续稳定保持前四名席位,总和占比达到34%左右,而广播头部品类的集中也反映出广播用户群体画像逐渐清晰。正是因为广播稳定的受众群体与这些头部行业的用户群体具有高度重合性,才保证了这些头部行业在广播方面持续稳定的广告投入。

同时,在广播广告投放的新品牌中,拥有大量区域服务性品牌,如餐厅、酒店等。这由广播传播的区域性特征决定,它所面对的区域受众群体相对固定,而这些也正是区域服务性品牌的目标顾客。并且,由于大部分广播具有车载音频收听的特性,通过简短的音频就可以实现服务类广告的信息传递,这些因素都让区域服务性新品牌大量涌向广播平台。

3.影院广告附着电影市场,转移大屏阵地

在影院视频广告投入TOP10的行业中,70%的行业都增加了广告投放,并且增幅平均。活动类、交通类、食品类均超过30%的增幅。这种上升趋势首先和我国电影市场的飞速增长密切相关,2018年年末,我国电影总票房突破600亿元大关,电影观影人数的增加使得影院视频广告投放量大幅提高。并且,相较于电视广告,影院视频广告有强制性、针对性、高到达率等特点,观众观看电影时无法自由调台或快进快退,同时,每部电影都有其特定的受众人群,从而保证了广告到达的精准和高效。

4.户外广告与电梯广告新旧替换

电梯电视和电梯海报广告花费保持正向增长,但二者在2019年上半年的增幅较往年也有大幅回落的迹象。例如,2018年上半年,电梯电视刊例花费增幅高达24.5%,电梯海报为25.2%,而今年上半年二者都缩减为个位数,分别为4.1%和6.2%。对电梯电视媒体广告的增长来说,食品行业和交通行业可谓“功不可没”,增幅分别为271.1%和328.8%。

传统户外广告如通道广告牌、行道广告牌等大面积平面广告难以吸引用户的目光,目标受众不清晰、投放效率低下、用户到达率低等原因使得传统户外广告不再受到广告主的欢迎。

相比之下,电梯电视广告具有更大的优越性。首先,电梯环境相对狭小,人们视线的集中度远高于户外;其次,动态的电梯电视广告比静态的户外平面广告更容易吸引人们的注意力;再次,电梯的使用场景相对固定,通过对写字楼里的各个公司的了解或者居民区住户的了解很容易锁定电梯搭载人群的群体特征和消费偏好,可以有效实现更加精准的广告投放,这也使得电梯电视在广告市场整体疲软的状况下仍保持增长态势。

总体来说,2019年上半年传统媒体平台广告有所下降,新兴媒体平台的增幅也不如往年。其实,在如此激烈的市场竞争下,任何形式的媒体平台都无法独善其身,但广告市场的下行,并不单单意味着行业发展的萧条或不景气,它同时意味着我国广告格局向着更合理方向演变,也是市场经济体制自我调节的重要体现。

当前广告市场处于转型发展的关键期,总体的局势让更多的广告主选择持币观望或低风险的营销渠道。从行业来看,具备"口红效应"的产品行业异军突起,以其独有的优势在广告市场中一路高歌猛进。然而,广告市场的现状并不会长久持续。随着经济水平的进一步提高,新技术赋能到各个行业,广告市场纵横捭阖的局面必将出现新的鼎立格局。经济的影响自不必说,技术突进带来的革命性意义,更让新技术的发展极大地增强媒体的传播力、提高媒体话语权,进而重塑流量格局和广告生态。

第二节　广告市场的开发原则

一、道德原则

广告道德是广告从业人员需要遵守的职业道德，是道德规范在广告活动领域内的具体体现，主要包括以下几个方面：

1.自觉遵守原则

《广告活动道德规范》第二条规定，广告活动道德规范是广告活动的基本道德准则。在我国，每一位公民都应履行遵守国家法律法规以及道德规范的义务。从事广告活动的主体，即广告经营者、广告发布者、广告主或者其他参与了广告活动的单位与个人，应自觉以广告活动道德规范为标准原则或行为准则。

2.国家行政机关引导原则

县级以上人民政府工商行政管理部门是广告监督管理机关。《广告活动道德规范》第三条规定，我国广告业受制于各级工商行政部门的监督管理，行政机关具有指导广告业发展，实行广告活动监督的职责。相关部门在执行广告监督管理的过程中，不仅要查处违法广告案件，维护广告市场秩序，还应体现行政机关的引导作用，促进健康、良好的风尚在广告社会中的形成。

3.行业组织自律原则

行业自律包括两方面内容：一是广告行业从业人员必须遵守和贯彻国家法律法规，此项要求是国家强制性要求，具有不可违抗性。二是广告行业从业人员需要遵守行规行约，这是行业内的自发性行为，而非政府强制性结果。行规行约是行业内部实现自我管理和自我约束的准则，是由广告从业人员组成的组织，依据法律法规、社会公德、行业特点、职业道德等制定本行业的管理章程。广告行业的自律具有较大的变动性，行业组织会根据社会环境的具体变化来不断修改完善行规行约，经由行业认可即可实施生效，起到规范行业行为、协调同行利益关系的作用，以此来督促行业间的公平竞争，维护广告从业人员、企业等广告主与消费者的正当利益。

4.诚实信用原则

《中华人民共和国广告法》第五条规定，广告主、广告经营者、广告发布者从事广告活动，应当遵守法律、法规，诚实信用，公平竞争。诚实信用原则包括两方面的含义：

一是广告主对消费者应诚实守信，广告内容必须真实，任何广告活动在介绍产品和服务时不得弄虚作假，不得使用极限词以及其他歧义性语言欺骗误导消费者，不得侵犯消费者合法权益。2015年，佳洁士双效炫白牙膏被上海市工商局处罚603万元，原因是其在电视广告中向消费者展示的美白效果是由电脑后期处理形成，而非牙膏的实际使用效果，未如实向消费者传达产品的信息。广告中过度使用PS技术夸大产品本身的功效，违背了广告的真实性。二是广告主应本着善意原则，不得通过不法行为或不道德行为损害其他经营主体的合法利益来获取私利，更不得诋毁、贬损其他广告主体，损害竞争对手的商业信誉、商品声誉进行不正当竞争。在轰动一时的"王老吉加多宝之争"事件中，广东加多宝饮料食品有限公司、广州医药集团有限公司与湖北日报传媒集团成为不正当竞争中的涉事三方。广药集团在涉案广告中连续使用"暴力营销""舆论暴力""绑架民意""黑公关""一诈、二诈、三诈"等明显具有贬义色彩或讽刺意味的措辞描述加多宝企业，超出了正常的商业宣传所允许的范畴，构成商业诋毁。而湖北日报作为广告的发布方也构成不正当竞争，理由是涉案广告标题和内容存在明显的虚假宣传、商业诋毁，湖北日本传媒集团在刊发涉案广告时未能尽到合理审慎的注意和审查义务，其发布广告的行为客观上帮助广药集团提升了企业形象，破坏了加多宝公司的企业形象和竞争优势，主观上存在过错，属于帮助他人实施不正当竞争行为，构成不正当竞争。行业之间的竞争应合理合法，广告主应本着诚实信用的原则实施广告行为，广告发布方应本着客观的原则严格执行把关制度，以此共同构建一个健康的市场环境，促进行业的良性发展。

二、真实性原则

真实性原则是指广告所传达的信息必须和所提供商品或服务的实际情况相符，不得弄虚作假，不得使用含糊不清的语言诱导消费者产生错误的联想。商业广告是一种具有目的性和计划性的说服性传播活动，广告通过对产品或服务的重塑包装，进而刺激消费者产生购买产品或服务的愿望和行为，最终以达到产品或服务被推销出去的目的。广告作为媒介的一部分，其所提供的信息对消费者的选择具有很强的导向性，能在一定程度上影响消费者的消费观念和行为。特别是食品类广告，更是必须要坚守广告真实的底线，2008年三鹿奶粉因三聚氰胺事件被关停，而在事件爆发之前，三鹿奶粉的广告词却是“专业生产，品质有保证，让人放心，还实惠”，这无疑是广告行业中有悖真实的体现。以此为代表的食品类虚假广告引发了一系列严重且深远的社会问题，因此，真实被视为广告的生命，《广告法》将真实性列为广告的核心原则。

广告的真实性要求广告的内容和表现形式都要真实。《中华人民共和国广告法》第三条规定，广告应当真实、合法，以健康的表现形式表达广告内容，符合社会主义精神文明建设和弘扬中华民族优秀传统文化的要求。广告所呈现出产品或服务的相关内容介绍，应当清楚、明白，必须基于商品或服务的客观存在和真实性。广告所提供的信息应当做到科学、准确和具体，对有关产品的性能、质量、价格等实质性内容评价，应当实事求是，不得夸大事实，含义不清。2018年，一位美妆博主将号称“贵妇级护肤品”的海蓝之谜告上法庭，原因是他发现使用其面霜后并没有广告中所说“修复再生，恢复容颜”的功效，并分析出海蓝之谜面霜的成分中没有一个能起到修复疤痕的作用，这和海蓝之谜官网明确提出的“修复”功能所不符，其品牌介绍中甚至提到能修复由爆炸所产生的肌肤创伤问题，如此夸大产品功效的广告内容，引起了广大消费者的关注和质疑。

三、艺术性原则

广告艺术派说，广告的本质是劝说，而劝说本身就是一种艺术。艺术性原则要求广告要以审美价值为中心，通过形象生动的艺术性表达，让消费者在接受广告信息的同时产生美的享受。

广告的艺术性体现在广告语言、广告创意、广告表现形式等方面。广告语言艺术能够把产品特征、品牌形象、主体观念以简洁易懂的方式传达给受众，使其印象深刻，并得到消费者心理认同。如“只溶在口、不溶在手”“钻石恒久远，一颗永流传”“人类失去联想，世界将会怎样”“三峡牌风扇，是吹出来的”等经典优秀的广告语，不仅获得了消费认同，同时也塑造和提升了品牌形象。广告创意将商业价值和艺术价值相融合，塑造出别具一格的广告艺术形象。广告信息融入美术、歌曲、舞蹈、绘画等富有美感的艺术形式之中,能够增强广告的欣赏性、趣味性和娱乐性,让消费者更乐于接受。忽视广告的艺术性,直截了当地进行商品推销,容易丧失广告的文化品位和感染力,最终影响广告效果。2019年颇有争议性的广告之一,是伯爵旅拍、boss直聘的“洗脑式”“口号式”广告,此类广告铺天盖地出现在各个电梯广告之中,在打响品牌知名度的同时,也受到互联网上众多诸如“廉价感”“烦人”的质疑,这类简单粗暴的广告方式,让广告中的艺术性审美功能消失殆尽。

四、科学性原则

广告科学派认为,广告是一门具有确定性、真实性,有法可依的科学。

1.广告学具有科学性

广告学的建立和发展,需要借鉴其他学科理论体系,它综合了传播学、社会学、心理学、营销学、统计学、美学等多个学科的研究成果,并与这些学科相互交叉渗透,逐渐发展形成一套自有的学科体系。罗瑟·里夫斯的USP理论,强调广告应具有独特的、强有力的销售主张;舒尔茨(1993)提出IMC整合营销传播理论,要求广告在传播信息时应统一目标,用一个声音说话;菲利普·科特勒在《营销管理:分析、规划与控制》一书中,提出以“4P”(Product,Price,Place,Promotion)为核心的营销组合方法,以及劳特朋以顾客为核心提出的“4C”理论。大量的广告界经典理论和著作,都在证明着广告的科学性原则。

2.广告活动具有科学性

广告活动的科学性,贯穿于广告创作、策划、发布的各个环节。广告的创作之初,需要进行周密的市场调查、产品研究,利用统计学知识进行数据分析、指标量化从而确定广告战略。广告策划需要确定营销目的,结合市场调查结果,择其重点进行科学合理的资源配置。广告的发布应结合媒介特征、受众细分、地区差异等因素制定符合传播规律的发布策略。

五、整体性原则

舒尔茨(1993)曾提出IMC整合营销传播理论,其核心思想是广告活动需要统一传播目标,在创作、策划、发布等各个环节运用不同传播工具,注重部分与部分，部分与整体之间相互依存和制约的关系，最大限度地强化品牌传播效果。只有将广告活动作为一个有机整体系统考虑，才能实现广告策划的最优化。广告的整体性原则，要求广告和产品定位相一致，广告内容和表达形式相统一，发布策略与媒介特征相配合，广告活动与市场规则相协调。

六、效益性原则

广告是市场经济下的产物，具有显著的商业效益性，同时广告作为文化传播的手段之一，因此也具有一定的社会效益。

对于广告主而言，广告是扩大品牌知名度，塑造产品亮点，刺激消费者对本产品的购买欲望，以达到盈利目的的手段，这也是广告存在的首要原因。因此广告首先讲求经济效益，这就要求广告活动需要经过经济核算，制定出最优的策略，在减少流通费用的同时，为广告主树立品牌，创造消费者购买需求。

社会效益是广告作为大众传播手段所需要肩负的社会责任。在处理社会效益与经济效益的关系之中，广告主以及广告发布的媒介、平台都应当坚守法律和道德的底线，合理合法取得经济效益，不得见利忘义。2016年，“魏则西之死”事件引起了社会对虚假医疗广告的重点关注，也引发了学界对百度竞价机制的探讨。百度作为全球最大的中文搜索引擎，是众多广告主所青睐的广告宣发平台，正因为如此，百度基于自身的影响力更应重视其自身的社会效益，主动肩负起社会责任，加强内容审核制度，修正竞价机制，营造健康的搜索环境。

七、思想性原则

思想性原则，要求广告从内容到形式不得呈现不健康、有悖社会公序良俗的信息，不得迎合低级趣味触碰法律底线。广告活动具有文化传播功能，应主动承担起社会正向引导责任，树立正确的思想观念，营造良好的社会风尚。

广告人在进行广告活动时往往会将重心向产品销售、品牌塑造、创意生产等方向倾斜，并不自觉地将企业的营销需求作为广告的最终目的，而不重视甚至忽略广告的社会责任。但广告作为一种社会文化传播手段，它不仅仅是一种带有强烈目的性的经济活动，更是一种国家意识形态的宣传活动，需要承担起一定的社会责任。在这个追求眼球经济和吸引力经济的时代，广告人的底线面临不断被下一个下线所刷新的危险，如一战成名的“优衣库试衣间”，涉及引导未成年人“爱情抱抱”的旺仔O泡果奶，2019年京东双11期间引起轩然大波的大朴广告（“我们的青春全在裸睡的床单里”），这些广告仿佛掀起了一种利用恶俗和道德底线来制造关注的狂欢。互联网的高度发达，网民的大量参与，更是让广告在短时间内即可产生不可估量的传播能量，这就要求加强对大众传播媒介发布广告的把关作用和监督力度，迫使广告人亟须重视自身的社会责任，坚持广告的真实性，坚守伦理道德的底线，从创作源头出发共同塑造一个风清气正的广告社会。

八、合法性原则

广告的合法性原则是广告主体从事广告活动基础，一切广告经营者的经营范围，广告活动的形式和内容，都必须符合相关法律法规。在我国，广告活动要遵守《中华人民共和国广告法》《互联网广告管理暂行办法》以及经营广告的有关法律制度。

2015年我国对现有的广告法进行了修正，新《中华人民共和国广告法》在广告的内容、形式、代言人、使用词汇等方面细化、完善了多条法律规章制度，明确了广告行为中构成合法或违法的要件。其中法律规定了系列广告禁用词，如“最佳”“第一”“宇宙级”“首选”“王牌”“史无前例”“驰名商标”“秒杀”等与虚假广告相关，涉嫌欺诈、诱导消费者的词语。近几年，在市场经济的激烈竞争下，不少广告主迫于利益需求大量使用含有上述词语的广告，形成了广告市场中一大乱象。除此之外，电视媒介、交通媒介，今日头条、抖音等社交媒介逐渐成为虚假广告的“温床”，“不要钱”“免费送”“百年祖传”等涉嫌虚假广告的广告禁词在各个平台上层出不穷。媒介是广告发布的必经渠道，必须加强自身的审核功能，必须坚守法律底线，否则虚假广告的大量出现，不仅会影响传媒机构的诚信度，污染社会舆论环境，还会严重损害消费者的利益。

第三节　广告伦理与监督

广告可谓是媒介运营中公认具有公开性且受到批评、评论最多的一部分，这些评论多以批评为主，甚至涉及许多伦理道德问题。随着改革开放政策的实施，我国经济得到迅猛的发展，广告业也乘此东风迅速壮大。但在发展的同时，广告业也出现了不少问题，尤其是伦理道德问题，如虚假广告、侵权广告、夸大广告等违法、违规广告屡禁不止，严重影响广告业的健康发展。本节从广告伦理与监督的角度出发，系统全面地介绍了广告伦理的基本原则、广告准则、广告内容发布与未成年人保护，以及广告监督体系与管理，以此为媒介运营中广告制作提供思考方向，促进我国广告业向法治化、专业化和国际化的道路迈进。

一、广告伦理的基本原则

所谓广告伦理，是指所有形式和内容的广告行为都必须遵循社会道德准则和行为规范，广告伦理的本质是广告道德问题，任何违背这个规范的广告行为都是有悖广告伦理的行为。戈公振称广告伦理为商业之史承，简言之就是文化进步的记录。在人类生活中，广告除了商业地位外，还有促进人生与指导人生的功能，因而广告形式上虽是商业属性，其本质却负有宣传与教育使命。①

1. 正向传播原则

现代广告不完全是一种单纯的经济行为，它更是一种社会文明的标志。广告作为一种有引导性和说服力的传播形态，在展现文明、传播社会道德中发挥着重要作用，可以说，有广告之处就有文明，有广告之处就有文化。在媒介运营过程中，有责任感的广告传播着对社会、对受众有益的各种讯息，传播社会道德，比如有关遵守公民道德规范的公益广告、关心贫困地区儿童的公益广告等。当然，大部分商业广告的主要目的仍然是向受众传达客户

① 吕蓉.广告法规管理[M].上海:复旦大学出版社,2003:1.

所推荐的商品信息，进而帮助客户获得更多的利益。因此，广告对于利益的追求，也是应该被人们理解和认同的。但也需明确一个前提是，这一具体的广告行为是在遵循相关法律法规的前提下展开的，也就是说，广告具有存在的合理性。真正合理有效的广告行为，传播商品信息，促进商品的销售流通，促进经济发展，满足社会生产、生活的需求，给人们带来幸福生活，这是符合社会道德的。①此外，优秀的广告同时还传播着文明，传播先进的生产技术和优秀的创新成果，给受众提供有益的商品、有价值的服务信息，帮助提高生活品位。在创造巨大经济效益的同时，也给社会精神文明建设做出贡献。

2.如实推销原则

在我们的日常生活中，人们经常会遭遇到一些虚假且带有欺骗性广告的误导，这些广告中的商品可能质量较差、价格虚高，可能画面低俗、污染视觉，阻碍社会主义精神文明建设。这类广告通常会呈现以下特点：第一，广告中介绍的商品或服务其本身是虚假的，即广告中有关商品质量、性能、功效等介绍，与实际商品质量、性能和功效不符。第二，广告中制造商信息与实际不符。比如谎称自身已取得生产许可证，谎称该产品质量已达到规定标准，或假冒已注册商标、企业或产品为自己宣传。第三，广告中对产品展开的服务承诺是虚假的，无法兑现甚至带有欺骗性。诸如以上现象，模糊产品概念，意图混淆视听，不顾消费者的生命安全，其广告中明显带有诈骗性质，通过偷梁换柱来模糊称谓，误导消费者，这类广告并未完全担负起广告所应具备道德教化的责任和义务。

众所周知，广告在介绍商品信息、引导消费者进行消费时，无法避免地会存在或隐或显地宣传某种价值观念，倡导某种生活方式，树立某种审美理念，这些都会对受众的消费行为、审美理念、价值观念产生一定的引导作用。从传播动机、传播目的来看，除了社会公益广告之外，其他的广告基本上是以牟利为目的的。②但这些广告都要遵守如实推销的原则，以免虚假广告产生不良的社会影响，要勇于接受舆论的批评和社会的谴责，强化制造商的道德意识，增强公民对虚假广告的抵制意识。

3.理性审美原则

广告作为文化产品，是宣传价值和理念的渠道之一，在社会生产力发展

① 杨媛.广告伦理问题研究[D].开封：河南大学，2010.

② 杨媛.广告伦理问题研究[D]：开封.河南大学，2010.

相对落后的时期，广告中若隐若现地推行“禁欲主义”“男权至上”等传统思想。而如今随着改革开放政策的不断深化，我国的商品经济不断推进，消费已成为公众生活中最稀松平常的事，广告是当下消费文化的重要内容，现代广告形态就在这个大背景下应运而生，以宣扬适度超前消费主义、提倡及时行乐理念、鼓励个性张扬、发展自恋性格等为主要面貌，这一现象在某种程度上变成了公众审美的畸形枷锁。与此同时，随着我国同世界各国经济、文化的交流和融合不断增强，西方消费文化不断注入，逐渐在公众头脑中形成品牌符号，这是广告主的高明之处，比如现在提到宝马，就会与青年才俊联系在一起；看到哈根达斯，就与甜蜜恋爱联系在一起；看到“麦当劳”“肯德基”，就会觉得便捷又美味等。

由此可见，广告伦理在弘扬正确的消费文化上，起着举足轻重的作用，一切符合广告伦理道德的广告，都将引导受众坚持正确的消费方式，形成正确的消费观、价值观。因此，广告需要坚持理性审美原则，要以一种全新的文化形态与当代消费环境相适应，不仅要进一步刺激消费，还必须要引导正确的消费观念；不仅要能够吸引住受众的眼球，更要传递积极健康的消费观念和生活方式，这样才能使广告在跨文化传播的过程中发挥构建社会价值理念的作用，树立符合本国发展的社会意识和文化形态。我们应该为年轻一代创造良好的生活消费环境，倡导积极向上的消费方式，形成正确的消费文化，净化社会风气。

二、广告准则

广告准则又称广告标准，是指发布广告的一般原则与限制，是判断广告是否合法的依据，是广告法律、法规规定的广告内容与形式应符合的要求。随着商品经济的高速发展，我国广告产业突飞猛进，尤其是自媒体广告，更是成为各大博主和网红生存的重要渠道。但广告领域也因互联网、自媒体的爆发式增长带来许多问题，因而修订相应的广告准则也是时代发展的需求。

2015年4月24日，中华人民共和国第十二届全国人民代表大会常务委员会第十四次会议修订通过《中华人民共和国广告法》，并于2015年9月1日起施行。新广告法就广告准则作出了明确的规定。

《中华人民共和国广告法》第二章　广告内容准则：

第八条　广告中对商品的性能、功能、产地、用途、质量、成分、价格、生产者、有效期限、允诺等或者对服务的内容、提供者、形式、质量、价格、允诺等有表示的,应当准确、清楚、明白。

广告中表明推销的商品或者服务附带赠送的,应当明示所附带赠送商品或者服务的品种、规格、数量、期限和方式。

法律、行政法规规定广告中应当明示的内容,应当显著、清晰表示。

第九条　广告不得有下列情形:

(一)使用或者变相使用中华人民共和国的国旗、国歌、国徽,军旗、军歌、军徽;

(二)使用或者变相使用国家机关、国家机关工作人员的名义或者形象;

(三)使用"国家级"、"最高级"、"最佳"等用语;

(四)损害国家的尊严或者利益,泄露国家秘密;

(五)妨碍社会安定,损害社会公共利益;

(六)危害人身、财产安全,泄露个人隐私;

(七)妨碍社会公共秩序或者违背社会良好风尚;

(八)含有淫秽、色情、赌博、迷信、恐怖、暴力的内容;

(九)含有民族、种族、宗教、性别歧视的内容;

(十)妨碍环境、自然资源或者文化遗产保护;

(十一)法律、行政法规规定禁止的其他情形。

第十条　广告不得损害未成年人和残疾人的身心健康。

第十一条　广告内容涉及的事项需要取得行政许可的,应当与许可的内容相符合。

广告使用数据、统计资料、调查结果、文摘、引用语等引证内容的,应当真实、准确,并表明出处。引证内容有适用范围和有效期限的,应当明确表示。

第十二条　广告中涉及专利产品或者专利方法的,应当标明专利号和专利种类。

未取得专利权的,不得在广告中谎称取得专利权。

禁止使用未授予专利权的专利申请和已经终止、撤销、无效的专利作广告。

第十三条　广告不得贬低其他生产经营者的商品或者服务。

第十四条　广告应当具有可识别性,能够使消费者辨明其为广告。

大众传播媒介不得以新闻报道形式变相发布广告。通过大众传播媒介发布的广告应当显著标明"广告",与其他非广告信息相区别,不得使消费者产生误解。

广播电台、电视台发布广告，应当遵守国务院有关部门关于时长、方式的规定，并应当对广告时长作出明显提示。

第十五条　麻醉药品、精神药品、医疗用毒性药品、放射性药品等特殊药品，药品类易制毒化学品，以及戒毒治疗的药品、医疗器械和治疗方法，不得作广告。

前款规定以外的处方药，只能在国务院卫生行政部门和国务院药品监督管理部门共同指定的医学、药学专业刊物上作广告。

第十六条　医疗、药品、医疗器械广告不得含有下列内容：

（一）表示功效、安全性的断言或者保证；

（二）说明治愈率或者有效率；

（三）与其他药品、医疗器械的功效和安全性或者其他医疗机构比较；

（四）利用广告代言人作推荐、证明；

（五）法律、行政法规规定禁止的其他内容。

药品广告的内容不得与国务院药品监督管理部门批准的说明书不一致，并应当显著标明禁忌、不良反应。处方药广告应当显著标明“本广告仅供医学药学专业人士阅读”，非处方药广告应当显著标明“请按药品说明书或者在药师指导下购买和使用”。

推荐给个人自用的医疗器械的广告，应当显著标明“请仔细阅读产品说明书或者在医务人员的指导下购买和使用”。医疗器械产品注册证明文件中有禁忌内容、注意事项的，广告中应当显著标明“禁忌内容或者注意事项详见说明书”。

第十七条　除医疗、药品、医疗器械广告外，禁止其他任何广告涉及疾病治疗功能，并不得使用医疗用语或者易使推销的商品与药品、医疗器械相混淆的用语。

第十八条　保健食品广告不得含有下列内容：

（一）表示功效、安全性的断言或者保证；

（二）涉及疾病预防、治疗功能；

（三）声称或者暗示广告商品为保障健康所必需；

（四）与药品、其他保健食品进行比较；

（五）利用广告代言人作推荐、证明；

（六）法律、行政法规规定禁止的其他内容。

保健食品广告应当显著标明“本品不能代替药物”。

第十九条　广播电台、电视台、报刊音像出版单位、互联网信息服务提供者不得以介绍健康、养生知识等形式变相发布医疗、药品、医疗器械、保健食品广告。

第二十条　禁止在大众传播媒介或者公共场所发布声称全部或者部分替代母乳的婴儿乳制品、饮料和其他食品广告。

第二十一条　农药、兽药、饲料和饲料添加剂广告不得含有下列内容：

（一）表示功效、安全性的断言或者保证；

（二）利用科研单位、学术机构、技术推广机构、行业协会或者专业人士、用户的名义或者形象作推荐、证明；

（三）说明有效率；

（四）违反安全使用规程的文字、语言或者画面；

（五）法律、行政法规规定禁止的其他内容。

第二十二条　禁止在大众传播媒介或者公共场所、公共交通工具、户外发布烟草广告。禁止向未成年人发送任何形式的烟草广告。

禁止利用其他商品或者服务的广告、公益广告，宣传烟草制品名称、商标、包装、装潢以及类似内容。

烟草制品生产者或者销售者发布的迁址、更名、招聘等启事中，不得含有烟草制品名称、商标、包装、装潢以及类似内容。

第二十三条　酒类广告不得含有下列内容：

（一）诱导、怂恿饮酒或者宣传无节制饮酒；

（二）出现饮酒的动作；

（三）表现驾驶车、船、飞机等活动；

（四）明示或者暗示饮酒有消除紧张和焦虑、增加体力等功效。

第二十四条　教育、培训广告不得含有下列内容：

（一）对升学、通过考试、获得学位学历或者合格证书，或者对教育、培训的效果作出明示或者暗示的保证性承诺；

（二）明示或者暗示有相关考试机构或者其他工作人员、考试命题人员参与教育、培训；

（三）利用科研单位、学术机构、教育机构、行业协会、专业人士、受益者的名义或者形象作推荐、证明。

第二十五条　招商等有投资回报预期的商品或者服务广告，应当对可能存在的风险以及风险责任承担有合理提示或者警示，并不得含有下列内容：

（一）对未来效果、收益或者与其相关的情况作出保证性承诺，明示或者暗示保本、无风险或者保收益等，国家另有规定的除外；

（二）利用学术机构、行业协会、专业人士、受益者的名义或者形象作推荐、证明。

第二十六条　房地产广告，房源信息应当真实，面积应当表明为建筑面积或者套内建筑面积，并不得含有下列内容：

（一）升值或者投资回报的承诺；

（二）以项目到达某一具体参照物的所需时间表示项目位置；

（三）违反国家有关价格管理的规定；

（四）对规划或者建设中的交通、商业、文化教育设施以及其他市政条件作误导宣传。

第二十七条　农作物种子、林木种子、草种子、种畜禽、水产苗种和种植养殖广告关于品种名称、生产性能、生长量或者产量、品质、抗性、特殊使用价值、经济价值、适宜种植或者养殖的范围和条件等方面的表述应当真实、清楚、明白，并不得含有下列内容：

（一）作科学上无法验证的断言；

（二）表示功效的断言或者保证；

（三）对经济效益进行分析、预测或者作保证性承诺；

（四）利用科研单位、学术机构、技术推广机构、行业协会或者专业人士、用户的名义或者形象作推荐、证明。

第二十八条　广告以虚假或者引人误解的内容欺骗、误导消费者的，构成虚假广告。

广告有下列情形之一的，为虚假广告：

（一）商品或者服务不存在的；

（二）商品的性能、功能、产地、用途、质量、规格、成分、价格、生产者、有效期限、销售状况、曾获荣誉等信息，或者服务的内容、提供者、形式、质量、价格、销售状况、曾获荣誉等信息，以及与商品或者服务有关的允诺等信息与实际情况不符，对购买行为有实质性影响的；

（三）使用虚构、伪造或者无法验证的科研成果、统计资料、调查结果、文摘、引用语等信息作证明材料的；

（四）虚构使用商品或者接受服务的效果的；

（五）以虚假或者引人误解的内容欺骗、误导消费者的其他情形。

三、广告内容发布与未成年人保护

在互联网环境下成长的孩子,从小不可避免会接触到广告,加之消费时代的影响,针对未成年人的广告数量也越来越多。广告作为吸引和指导消费者购买意愿的重要驱动因素,其内容发布已延伸至生活的各个角落,其中不乏触碰甚至打破未成年人价值观保护边界的广告出现。然而,未满18周岁的青少年和儿童,他们正处于人生成长阶段,身体心智发育都尚未成熟,容易受到成人文化的影响,影响他们的消费观念与心理健康,不利于未成年人的健康成长。不仅如此,更有一些低俗广告,打着国家相关法律法规的擦边球,以女性大腿或半裸等性暗示强烈的元素吸引消费者,对未成年人的身心健康造成了不小的影响。因此,规范广告内容对保护未成年人具有重要意义。

《中华人民共和国广告法》针对未成年人保护的条例如下:

第三十八条　……不得利用不满十周岁的未成年人作为广告代言人……

第三十九条　不得在中小学校、幼儿园内开展广告活动,不得利用中小学生和幼儿的教材、教辅材料、练习册、文具、教具、校服、校车等发布或者变相发布广告,但公益广告除外。

第四十条　在针对未成年人的大众传播媒介上不得发布医疗、药品、保健食品、医疗器械、化妆品、酒类、美容广告,以及不利于未成年人身心健康的网络游戏广告。

针对不满十四周岁的未成年人的商品或者服务的广告不得含有下列内容:

(一)劝诱其要求家长购买广告商品或者服务;

(二)可能引发其模仿不安全行为。

广告内容发布过程如何保护未成年人,其手段可分为前中后三个阶段。

第一,广告内容发布前期,在制作、发布广告时要尊重未成年人的权利,维护他们的尊严,广告中的语言、文字及画面不能含有歧视和侮辱未成年人的内容同时要强化广告主、媒体的法律意识和社会责任感,加大对广告主、广告代理公司和媒体的各级负责人的培训力度,强化其社会责任感,使广告主、媒体在发布广告时,除了提高经济效益外,应更加注重社会效益。

第二,广告内容发布中期,要利用并健全全国统一的广告审查机构,确立广告监管机制,对于与未成年人相关的饮食品、用具、器械及网络虚拟商品的广告要特别提醒,如手机增值服务、游戏中存在的一些隐性收费等。

第三,广告内容发布后,要由专业的监管机构总结问题,收集案例,进一步强化政府部门的职能,完善相关法律规制,对于不利于未成年人的身心健康的广告应予不同程度的惩罚,构成犯罪的移送司法机关追究刑事责任。比如可借鉴德国通过《少年保护法》和《广播电视与电信媒体中人格尊严保护及少年保护国家合同》两部法律,对大众传媒的内容和载体进行规范。其中有一条就明确说明不得对少年儿童身心造成损害,不得利用他们的年幼无知发出购买号召,不得面向少年儿童展示酒精饮料的广告等。

四、广告监督体系与管理

广告是推动经济发展、促进消费的重要手段,各国基于对社会公共利益的保护,纷纷通过立法对广告进行规制,并建立相应的监督管理制度。《中华人民共和国广告法》从第四十六条开始,一直到第五十四条,都在就广告监督管理条目进行约束,明确了广告监督管理机关、广告审查机关和有关主管部门的职权、义务,以及各社会主体进行监督管理的权力。除此以外,来自人民群众、社会组织或团体、舆论等民间的社会监督也是广告监督体系中的重要一支。对此,可从政府管理和社会监督两方面来探讨。

1.政府管理

对于当前我国广告行业中存在的一些伦理问题,政府管理在其中起着至关重要的作用,首当其冲的是需要加强广告伦理教育,提高我国广告专业的大学生的职业道德素养,增强我国公民解析广告信息的能力,健全消费者维权体系,查处全国广告违法事件,提高公众的信心。除此之外,我国《广告法》第四十六条至第五十四条也明确对监管条目进行了说明。

第四十六条　发布医疗、药品、医疗器械、农药、兽药和保健食品广告,以及法律、行政法规规定应当进行审查的其他广告,应当在发布前由有关部门(以下称广告审查机关)对广告内容进行审查;未经审查,不得发布。

第四十七条　广告主申请广告审查,应当依照法律、行政法规向广告审查机关提交有关证明文件。广告审查机关应当依照法律、行政法规规定作出审查决定,并应当将审查批准文件抄送同级市场监督管理部门。广告审查机关应当及时向社会公布批准的广告。

第四十八条　任何单位或者个人不得伪造、变造或者转让广告审查批准文件。

第四十九条　市场监督管理部门履行广告监督管理职责，可以行使下列职权：

(一)对涉嫌从事违法广告活动的场所实施现场检查；

(二)询问涉嫌违法当事人或者其法定代表人、主要负责人和其他有关人员，对有关单位或者个人进行调查；

(三)要求涉嫌违法当事人限期提供有关证明文件；

(四)查阅、复制与涉嫌违法广告有关的合同、票据、账簿、广告作品和其他有关资料；

(五)查封、扣押与涉嫌违法广告直接相关的广告物品、经营工具、设备等财物；

(六)责令暂停发布可能造成严重后果的涉嫌违法广告；

(七)法律、行政法规规定的其他职权。市场监督管理部门应当建立健全广告监测制度，完善监测措施，及时发现和依法查处违法广告行为。

第五十条　国务院市场监督管理部门会同国务院有关部门，制定大众传播媒介广告发布行为规范。

第五十一条　市场监督管理部门依照本法规定行使职权，当事人应当协助、配合，不得拒绝、阻挠。

第五十二条　市场监督管理部门和有关部门及其工作人员对其在广告监督管理活动中知悉的商业秘密负有保密义务。

第五十三条　任何单位或者个人有权向市场监督管理部门和有关部门投诉、举报违反本法的行为。市场监督管理部门和有关部门应当向社会公开受理投诉、举报的电话、信箱或者电子邮件地址，接到投诉、举报的部门应当自收到投诉之日起七个工作日内，予以处理并告知投诉、举报人。

市场监督管理部门和有关部门不依法履行职责的，任何单位或者个人有权向其上级机关或者监察机关举报。接到举报的机关应当依法作出处理，并将处理结果及时告知举报人。

有关部门应当为投诉、举报人保密。

第五十四条　消费者协会和其他消费者组织对违反本法规定，发布虚假广告侵害消费者合法权益，以及其他损害社会公共利益的行为，依法进行社会监督。

2.社会监督

广告监督与管理的第二个主体，来自社会。社会监督是指人民大众通过某些社会组织和社会团体、群众自治组织或者个体自行对广告活动各个方面进行的监督，其中包括了消费者监督和网络舆论监督两种情况。

（1）**消费者监督**

消费者监督是指通过消费者组织形式的监督。各种类型的消费者组织是消费者为维护自身合法权益免受侵害而形成的社会团体，也是实施消费者监督和管理的主体单位。消费者监督的形式具有以下特点：①监督主体的广泛性；②监督组织的“官意民办”性；③监督行为的自发性；⑤监督的无形权威性。这些群体通常会通过消费者运动帮助消费者获得消费信息、消费教育和保护等三方面的帮助。当然，日常生活中也存在消费者个体自行监督的情况，如2019年8月9日，大学生王佳莹将上海迪士尼告上法庭，原因是迪士尼翻包禁止游客自带食品侵害了消费者的合法权益，最终王同学胜诉获得上海迪士尼的50元赔偿，这可看作是消费者个体自行监督成功的一个典型案例。

（2）**舆论监督**

随着移动互联网时代的不断发展，舆论在社会监督中发挥着越来越重要的作用。所谓舆论，就是公众在亲身体验后，实时议论中对某一社会事件、社会问题所表达出来比较一致的态度。社会监督发动广大民众的力量，督促企业自觉履行广告的社会责任、遵纪守法和重视广告的社会宣传效果，是加强广告管理的有效方法。社会监督以消费者监督和新闻舆论监督为主。①在具体的广告管理中，其社会监督组织是由“官意民办”的性质来决定，因此它无法独立地完成对监督广告和保护受众接受真实广告信息的权利这两大任务。通常情况下，广告的社会监督组织不得不借助新闻传媒、政府广告管理机关、人民法院对虚假或违法广告及其责任人进行曝光、查禁和惩处。

① 刘凡.中国广告业监管与发展研究[M].北京:中国工商出版社,2007:50.

第四节　广告的运营方式

随着移动互联时代的到来，广告在运营方式上也发生了翻天覆地的变化。传统的广告运营方式很难取得理想的宣传效果，已经跟不上时代发展的步伐。因而，广告运营者要及时认识到移动互联时代给广告行业所带来的影响，适时调整广告的运营方式使其适应时代的变化。

一、现代广告经营的挑战

1.广告内容要求高

伴随着经济水平的提高，人们对文化生活的需求也呈现出急速增长的态势，对文化产品提出了更高的要求。广告作为一种面向受众传递的文化产品，旨在通过传媒的传播影响更多的受众。为了吸引更多的受众，满足现代受众的需求，广告制作商应提供更高质量的广告产品。

对于一些传统的广告观念来说，广告就是把产品的特征、性能等信息告知受众即可。在广告业发展初期，广告行业竞争没有那么激烈，经济发展水平不高，因此这种简单的广告宣传策略取得了一定的宣传效果。但是，随着经济水平的不断提升以及受众审美能力的加强，那种简单的广告宣传已经效果甚微。现在的广告不仅要求创意新奇能够吸引大众眼球，还要具备高质量的色彩画面。一些原生广告、植入式广告更是层出不穷，这些广告在不知不觉中就已经深入大众脑海之中，潜移默化大众的消费行为。那些简单的广告宣传在它们面前是不堪一击的，很难抢夺到目标消费群体。

基于这个原因，现代广告经营商急需提高自己的广告质量，创新广告宣传水平，只有把高质量的广告推向市场才能够更好地实现广告的宣传目的。

2. 对广告专业知识的缺失

好的广告离不开好的创意。一些天马行空的点子能够很快抓住大众的眼球，在他们心中留下深刻的印象，从而起到很好的宣传效果。但是，整个广告行业并不缺少那些充满奇思妙想的好创意，一个广告的成功除了创意外，更需要的是专业的广告知识和能力。

西方国家广告行业发展早，相关专业知识丰富，其广告运营也已经形成了一个相当成熟的体系。改革开放以来中国的经济水平得到了迅速的发展，经济高速发展也催生广告行业发展壮大。但是，在这种快速发展的背景下也隐藏着行业发展根基不牢固、缺乏专业化的问题。一些广告公司片面追求"金点子"、好创意，却不注重广告的专业性，这样就导致一些广告中充斥着炫酷的画面和漂亮的镜头，产品真正的特质却没有被展示出来。看到这种广告，观众往往被广告内容搞得不知所云，自然也不会对广告产品产生深刻的印象。

面对这种情况就需要注重对广告专业人才的培养，提高整个行业的专业性，拒绝各种华而不实的噱头，让广告更具专业性，更能发挥其良好的宣传效果。

3. 广告效果评估困难

对于现在绝大多数企业所投放的广告效果是不容易做出评估的。产生这个结果的原因，一方面是效果评估通常采用市场调查的方式，这种方式存在着成本高、样本数量有限、有误差等问题，很难做出准确的效果评估；另一方面影响大众采取某种购买行为的因素有很多，并不能简单地判断出是否为广告产生的效果。基于这两个方面原因，企业很难对广告效果做出评估。

虽然广告效果评估困难，但是广告效果评估却是广告行业运营中不可或缺的一环，只有准确地对广告效果做出评判才能帮助企业更好地开展广告活动，帮助广告主精准投放产品广告，让广告产生更好的宣传效果。所以现代广告运营要及时解决广告效果评估困难这个问题，推动广告行业持续发展。

二、广告代理的运作

广告代理就是广告公司在广告经营中处于主体和核心地位，为广告主全面代理广告业务，向广告主提供以市场调查为基础、广告策划为主导、创意为中心、媒体发布为手段，同时辅以其他促销手段的全面性服务。①

广告代理是商品经济发展的产物。在广告代理出现之前，一些企业散发的广告都是由企业主自理的。当商品经济得到充分发展，广告活动迅速增多时，急需一些专门从事广告活动的人。此后，广告代理便从商品流通领

① 高金城.广告理论与实务[M].北京:北京师范人学出版社,2009:8.

域独立出来,成为一个独立的行业。

广告代理制最先在美国发展起来,其发展大致经过了“版面推销人”“版面批发商”“创作服务”“全面服务”这几个阶段。经过这几个阶段的发展,广告代理制逐渐变得专业化和多样化,成为经济生活不可分割的一部分。我国广告代理产生于19世纪一些报纸的广告发行活动。当时一些诸如《申报》《新闻报》等大报为了增加报馆收入纷纷开展了报社的广告业务,以为各企业在报刊上刊登广告获利。之后,我国的现代广告代理制便在曲折中发展起来。

实行广告代理制使得广告业内部实现优良的运行秩序,在让广告业更加专业化的同时,也能最大限度地发挥广告主、广告公司与广告媒介的优势,让广告活动更加有效率。

1.从广告主角度看广告代理制的优势

对于广告主来说,广告代理制使得广告活动分工更加明确,这样可以让广告公司更能专业化地从事广告活动。广告主因此可以将公司的广告业务全权交给广告公司来处理,既省事又能得到良好的产品宣传效果。再加上经过多年的发展,广告代理制内部已经形成了完善的体制结构,广告主不用担心被广告公司漫天要价、诈骗等情况,可以安心将广告资金投入到广告活动之中。

总的来说,专业性的广告公司可以凭借其专业的判断能力及成熟的运作体系帮助广告主少走弯路,更加客观、有效地向公众传递宣传产品的特质及广告主的品牌形象。

2.从广告公司角度看广告代理制的优势

广告公司在整个广告代理制中处于中间环节,它是连接广告主和广告媒介的桥梁。在广告代理活动中,由广告主根据自己的需求来选择联系广告公司,广告公司制作广告之后便通过广告媒介刊发传播。在这个过程中各个环节相互独立又各自相互联系,广告公司更是在其中起了双重代理的作用:一方面广告公司代理广告主,帮助其开展广告的宣传工作;另一方面广告公司代理广告媒介,帮助其寻求客户,扩宽其广告业务。正是三者之间如此紧密的联系,使得广告代理制能够发挥三者的优势,促进其相互发展,提升广告的专业性。

3.从广告媒介的角度看广告代理制的优势

我国的广播、电视、报纸等大众媒介都有政府管控,履行服务大众、传播信息的职责，是党和政府的喉舌。随着媒介体制的改革，大众媒介开始实行“事业单位，企业化管理”的二元政策，逐渐增强了自身的商业性，向商业化发展。为了增加自身收入，大众媒介都纷纷拓展自己的广告业务。广告代理制的推行能够帮助媒体寻找广告主，减轻了大众媒体创收盈利的压力，让其能够更好地服务大众生活。

实行广告代理制使得广告行业更具专业性，但是需要注意的是在我国实行的广告代理制还具备诸多的问题。诸如生搬硬套国外模式缺乏创新、相关法律体系不完善等问题都制约着我国广告行业的进一步发展。只有真正解决这些问题，发展出适合本国国情的广告代理制才真正能够让各方受益，实现良好的发展状态。

三、广告效果评估指标与监测方法

广告效果，是指“广告活动目的的实现程度，即广告信息在营销传播过程中引起的变化和产生的效果”①。按照时间划分，广告效果可以分为“瞬时效果”“近期效果”“远期效果”这三种类型。广告效果评估既是广告活动的最后一步，也是其中极为关键的一步，是监测评估广告是否成功的标尺。

通过对广告效果的评估，广告主可以清楚地了解自己投入广告的收益如何，产生了怎样的市场效果，也方便广告主安排后续的广告活动，进行产品的进一步推广。除此之外，广告效果评估也能监测出广告公司运营广告活动的能力，帮助广告公司调整工作策略。因此，对广告效果的评估是很重要的。

在对广告效果进行评估前，摆在面前的一个问题就是广告效果评估的范畴是什么。关于广告效果评估的范畴，业内依然存在着分歧。从不同的主体利益出发，不同的主体要求评估的范畴有所差异。广告主为了宣传推广公司产品而委托广告公司开展广告活动，所以应该以产品的销售额为指标来进行效果评估；广告公司则倾向于根据广告对受众产生的心理效果来评估广告效果。基于这种情况，本文将从“心理效果”“传播效果”“销售效果”三个方面来探究广告效果的评估指标。

1.心理效果的评估指标

心理效果指的是广告对受众的心理所产生的各种影响，它能反映出受

① 施琴.社会化媒体信息流广告研究——以微信朋友圈信息流广告为例[J].传媒,2015(17):66—68.

众对广告的注意力、印象及购买兴趣。心理效果的评估指标主要有吸引力、印象度、认知度、喜好度、购买意向度和购买行为度。这些指标按照广告对用户心理逐步影响的程度来评估广告产生的心理效果。通过对这些指标的测量来计算出广告的效果。

2.传播效果的评估指标

传播效果相较于心理效果来说更直观,也更容易做出评估。传播效果的评估主要是从大众对广告的"接触度"和"接触频率"来进行的。通过对这两个指标的测量来判断出广告在传播方面产生的效果。如果"接触度"和"接触频率"都高的话说明广告的传播效果好,反之则较差。

3.销售效果的评估指标

销售效果指的是产品因广告活动而发生的销售量及盈利额的变化。产品销售量的增加及企业盈利额度的提升无疑是广告主最希望看到的事,这也是广告主委托广告公司开展广告活动的直接原因。相对于前两种效果,销售效果可谓更加直观地检测出广告营销所产生的影响。销售效果的评估一般发生在广告活动之后,其评估指标主要有"广告费用""边际广告费用""广告效益""市场占有率""广告有效率"这几个指标。

第五节 广告媒介运作与价格策略

广告媒介俗称为宣传商品的物质手段或工具，是实现广告主与广告对象之间信息传递的载体，包括报纸、杂志、宣传单、电视、广播、霓虹灯、张贴栏、路牌、日历等传统广告媒介，也包含了承载于新媒体广告媒介中的植入式广告、二维码广告、隐形广告、内置广告等。广告媒介运作作为现代广告的重要策略之一，它与定位分析策略、创意策略、价格策略、文案策略一起，构成了广告传播活动的主体。一般来说，广告媒介运作可以参考两个执行角度，一是媒介传播范围的角度，二是营销价值的角度。根据广告客户的意愿、广告媒介的选择以及媒介运营的实际情况，对广告媒介进行运作和统筹，以此获得更高的商品利润。

一、广告媒介客户管理

广告媒介运作，讲究客户管理之道。《韦氏词典》里对“客户”的第一个释义是“在另一个人保护之下的人”，对“顾客”的第一个释义是“购买一种商品或服务的人”。[1]对比这两个词的定义，能够看出：客户和顾客的本质差异不在于服务的性质，而是服务提供者与服务使用者的关系，是负责照料和保护服务使用者的利益，还是只是把产品或服务卖给服务使用者。广告媒介与其服务对象的关系，是广告媒介与客户之间的关系。明确这一点，对广告媒介的客户关系的管理和维持至关重要。

1.广告媒介客户管理的原则

广告媒介客户管理的原则是以客户为中心，着力分析客户需求，区分其需求层次，这也是市场研究的核心问题。1954年，美国心理学家、“人本主义心理学之父”亚伯拉罕·哈罗德·马斯洛在其著作《动机与人格》中把需求按高低与先后次序排成阶梯式层次，由较低层次到较高层次排列为：生理、安全、归属与爱、尊重和自我实现等五大类需求。[2]基于此，可将客户的需求分

① 陈艳彩.广告客户管理[M]:厦门:厦门大学出版社,2009:2.

② [美]亚伯拉罕·马斯洛.动机与人格[M].许金声,等译.北京:华夏出版社,1987:40-54.

为以下三个阶段。

第一阶段,准确了解客户的需要层次,有助于广告媒介运营及相关服务的开发。我们知道,客户之间的社会、经济地位及思想意识都存在着较大差异,而分属不同阶层、不同集团的客户的需要也大不相同,只有依照差异分别提供差别化的产品和服务,才能保证广告媒介在客户竞争中占据主动。例如美国通用汽车公司,在广告媒介客户的选择上,为了区分美国社会不同阶层的需要,为富人阶层提供了可显示其多金身份地位的凯迪拉克轿车,为普通大众阶层则提供更为实惠的代步工具奥尔兹莫比汽车,以此抢占福特在美国的广大市场,成为汽车市场的霸主。第二阶段,区分客户的需要层次还不够,还必须准确地把握客户需要的变化。客户需要并非固定不变的,当较低层次的需求得到满足后,较高层次的需求便会出现。广告媒介在进行市场研究时应格外关注这一点,关注客户需求层次转换的方向、规模、速度,及时获得资料进行分析处理,以便进行市场决策。第三阶段,及时了解客户需求的发展动向,深入了解客户,提前做好准备,或直接刺激客户更高层次的需求,抢先开拓和占领市场,制定营销战略时切中客户的兴奋点,是广告媒介客户管理的关键。

因此,广告媒介企业应将整个媒介运营的核心集中到"满足客户需求"这一目标上来,谁赢得客户,谁就能生存。不应把广告客户管理作为应对行业竞争的权宜之计,应该把它作为中心任务和战略核心,长期关注。广告客户是广告经营企业一切战略和决策的中心,广告经营企业的一切活动都应围绕客户展开,广告经营企业的一切战略也应围绕获取更多的客户及更大的市场份额而制定。实施客户管理,广告经营企业可以迅速并深入地获得市场环境信息和客户需求变化信息,为其战略决策提供更详细和有价值的信息。

2.广告媒介客户管理的功能

越来越多的广告媒介意识到,密切而良好的客户关系是建立持久利润并保持竞争优势的有力武器。在实际运营中,可以从技术层面、营销层面和管理层面上分别来发掘其功能。总体说来,客户管理的功能主要体现在以下四个方面。

(1)实现客户资源的全面整合

最直接的功能是通过建立完善的客户服务体系,深入挖掘客户资源,针对广告客户的生命周期价值,对客户资源进行全面整合,不断创造新的盈利机遇，进而实现广告经营企业的经营目标。这种管理模式大大降低了广告经营企业的营销成本和管理成本，提高了广告经营企业营销、创意、财务、执行等各业务部门的运作效率，从而保证为广告客户提供优质高效的服务，保持和不断提升客户的满意度。

(2)确保业务流程的高效运转

客户管理能有效保障广告经营企业的业务流程科学有序地进行。通过高效的客户管理系统，客服部门能及时快速地处理各类问题，针对目标客户的问题进行实时反馈，同时根据客户需求的变化不断校正广告经营企业的营销战略目标；准确地向企业各个部门传达客户意见，协调各配合部门的关系，督促工作项目进度，确保工作质量，促使业务流程高效运转。

(3)建立创新的信息沟通渠道

市场调查是广告经营企业与客户进行沟通、获得市场信息和客户信息的主要渠道，但市场调查是非即时性的单向传播活动，缺乏反馈机制与衡量标准。客户管理为广告经营企业提供了与客户进行实时双向互动的平台，及时了解市场环境和客户需求的变化，及时了解客户资源信息，及时了解营销活动是否存在偏差，及时将现有进展和成果通报给对方。透过这个平台，广告经营企业可以更准确地了解客户潜在需求的变化，从而有针对性地制定相应的营销方案和战略目标，将变化的信息及时传递给客户，在平等双向的沟通中增强客户的信任和忠诚，提升客户价值。

(4)提供企业战略决策的信息资源

广告客户是广告经营企业一切战略和决策的中心，广告经营企业的一切活动都应围绕客户展开，广告经营企业的一切战略也应围绕获取更多的客户及更大的市场份额而制定。深入了解客户，制定营销战略是切中客户的兴奋点，是广告经营企业赢得客户的关键。实施客户管理，广告经营企业可以迅速并深入地获得市场环境信息和客户需求变化信息，为其战略决策提供更详细和有价值的信息。

因此，广告经营企业不应把广告客户管理作为应对行业竞争的权宜之计，应该把它作为中心任务和战略核心，长期关注。

二、广告媒介的选择

在现代广告中，媒介的选择余地越来越大，不同媒介具有不同的特性，为了达到广告客户预期的推广效果，在进行广告前期策划时，应依据众多媒介不同的特点选择最符合商品推广目标的广告内容，对相关方面可供挑选的媒介进行评估，如消费群体、产品定位等。值得注意的是，有时一种媒介可能无法完全达到预期的效果，需要通过多种媒介来传递不同的讯息，这就需要对广告媒介进行合理配置，以提高广告的传播效果。因此，在广告活动中，并不是在同一种媒介上传播的次数越多越高效，而是有必要为媒介组合找到一些科学的依据，这是广告媒介运营策略中的一个重要内容。

1.广告媒介选择的评价标准

(1)广告媒介的成本。传统媒介通常按照“收视率成本”这一指标来计算费用，即指广告分发给每一位受众获得的一次收视所需要的费用。基于互联网新生的新媒体则趋向按照“千人成本”这一指标来计算费用，即指广告分发1000位受众的费用，这两者都以广告媒介所覆盖的受众总量、媒介的收视率、到达率为基础。

(2)广告媒介与营销策略、广告策略的配合程度。由于不同产品有其不同的营销策略，而同一产品处于宣传推广的不同阶段也会有不同的广告策略，所以广告媒介的选择应尽可能做到与商品的营销策略和广告策略最大限度地吻合。如新媒体媒介中的短视频抖音与快手，二者的主要用户群体分别面向一二线城市和三四线城市，其中投放的广告类型也分别为数码、时装等享受型产品和农副食品等实用型产品。

(3)广告媒介的属性、风格。毫无疑问，除了广告商品有不同的类型之外，不同的广告媒介也会有不同的定位、属性和风格，每一个优秀的广告媒介都有自身明确的目标群，能受到该群体的喜爱，同时这些媒介也具有或活跃，或轻松，或严肃，或刻板的风格。广告创作活动中所采用的媒介类型，决定着商品能否收到其理想的经济效益。

2.媒介组合应注意的问题

(1)媒介组合应以扩大广告的受众总量为准。现实情况中，广告媒介的受众群体与广告的诉求对象不可能完全重合，而没有被包含的那部分受众，就有必要通过其他广告媒介去触及。同时，通过不同媒介传播的广告在内容上也应当相互补充，使受众对广告信息有更加清晰且全面的了解，以增加广告的诉求效果。

(2)媒介组合应有助于对广告进行适当的重复。传播学中提出文化传播有说服的能力，即指通过重复传播，对受众的心理产生影响，激起兴趣和购买欲望等,因此广告需要在不同场合频繁出现,增强商品在受众心中出现的“存在感”。为了达到这一效果,需要多种媒介的配合来延长受众对商品的关注时间,一般说来,可以以某一种媒介为主,以其他费用低廉的媒介为辅,以补充广告商品展露的次数。

(3)媒介组合应在周期上有所配合。根据不同媒介的传播特性,广告传播呈现出不同的时间特性,如在传统媒介中,电视广告时间短,广告画面稍纵即逝,而报纸广告时间则相对较长,因此为了延续广告可产生作用的时间,要注意不同媒介在周期上的配合。如以电视媒介做集中的发布,以报纸媒介做持续的发布。

三、媒介广告经营的价格策略

媒介广告作为一种以营利为目的的商业行为,包含了广告客户、广告公司、搭载媒体和消费者等四大主体,凝结了多方智力的创造性劳动。历史上媒介广告的价格策略经过了多种变迁。以电视广告定价为例,20世纪70年代以来电视广告经历了“经验定价”“市场导向定价”“竞争导向定价”“收视率指标定价”等多种定价方式的转变,这些转变也体现出我国媒介广告经营定价策略的发展。

随着新媒体时代的到来,以广播、电视、报纸等传统媒介向大众传播广告信息的市场已经呈现疲惫状态,越来越多的广告人相信,缺乏互联网技术助力的传统媒体的发展会逐渐受限,而以移动网络为依托、以移动智能设备为终端构建而成的媒体服务网络,将成为媒介广告传播的未来经营模式,与之相适应的媒介广告经营价格策略就显得尤为重要。

1.以收看率为依据的价格策略

本书中的收看率,是指在固定的一段时间内,统计受众观看特定内容的数据。收看率有别于收视率,收视率一般指电视媒介,而收看率泛指一切媒介内容阅读的统计数据。收看率直接反映接收广告信息传播的受众数量,对广告产生的效果有直接而重要的影响,直接决定广告主选择诉求的范围,形成不同媒介平台、不同媒介内容、不同时段之间的价格差异。比如:

电视媒介,影响收视率的因素主要是时段和受众。黄金时段和知名栏目往往是广告主们竞价的重点。按人们的日常生活习惯“黄金时段”有大致两个,中午12:00—13:30和晚上18:00—22:00,该时间段收视人数较多,广告价格随之上涨。而“知名栏目”如央视《新闻联播》相关时段的广告，常常拍出天价。现今，热门的网络综艺《奇葩说》《吐槽大会》《明星大侦探》，大流量自媒体、公众号、主播，热门直播平台，都因其各自超强的吸粉能力、收看率成为广告主们追逐的热点。

2.以广告时长为依据的价格策略

广告时长，是指一段广告一次播出所占用的时间长度，是广告定价的直接依据，广告占用时间越长，广告定价越高。目前，各媒介平台所设置的广告时长一般为5秒、10秒、15秒、20秒、25秒及30秒等。央视一套2019年广告价目表显示，以《新闻30分》栏目为例，上述六个时长所有广告时段的一天价格分别为52,500元、79,200元、99,000元、134,600元、158,400元及178,200元。由此可见，广告时长与广告定价是成正相关关系的。在网络视频平台、自媒体、直播平台中，广告时长同样阐释着“时间便是金钱”这一道理。

3.以广告性质为依据的价格策略

从性质上来讲，各媒介平台的广告可以分为商业广告和公益广告。商业广告是以传递商品的信息为第一要义，是为了诱导消费者关注、开拓新市场、获取更大商业利益而制作的广告。公益广告则是以为社会公众谋取利益和提高福利待遇为目的而设计制作的广告，它不以营利为目的，是政府、企业或社会团体向观众阐释它对社会的责任和功能，以向社会公众传达一种美好、高尚的观念，以提高全民族的整体素质，从而获取良好的社会效益。①

商业广告是电视台收入的主要来源，达到广告总量的95%以上。各媒介平台在对商业广告进行定价时的价格策略，往往是在广告主能够接受的最大范围内尽可能地抬高广告价格。但对于公益广告，大多数媒介平台则选择免费甚至亏本投放，虽然也有部分媒介平台对公益广告收费，但是价格往往都比较低，这不仅是因为投放公益广告所产生的社会效益，还因为投放公益广告能为媒介平台自身带来较好的声誉。

4.以媒体品牌和频道特色为依据的价格策略

所谓品牌形象，是指该品牌在市场上及社会公众心中所展现出的个性特征，是存在于消费者脑中的概念和图像集群，是消费者对于品牌态度和知识的总和。各媒介平台的品牌形象能给自身的广告价格带来附加增值，各

① 黎泽潮.商业广告与公益广告的区别与互补[M].中国广告，2006(3):62—65.

媒介平台的品牌频道和特色是制定广告价格的重要依据。在品牌形象较好的媒介平台上投放广告，受众会下意识地将相关媒介平台的形象折射在广告产品上，使得该产品在社会公众中的认可度和接受度提高，从而达到广告主理想的效果。因此，在广告定价时，需要对各媒介平台的品牌形象和特色频道进行量化，如通过品牌满意度、知名度、忠诚度等可量化的指标来对其进行衡量。

小结

本章我们重点介绍了中国媒介广告市场的现状和广告伦理、法规等，这是自广告作为媒介产品以来形成的一套标准和趋势。但是，针对当下媒介广告，作为学生我们还应该关注到基于大数据和人工智能等广告发布的手段为广告精准传播赋能，这些新的技术为中国广告市场的稳定健康发展起到积极作用，希望同学们课后通过各种渠道搜集、分析、研究、整理新型广告的手段和形态，进一步丰富视野。

第十章

媒介渠道管理

新媒体发展至今，一个最突出的变化就是媒介产品化，比如说，今日头条作为一个有影响力的信息平台的快速崛起。传统媒体曾经依赖的是垄断性渠道，换句话说，就是这种渠道是无可替代的，具有统一性。而新媒体的渠道则是多样化的、分散的、可再生的。与此同时，日新月异的技术主导了介质产品化，使得渠道和介质的边界变得越来越模糊。正是在此基础上，场景变成了人类社会无处不在的一种虚拟产品。

第一节　媒介渠道的定义和功能

媒介渠道，即媒体内容在从内容制作方向受众转移的过程中，所依赖的载体和路径。媒介渠道有两层含义：一是指传递信息的载体，如电话、计算机及网络、报纸、广播、电视等与传播技术有关的媒体；二是指从事信息的采集、选择、加工、制作和传输的组织或机构，如报社、电台和电视台等。

一方面，作为技术手段的媒介载体的发达程度如何决定着社会传播的速度、范围和效率；另一方面，作为媒介组织机构的制度、所有制关系、意识形态和文化背景如何，决定着社会传播的内容和倾向性。

一、概念

1.概念定义

传统意义上的媒介渠道是报纸、杂志、电视、广播四大类；按照媒体的性质又可以将其分为纸媒、电子媒体和第五媒体。其中，纸媒又分为信件、书籍、报纸、杂志、广告册等，电子媒体可以分为电视、广播、网络、数字产品；第五媒体分为手机、小灵通、无线网络、便携网络。

2.界定

鉴于媒介内容在存在形态上与普通消费产品的差异，媒介渠道既包括承载和传递非实体内容产品的技术介质（互联网），又包括传递和分销实体媒体产品的销售路径（报亭）。图10-1为跨媒介传播关系。

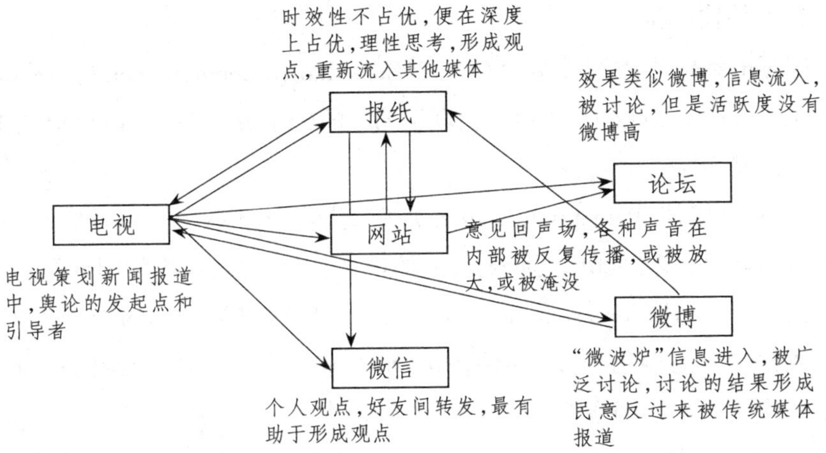

图10-1　跨媒介传播关系

3.媒介渠道有别于传播渠道

英语"Channel"(渠道)一词，原意是指航道、水道、途径、通路、门径、渠道等。在传播学中，它是指传播过程中传受双方沟通和交流信息的各种通道，如人际传播渠道、组织传播渠道、大众传播渠道。不同的传播渠道需用不同的媒介渠道相配合，而不同的媒介渠道又对不同的传播渠道进行定型。例如，人际传播渠道是人与人面对面的交流，决定了只能使用人体器官媒介(如发射媒介——嘴，接收媒介——耳)和空气媒介。但是，信息一旦通过广播、电视传播等媒介渠道，就又是大众传播渠道了。人际传播媒介可以随意进入各种媒介渠道，并与其间的特定媒介渠道配合使用，而不会改变其媒介渠道形态，但大众传播媒介则完全不同。可见，媒介渠道并不等于传播渠道。

二、媒介渠道的功能

媒介渠道让我们看到了丰富的世界，也颠覆了我们之前对媒介的认知，在我们的印象里，媒介一直都在生产内容产品，很少有人会想到有一天媒介本身也可以变成一种产品。从传播学的意义上来研究媒介渠道的转变，通过媒介渠道，媒介生产和媒介消费的界限变得模糊了，信息传播者和信息接受者的关系变得越来越近了，技术和商业的结合变得越来越紧密了。媒介渠道让我们见证了另一种形态的媒介化社会。

媒体渠道既是一种载体，又是一种产品，既具备工具化功能，又具备社会化功能。

1.工具化功能

国际电话电报咨询委员会CCITT(Consultative Committee on International Telephone and Telegraph,国际电信联盟ITU的一个分会)把媒体渠道的工具化功能分成5类:

(1)感觉媒体(Perception Medium):指直接作用于人的感觉器官,使人产生直接感觉的媒体。如引起听觉反应的声音,引起视觉反应的图像等;

(2)表示媒体(representation Medium):指传输感觉媒体的中介媒体,即用于数据交换的编码。如图像编码(JPEG、MPEG等)、文本编码(ASCII码、GB2312等)和声音编码等;

(3)表现媒体(Presentation Medium):指进行信息输入和输出的媒体。如键盘、鼠标、扫描仪、话筒、摄像机等为输入媒体;显示器、打印机、喇叭等为输出媒体;

(4)存储媒体(Storage Medium):指用于存储表示媒体的物理介质。如硬盘、软盘、磁盘、光盘、ROM及RAM等;

(5)传输媒体(Transmission Medium):指传输表示媒体的物理介质。如电缆、光缆等。

我们通常所说的"媒体"(Media)包括其中的两点含义。一是指信息的物理载体(即存储和传递信息的实体),如书本、挂图、磁盘、光盘、磁带以及相关的播放设备等;另一层含义是指信息的表现形式(或者说传播形式),如文字、声音、图像、动画等。多媒体计算机中所说的媒体,是指后者而言,即计算机不仅能处理文字、数值之类的信息,而且还能处理声音、图形、电视图像等各种不同形式的信息。这些都属于媒介渠道的范围。

2.社会化功能

媒介渠道一直在政府和社会组织进行社会管理的过程中起着十分重要的作用,发挥着信息传递、教育、舆论监督、引导舆论等重要功能。

(1)媒介渠道在社会管理中的传统地位

作为传播学四大奠基人之一的美国政治学家哈罗德·拉斯韦尔在其1948年发表的《传播在社会中的结构与功能》一文中,最早以建立模型的方式对传播的过程进行分析,提出了著名的五个"W"模式:谁(Who)→说什么(Says What)→通过什么渠道(In Which Channel)→对谁(To whom)→取得什么效果(With what effects)。

按照传统的观念,社会管理只是政府的职责,媒介渠道和群众并不被认为是社会管理的参与者与主体，而是认为，媒介渠道是社会管理的工具，群众则是社会管理的对象。因此媒介渠道在社会管理中的角色可以用5个“W”模式来展示。也即是说，政府、社会组织等社会管理的主体，选取媒体作为渠道将事物和观念传递给民众，通过告知、教育等手段达到管理社会的目的。

(2)**传播的功能**

拉斯韦尔在《传播在社会中的结构与功能》一文中，还提出了传播的三大功能：一是环境监视功能，在自然和社会都处在不断的变化和发展的情况下，人类必须了解并适应这些变化和发展，才能让自身适应并生存下去，大众传播媒介在社会发展的过程中就扮演了“瞭望者”的角色；二是社会协调功能，社会是一个建立在不同分工基础上的有机体，社会各组成部分之间的协调发展才是保证整个社会和谐、稳定的基础，而大众传播正是执行联络、沟通、协调社会各组成部分的重要角色；三是社会遗产继承功能，人类社会的发展与进步是建立在对历史遗产的继承和创新基础上的。我们只有将前人的智慧、知识、经验加以记录、整理、保存并传给后代，才能使后人在前人留下的已有基础上进一步发展乃至创造。因此可以说，媒介渠道是社会历史遗产能够代代相传的最为重要的保障之一。查尔斯·赖特在拉斯韦尔的“三功能说”的基础上新增了一个功能，即提供娱乐功能。他认为大众传播中的内容并不都是务实的，它的一项重要功能是提供娱乐，尤其在电视媒体中。

(3)**媒体在社会管理中的功能**

正如上文所提到的，媒介渠道是政府和社会组织在实施社会管理中最为重要的工具和手段之一，其功能体现在如下几个方面：

①信息传递功能

信息传递是媒体的首要功能。自然与社会都处在不断的变化中，人们需要时刻掌握外部环境的最新信息，才能更好地生存、生活和发展，也就是说人们对信息有着连续的需求。而在这种情况下，大众传播媒体凭借其专业的人员、设备、技术，能够对社会资源进行整合，对信息进行大规模的搜集、整理、分析、加工和传递，能够满足人们对于信息的需求。

②教育功能

拉斯韦尔曾提出的社会遗产继承功能，也就是施拉姆所总结的传播功能里的教育功能。大众传播媒体的受众多，可抵达的范围广，理所应当地承担起了教育大众的职责。这种教育功能不是一个短期的即时的针对某特定事物或者信息的教育，而是一个较为长期的持续性的带有涵化色彩的潜移默化的功能。其理论基础是社会学习理论。在媒体的范畴里说，媒体上所呈现的事物即是学习理论中所说的“内容”，受众在学习的过程中就会自觉不自觉地模仿这种行为，那么这就构成了教育的一种重要形态——媒介教育。媒介教育同样具备社会管理的作用，其中必要的前提是媒介上所呈现的是有助于社会管理的内容。

③舆论监督功能

可以说舆论监督是媒介渠道与生俱来的职能。在社会管理的过程中，媒体通过履行舆论监督的职能，引导社会热点，保障人民监督权，是媒介渠道特别是各级党报发挥作用的重要空间。舆论监督的深度和广度，一定程度上也是媒体公信力、影响力、生命力的重要指征。舆论监督从时间顺序上来说分为三个阶段：事前监督、事中监督、事后监督。事前监督，指的是媒介渠道在事件发生前以建设性的态度为决策机构提供意见参考，履行预警的职责，防患于未然；事中监督，指的是在事件发生发展的过程中，媒体及时介入、迅速跟进，以最快的速度发布专业权威的信息，起到监督的作用；事后监督，指的是在事件完结之后，进行反思，思考原因，为以后提供参考，媒体的这种公共性质的反思对于政府和社会组织在之后的决策可以提供强有力的参考。

④引导舆论功能

我国的现代报刊源起于党报，而党报在产生之初的目的更多的不是为了信息的传递，而是观点的宣传和交锋。“议程设置理论”可以很好地阐释媒介渠道的舆论引导功能。第一，新闻传媒突出了一些事件、行为、群体、个人等。不同的焦点问题需要不同数量、不同种类的新闻报道予以关注，这些共同的焦点影响了人们想什么或者谈论什么。第二，作为关注焦点的客体仍然需要进行设计。它必须代表一些问题或者一些关注点。第三，赋予新闻事件一定的象征意义，使其成为公认的政治观点的一部分。有时还会涉及利益整合问题，因为具体报道的划分界限不总是与有组织的政体之间或者其他团体之间的划分界限相一致。第四，新闻发布者还必须对这些事件进行包装，新闻事件的效力很大程度上来源于他们引起公众注意的能力。

总之，要想更好地发挥媒介渠道在社会管理中的作用，首先，需要规范立法和监管，为媒介渠道的良好运行发挥营造健康和谐的外部环境和制度支撑；其次，设立传媒职业准入制，提高传媒从业人员的专业素养和职业道德水平；然后，将市场化和社会效益有机结合起来，一定不可偏废媒介渠道的社会效益；最后，应该大力加强对公民的媒介素养教育，提高全民的媒介素养。

第二节 媒介渠道的划分

根据中间商介入的层次，本书将媒介渠道按媒体推广常见的九类媒介渠道，划分为层次不同、重要性不同的三大阵营，并对每类媒介渠道的运用方式进行介绍。

一、品牌渠道

品牌渠道包括：直播平台、音频平台、视频平台。娱乐化与多媒体化是营销推广大趋势，这三类新媒体平台是各大企业的强化阵地。

1.直播平台

网络直播最大的特点即是，直观性和即时互动性，代入感强。当网络直播与互联网金融结合，网络直播便在信息披露，用户沟通，宣传获客等方面大展身手。直播平台的具体玩法如下：

(1)信息披露直播

相较于传统的公司实地考察、开展座谈会、举办客户答谢会等信息披露形式，通过网络直播做信息披露，可以超越地域的限制。

(2)品牌宣传直播

如产品发布会直播、平台融资发布会直播、公司乔迁直播、成交额破亿庆功会直播、公司高管关于监管暂行办法的主题直播等等。

(3)网红代言直播

通过网红主播在直播中的推荐，或是人气主播直播理财内容，从直播平台中吸引用户。

(4)客服沟通直播

网络直播最大的特点是，直观性和即时互动性，代入感强。让企业和用户之间能够“面对面”地及时交流沟通。

(5)娱乐活动直播

平台可借势节日或者社会热点，发起线下活动，线上直播，让用户与品牌“玩”在一起。

(6)线下互动+线上直播整合传播

与微博、微信类似,网络直播依然是一种新媒体媒介。一场好的传播战役,需充分发挥各个媒体渠道的优势,综合运用线上线下传播资源。

2.视频平台

视频平台包括传统的电视视频平台和新媒体视频平台。2016年,视频内容正经历着前所未有的增长,而视频内容的增长还未到达顶峰。根据有关数据统计,2017年有69%的互联网流量都来源于视频消费。

如今,许多的品牌主也开始其视频内容的战略布局,这主要包括:品牌介绍、品牌宣传、产品促销、增加用户触达、促进用户参与度、业务推广。就各行业而言,视频营销的方式如下:

(1)短视频大号之贴片广告

通常在短视频大号所制作视频前后加上贴片广告。

(2)短视频大号之内容营销

内容营销显然不是传统的广告植入,内容营销是产品或产品包装成内容,内容即广告这种原生广告形式,才是未来的趋势。

(3)短视频活动营销

可基于短视频平台开展营销活动,如有奖视频创作大赛,用10秒视频说明平台是最优质的产品,鼓励网友原创并分享。

(4)拍摄平台短片解答客户疑问

用户对平台的信任来自深度了解,制作短片,介绍产品的资质证明、风控措施、管理团队等信息。

(5)将产品制作过程整合成视觉展示

以车贷P2P为例,可用短视频展示标的背后的业务操作流程,诸如资料受理、贷款初审、五级审批、合同签订、车管所办理抵押登记、安装GPS、保险、GPS信息录入与核查、放款、纸质资料归档、贷后管理等环节,让标的更加透明。

(6)展现品牌文化

短视频平台提供了一个充分展示品牌文化和特点的机会,可拍摄制作公司团建活动视频、节日员工采访视频等。

3.音频平台

相比过度开发的开屏(视觉)广告,音频的闭屏特点可以更有效地让品牌信息触达用户，这是音频营销的关键点。

音频另外一个特点就是伴随式，相比视频、文字等其他媒体，音频具有独特的伴随属性，不需要占用双眼，因此能在各类生活场景中发挥最大效用。音频平台也包括传统的广播音频平台和新媒体音频平台。音频平台营销方式如下：

（1）音频内容中植入广告

选取目标受众集中的音频节目进行广告植入。

（2）搭建音频自媒体

品牌直接进入音频平台，建立自己的音频自媒体，互联网金融品牌PPmoney便与喜马拉雅联合出品了《PP理财时间》。

（3）策划定制专题节目

往往根据产品和产品特点，与特定主播合作定制节目，通过设定粉丝特权加速营销转化。

品牌渠道是商业社会中企业价值的延续，在当前品牌先导的商业模式中，品牌渠道意味着商品定位、经营模式、消费族群和利润回报。名牌渠道，当然可以带动商机，显示出消费者自身身份的同时，也无形中提高了商家的品位，好让更多的高层次消费者进行选择。

二、冷启动渠道

“冷启动”顾名思义，就是将一个在市场上处于静止无闻状态的产品线进行预热，使之进入一个随时可以快速启动的状态，为后续的爆发式扩张打基础。举一个大家熟知的例子，在冷天开车，我们都需要对发动机进行一段时间的预热，这样车子开起来才顺畅。冷启动的意思也就是说你要投入营销资源去启动这个产品的“发动机”。冷启动渠道善于运用免费渠道，如微信平台、新浪微博平台、问答平台、百科平台等渠道。

1.微信平台

微信活跃用户超过6.5亿，巨大的用户群体，就像一座巨大的富矿，引来众多淘金者。具体而言，在微信平台上，企业常用的新媒体工具和资源包括：微信公众平台、微信个人号、微信群、微信广告资源。

（1）微信公众平台的功能定位

①移动端的入口

以网贷行业为例，移动端在成交量和用户增长量上，均已超越了PC端，发挥微信公众号移动端入口功能，让用户打开网贷平台企业微信公众号便可完成登录、注册、投资等操作流程。

②移动端的用户服务基地

以网贷行业为例，可提供诸如：在线客服、微信免登陆、专属理财顾问、一键账户查询、投资计算器等功能，为互联网金融用户提供更佳的服务体验。

③用户拉新

通过优质内容生产（如：朋友圈疯传的创意H5），推出微信营销活动，利用社会化媒体的自传播性，通过网友的转发分享，实现品牌传播和用户拉新。

④用户转化

通过开展微信营销活动（如：微信粉丝投资送红包），将微信公众号粉丝转化为平台投资用户，提高单个用户投资额。

⑤用户活跃和留存

通过微社区搭建运营、开展用户运营活动（如：每日微信打卡）等形式，强化用户互动，提高用户黏性。

⑥信息披露

互联网金融平台开展信息披露既是法律法规的要求，也是增强用户信任的有效方式，微信公众号是信息披露的重要途径。

（2）微信个人号的功能定位

客户服务工具。微信订阅号打开率低，互动形式受到限制；微信服务号，互动形式和消息推送频次均受到限制。企业微信个人号添加用户为好友，互动形式更为多样，能够为用户创造更佳的服务体验。

（3）微信群的功能定位

用户社群运营和客户服务的载体。相比QQ群，微信群作为用户社群运营平台，不足在于：功能较少，社群管理较为困难；优势在于：用户打开频次更高，用户体验更佳。

（4）微信广告资源

①微信朋友圈广告

按效果付费，微信系统广告，可根据手机类型、年龄、城市和兴趣表情对目标人群进行匹配。

②广点通广告

按效果付费，微信系统广告，也就是微信公众号末尾的Banner广告。

③微信大号广告之软文广告

常见于“成都生活”、“罗辑思维”等优质公众号，以内容、观点叙事为主，培养受众的产品价值认同，更乐意被粉丝授受。

④微信大号广告之硬广文章

优点是简单粗暴，坏处是阅读体验和转发率差，如p2p推广的文章《再见，余额宝》。

⑤微信大号广告之视频贴片

因为是“口播+品牌”露出，因此效果较好，但要考虑到合作周期和价格。

⑥其他旁门左道

诸如：文章赞赏、昵称广告。（虽有效果，但容易遭到用户厌恶，一般不采用）

2.新浪微博平台

近两年，有观点认为微博活跃度下降了，“周边的好多人都玩微信，都不怎么玩微博了”，这不过是假象。

一方面，微博和微信本就不同，微博是社交媒体，微信是社交IM。另一方面，持微博活跃度下降观点的人，忽略了中国互联网的分层和渗透速度。根据微博财报，自上市以来，微博活跃用户连续九个季度保持30%以上的增长。微博和微信各有其优劣势。

具体而言，在微博平台上，企业常用的新媒体工具和资源包括：微博企业自媒体和微博广告资源。

（1）微博企业自媒体功能定位

①用户拉新

微博作为社交媒体，基于其社会化自传播特性，传播速度极快，因此，微博往往是品牌话题营销和事件营销的绝佳载体，快速拉升品牌声量。

②用户活跃和留存

品牌与用户的互动，通过微博提供增值服务，提升用户对互联网金融平台的满意度，提升用户黏性。

③信息披露

互联网金融平台开展信息披露既是法律法规的要求，也是增强用户信任的有效方式，企业微博是信息披露的重要途径。

（2）微博广告资源

①粉丝通广告

按效果付费，新浪微博系统广告，可根据手机类型、年龄、城市和兴趣表情对目标人群进行匹配。

②微博大号广告之软文广告

利用微博大号做推广，看重的不仅是大号的流量资源，还有大号的信任背书效果。

③微博大号广告之硬广

部分微博大号拒绝接受互联网金融硬广。

3.问答平台（知乎、分答、百度问答、360问答）

常用于新媒体推广的问答平台有知乎、分答、百度问答和360问答。百度问答、360问答被运用于网络推广已久，知乎和分答出现时间虽晚，但营销势能十足。问答平台的功能定位如下：

（1）**辅助**SEO

由于问答类平台权重通常都比较高，所以比较容易在搜索引擎中获得比较好的排名。

（2）**流量渠道**

一方面，通过问答推广吸引来的用户，精准度比较高。另一方面，由于问答是“网友与网友之间的观点与经验交流”，信息可信度更高，容易形成用户口碑。

4.百科平台（百度百科、360百科、互动百科）

常用于新媒体推广的百科平台有百度百科、360百科、互动百科。百科平台是新媒体中的旧媒体，但它的江湖地位依然不可撼动，百科平台的功能定位如下：

（1）**辅助**SEO

由于百科类平台权重都比较高，所以比较容易在搜索引擎中获得比较好的排名。

（2）**提供信任背书**

金融的本质即信任和风险，百科类平台可以为互联网金融平台在一定程度上提供信任背书。

冷启动渠道虽然在短期内花费了较多的预算，但是却大幅降低了获取同样数量用户的成本，同时迅速提升了产品的知名度。综合考量，冷启动渠道是一种非常有效且性价比高的推广方法。

三、聚量渠道

聚量渠道顾名思义就是聚集力量。实际工作中，每一个渠道成员都有各种渠道力，只是各种力量大小不同而已，配合在一起形成一个综合的渠道，综合渠道最强的就成为聚量渠道，即使是不起眼的渠道成员，也在采用有关的影响力，试图对其他成员、渠道产生影响。

聚量渠道包括：自媒体平台（除微信公众平台之外）和论坛平台。这两类平台，就产品而言，营销/运营工作投入产出比相对较低，这两类渠道可作为大中型企业产品的占位型阵地。

1. 自媒体平台（不包括微信公众平台）

这里的自媒体平台包括：QQ公众平台、UC自媒体平台、简书、头条号、企鹅媒体平台、搜狐公众平台、一点号、百家号、网易号、凤凰媒体平台等等。

这些平台影响力和用户量均不及微信公众平台，但它们却又是企业不可忽视的自媒体平台，入驻这些自媒体平台的目的如下：

（1）用更大范围的曝光提高品牌的知名度

不少自媒体平台往往依托于新闻客户端或门户网站等自有生态体系，具有庞大的流量基础。不少自媒体平台也是搜索引擎的信息源，不仅可以分一杯搜索流量的羹，也是品牌公关新渠道。有些自媒体平台也会对优质内容进行推荐展示。因此，这些自媒体平台往往能够给自媒体账号带去可观的流量曝光，并且较容易在平台上培养一批忠实的粉丝。

（2）新阵地占位

自媒体平台格局变迁，提前占位，不错过机会。

2. 论坛平台（百度贴吧、豆瓣、金融&理财论坛）

鉴于百度贴吧的高人气和百度作为中国最大的搜索引擎的特殊性，百度贴吧依然有一定的营销价值。豆瓣是文青的天堂，与互联网企业的目标客户有一定出入，但依然不可否认其新媒体江湖地位。它们的功能定位如下：

（1）辅助SEO

以豆瓣网为例，豆瓣网有两个排名和收录都很好应用，一个是豆瓣日志，一个是豆瓣小组发帖。豆瓣做的内容被搜索引擎收录后，只要是关键词拿得准，精准的自然流量慢慢就会多起来。

(2)**用户社群运营**

百度官方吧可用于用户社群运营,百度贴吧的优势是“社群容纳感”较强,用户与用户之间的交互,让用户寻找到社群的归属感。

(3)**培养意见领袖塑造(网红)**

培养意见领袖或塑造网红是一个收效比较慢的营销方式。

(4)**发帖推广**

发帖推广难度越来越大,因此,对于发帖板块选择、发帖内容、发帖方式都提出了非常高的要求。

总之,媒介渠道的细化有利于降低成本,提高效益。因为在同一销售过程中,由不同媒介渠道来承担销售过程中的不同职能,可使企业获得更多利润。

第三节 渠道数据反馈及分析

媒介渠道数据是渠道价值中含金量最高的指标之一，不仅反映了产品在受众中的口碑，而且直接关系到产品的经济效益和广告价值，受到大家的高度关注。一直以来，媒介渠道数据的反馈、分析和预测是社会各界关注的热点，分析和预测的方法众多，常用的分析和预测方法包括回归分析、ARMA模型、人工神经网络、决策树算法、支持向量机等，在媒介渠道数据反馈、分析和预测过程中常常会借助于SPSS软件、EViews软件、Matlab软件、R软件等工具进行分析。

一、分析方法

1.回归分析

回归分析是研究变量之间相互关系的方法，在很多领域应用广泛。根据变量的数量和相互关系，可以分为一元线性回归、多元线性回归和非线性回归等。线性回归模型的一般形式为：$y=\beta 0+\beta 1x_1+\beta 2x_2+\beta p x_p+\varepsilon$，最简单的线性回归模型的一般形式为：$y=\beta 0+\beta 1x+\varepsilon$。线性回归模型是早期比较常用的电视媒介收视率预测方法，现在已经渐渐被其他的分析方法所取代。

2.ARMA模型

ARMA模型是自回归移动平均（Auto-regressive moving average）模型的简称，记为ARMA（p,q），是由美国的Box和英国的Jenkins共同创立的一种随机时间序列预测方法，也称为B-J法，在短期预测方面具有较好的精度。其基本思想是应用数学模型对时间序列进行近似描述，通过对该模型进行分析，认识时间序列的结构和特征，达到最小方差意义下的最优预测。ARMA模型只适用于平稳时间序列，对于表现为趋势性和季节性的时间序列应进行改进，其实质是通过差分过程把非平稳时间序列转换成平稳时间序列后，再应用ARMA模型进行分析和预测。

（1）ARIMA模型

ARIMA模型是求和自回归移动平均模型的简称，记为ARIMA（p，d，q），是差分与ARMA模型的结合。其建模过程包括模型识别阶段、参数估计阶段、模型检验阶段、预测应用阶段等。ARIMA模型对于短期预测具有较高的精度，随着预测时间的延后，精度会逐渐下降。

（2）乘积季节模型

在时间序列模型中，有的序列含有季节变动规律，可以通过建立季节模型进行预测。乘积季节模型是随机季节模型和ARIMA模型的结合，由于受到周末、节假日等因素影响，媒介渠道数据收视率具有明显的季节特征，故采用季节模型进行媒介渠道数据收视率预测较为常见，或者在应用其他模型时考虑季节因素影响进行分析。

3.人工神经网络

人工神经网络又称为神经元网络，具有特有的非线性适应性信息处理能力，能够自适应样本数据，在模式识别、智能控制、预测和管理等方面应用广泛。

（1）BP神经网络

BP（Back Propagation）神经网络实质是求解误差函数的最小值问题，通常由一个输入层、若干个隐含层和一个输出层组成，每层具有多个神经元，在网络中的学习过程是不断修正权系数的过程，以使得网络的实际输出值与期望输出值误差均方值最小。当网络的均方差误差低于给定值时，表明对给定训练集学习已经满足要求。

（2）RBF神经网络

RBF（Radial Basis Function）神经网络是一种局部逼近的神经网络，由一个输入层、一个隐含层和一个输出层组成，其基本思想是用RBF作为隐单元的“基”构成隐含层空间，将输入矢量不通过权连接，而是直接映射到隐空间上。RBF神经网络在逼近能力、分类能力和学习速度等方面有较好的表现。RBF神经网络能够无限逼近最佳函数值，不易出现局部最优问题，训练速度快，具有较高的预测精度，能够很好地解决电视收视率的非线性预测问题，具有一定的现实意义。

4.决策树算法

决策树是常用的数据挖掘方法，是根据若干输入变量的值构造出一个相适应的模型，来预测输出变量的值，常以树形结构呈现，具有简单直观、解读性强的特点。常用的决策树算法有ID3、C4.5、C5.0等。可以采用决策树算法进行收视率预测，进而得出具有一定参考价值的结论，但其具有易产生过拟合现象、只能给出0/1两态值等的缺点，可以考虑把该算法与人工神经网络等方法相结合，有助于得到更接近实际的结果。

5. 支持向量机

SVM是支出向量机（Sport Vector Machine）的简称，其基本思想是找到一个超平面，使得它能够尽可能多地将两类数据点分开，使得分开的两类数据点距离分类面最远。支持向量机参数模型主要着眼于利用启发式算法对特征选取、参数选择等问题进行优化，需要耗费较大的计算资源，如果引入其他算法，如改进P-SVM模型，可以提升预测精度，减少参数调整过程的运算时间，更具准确性和参考价值。支持向量机在模式识别方面广泛应用。

二、媒介渠道数据分析软件

常用进行电视收视率分析的软件主要有SPSS软件、EViews软件、Matlab软件、R软件等。

1.SPSS软件

SPSS是Statistical Package for the Social Sciences的简称，是最早的统计分析软件之一，在调查统计、市场研究、数据分析中应用广泛。其基本功能有数据管理、统计分析、图表分析、输出管理等，包括描述统计、列联表分析、总体的均值比较、相关分析、回归模型分析、聚类分析、主成分分析、时间序列分析、非参数检验等多个大类，每个大类中包含多种统计分析方法。在电视收视率分析中，当采用回归分析、聚类分析、ARIMA等时间序列分析时，常常采用SPSS软件进行分析。

2.EViews软件

EViews是Econometrics Views的简称，是专门从事数据分析、回归分析和预测的计算机软件，具有操作简便、界面友好、功能强大的特点，在数据分析、经济预测、成本分析等方面应用广泛。EViews软件是最流行的数据分析工具之一，许多高等学校开设有相应的课程，常常被用来进行包括描述统计分析、回归分析、时间序列分析、动态分析、面板数据模型等。在电视收视率分析中，当采用趋势模型、季节模型、ARMA模型、ARCH类模型时，经常采用EViews软件进行分析。

3.Matlab软件

Matlab是矩阵实验室（Matrix Laboratory）的简称，是一款优秀的数学软件，在数据建模方面应用广泛，具有数据处理、图形绘制、建议预测等多种功能，适用于灰色预测、遗传算法、粒子群算法、模拟退火算法、人工神经网络、小波分析、计算机模拟等方面的应用。其附加的工具箱，扩展了Matlab的使用环境，可以用来解决特定领域特定类型的问题。在媒介渠道数据分析时，当采用人工神经网络、决策树、支持向量机等方法时，常常采用Matlab软件进行分析。

4.R软件

R软件是免费的自由软件，它的代码公开，可以进行修改和补充，它提供了若干统计程序包，具有数据存储和处理、数组运算工具、统计分析、统计制图等功能。可以通过R软件菜单"程序包—安装程序包"选项下载程序包进行安装，使用较为方便。R软件越来越为更多的人所使用。R软件中的程序包forecast具有自动选择ARIMA参数的功能，具有一定的参考价值，简单快捷，但还是要对其进行鉴别。在电视收视率分析，采用趋势模型、季节模型、ARMA模型、GARCH模型、VARMA模型、神经网络模型时，可以采用R软件进行分析。

总之，媒介渠道数据的分析方法众多，由于数据来源方法不同、地区和时间差异等因素的影响，更由于媒介渠道数据分析的目的和要求存在较大差异，故研究者应根据研究需要合理选择模型和分析工具。

第四节　融媒体渠道运营与管理

随着新媒体技术的大力发展，媒介渠道发展成为当前媒体领域发展的重中之重。如何在媒介渠道运营管理中发展新技术、拓宽传播渠道成为当今企业关注的焦点。

一、媒介渠道运营管理

融媒体渠道不代表媒介整体发展的结果，而是新技术、新内涵相互融合发展的一种过程。融媒体渠道可以从三个方面进行概述，即内容主要以生产、形态、应用三种形式作为媒介渠道的表现形态。数学技术、图片、视频等多媒体信息是融媒体渠道的技术基础，通过科技手段建立媒体之间连接的纽带，实现媒介信息的有效传达。

1.深入融媒体媒介组织的结构性调整

融媒体媒介组织是指，为满足人们对于多媒体信息需求而专门从事媒体信息传播的社会单位或机构。加深融媒体媒介组织机构的结构性调整能够有效实现媒介发展的趋势。

具体的落实措施如下，融媒体媒介组织单位根据自身的发展经验，将员工按照不同任务职责进行合理分类，与此同时加强相关人员的综合素质教育，明确每个人的具体职责范围，并规范部门的管理权限，遵从内部协作沟通的管理制度。传统的媒介传递方式不再适应现在的媒体舞台，合理运用媒介组织间的结构性融合手段，将报纸、电视、手机甚至互联网络有效融合在一起，当多媒体信息一出现，就会使得报纸的内容迅速变成互联网新闻、电视新闻，互联网新闻能够快速传递到手机上，这种打破传统的媒体运营管理模式的融媒体媒介组织，不同媒介的新闻工作者利用这种方式实现跨界的采访和新闻的获取，相互配合、合理分工，实现了信息资源的融通，保证了信息的及时性。

2. 利用现有资源优势，精益求精

互联网的飞速发展，使得信息更加透明同时也有良莠不齐的多媒体信息混在其中，媒体在这种信息过载的环境下，对信息数据合理、合法的把关显得尤为重要。融媒体媒介组织并不会改变各自媒体机构的专业技能和业务范围，主流媒体如CCTV依然报道关乎国计民生的重大问题，发挥带头作用。而地方媒体多报道当地实际发生的事，保证信息流通。传统的报纸行业仍需利用自己专业领域的优势为读者提供更加深入、有含量的报道。以重庆的《重庆青年报》为例，当轻轨在地面下穿行时，手机往往没有信号，乘客只能通过纸质版的报纸获取信息，然而，随着网络的覆盖面积的扩大，往日利用地铁作为交通工具的乘客可以通过手机网络浏览新闻、时事、体育等媒体信息，为了顺应时代发展，《重庆青年报》从纸质版转型为移动客户端，在不同时段向乘客提供不同信息内容的推送，这种媒介转型很好地满足了地铁乘客的阅读需求，充分发挥了自身内容的优势进行融合发展。

3. 进行媒介战术性联合

实现高效的融媒体运营管理需要在媒介融合的背景下，进行有战术性的联合。何谓战术性联合，即打破传统媒体与新媒体之间部门、结构之间的限制，实现传递渠道、内容营销等全部环节联合行动，以形成比较特殊的媒体。强强联合是运营管理的主要方式，通过这种方式，媒体之间的内容相互融合，共同开发信息资源，形成资源共享—活动联盟—经营绑定的模式，制作迎合公众口味的不同类型的新闻产品，这种媒体之间的强强联合使得媒体运营管理获得了最大的经济效益。在融媒体发展下，技术的进步打破了传统媒体之间的界限，媒介融合是必然的发展趋势，战术性合作让各媒体间的内容、渠道相互交融，解除了因资源因素对媒体发展的限制。①

4. 寻找价值链突破点

在融媒体的发展趋势下，媒体运营管理中某一单一的市场价值不断被削弱，通过调整相关资源的结构配置能够解决此类问题。降低运营成本对于媒体运营的企业来说是最重要的目标，为达成这个目标，就必须在新媒体的时代中牢牢抓住机遇，挖掘自身价值链中的增值业务，利用各种资源优势，找到在融媒体角度下属于自己的地位和优势。以“猪八戒”网为例，其利用实践维基经济学的基本理念，将传媒业的很多工作分配给其他单位，使信息资源内容覆盖面以及获取途径得到了拓宽，从信息索取的孤立个体成为

① 张继芬. 基于媒介融合角度分析媒体运营管理[J]. 中国集体经济，2017 (30):55—56.

信息交流的群体，成功在价值链中找到属于自己的突破点。[①]

5.合理定位

融媒体发展的目的就是要实现资源共享，而其最直接的方式便是将电视媒体、网络媒体和平面媒体进行合理融合。目前，例如BBC广播新闻、电视新闻和广播新闻三大部门聚合到一起，成为一个全新的编辑系统。传统的媒体运营管理对于分众和聚众有着不同的管理制度，在融媒介的背景下，媒介竞争的重点发生了偏移，不再集中于谁更加小众，而是谁更特定。这种转变有利于媒体的运营管理更加符合用户的特定需求和品位，打破了介质的鸿沟，将信息资源通过不同渠道呈现在眼前。融媒体能够根据不同分受众的需求，设置不同类型、不同领域的信息，使得受众能够在海量资源中快速寻得自己所需要的内容。

6.实现战略创新，深化新媒体理念

建设媒体运营管理，在媒介融合的过程中需要一个良性可循环的过程，这就要从国家宏观战略层面展开一系列相关工作，在体制制度下制定发展战略指导融合工作。2016年有关部门相继发布了《关于促进移动互联网健康有序发展的意见》《信息通信行业发展规划》等政策文件，详细论述了网络空间主权的重要性，为媒体展开互联网工作提供了方向性的引导。《关于深化中央主要新闻单位采编播管岗位人事管理制度改革的试行意见》于2017年2月被中央全面深化改革委员会第三十二次会议讨论通过，完善了对于岗位人员的考核评价标准，增强新闻舆论工作队伍的归属感、事业心和忠诚度，为新闻工作的健康发展注入坚实有力的人才资源。《国家信息化发展战略纲要》要求我国应积极发展健康的网络文化，这就要求媒体在融合过程中坚持正确的方向。在国家宏观制度指导下，媒介融合角度下的媒体运营管理应当制定出符合自身发展的创新战略指导融合工作。在实践中不断验证、尝试战略成效。创新调整新闻生产机制、媒体管理机制、员工培训等方面的战略指导，全面推出融合工作的各项机制，有利于将媒体运营管理团队打造成一支业务精湛、政治坚定、作风优良、党和人民放心的新闻舆论工作团队。[②]

① 蒋洁．媒介融合角度下的媒体运营管理探讨[J]．中国传媒科技，2014（22）:56—57.

② 曹峰．全媒体时代都市报运营模式研究——基于《华西都市报》的个案分析[D]．成都：电子科技大学，2013.

7.灵活融合多种表达方式

融媒体在发展的过程中表达方式和手段的合理运用十分重要。媒体管理运营企业的职责就是将优质报道以多样化的技术形式展现给用户。媒体的内容不必一味追求科学技术,因为新闻报道者不是科学家,应当专注自身的专业技能,只需要了解基本技术原理,将一些科技性科普的知识以更特别更新颖的角度去论述并呈现在读者眼前,响应其短、快、新的诉求,灵活变通的融合媒体自我表达方式,而简单、有逻辑的内容主线,可以增强与读者用户之间的互动。

第五节 传播渠道融合过程中的问题

前面我们谈到，信息大爆炸带来海量信息，使单一媒介的影响力和传播力受到很大影响，而且由于新媒体技术为传播者和受众之间的交互建立了桥梁，传统的大众传播媒介再发展就难免遇到很多问题，所以才有了媒体融合，融合传播渠道就是当下较为理想的解决方案。但是，传统媒体渠道转型升级到融合传播渠道，转型的过程仍然会面临着诸多需要解决的问题，本节就重点讨论这些问题。

一、资金问题

资金的来源问题已成为制约传媒业发展的问题之一。传媒业在行业中以高风险、高投资、回报周期长著称，传统媒体想要拓展传播渠道，构建闭合媒体生态系统，就必须要有充足的资金来支持。建设移动平台、网站，产品的运营，人才的引进，设备的采购，新技术的引用等都需要大量的资金做后盾。

然而由于传媒业的管理制度和其自身体制的制约，外部资本想进入传媒领域十分困难。即使风险投资也不愿意与意识形态强的国有体制进行合作，使得传媒企业融资困难。

我国传媒企业大部分都遇到了融资困难的问题，这主要是由于新媒体盈利不足、自身性质的制约和运营效率低致使投资回报低三个方面的原因造成的。传统媒体想要解决在拓展传播渠道中的资金问题，不仅需要加强自身盈利能力及跨媒体管理人才的引进，还需要我国政策的支持才行。

二、数字技术的制约

传播渠道融合的外在表现是各种媒介形式的融合，数字技术运用是渠道融合的基础，前面提到的三种传播渠道融合模式也是如此，其中，“终端”模式对数字技术的依赖性最强，也最容易受到制约。因此想要研究传播渠道融合，就必须先深刻地了解现有数字技术的发展，才能更深入地认识传播渠道融合的内涵和外延，不致使传播渠道的融合只停留在理论层次，浮于表面。

数字技术就是将文字、图片、视频等信息进行数字化处理，转变成能使计算机识别的语言，并进行传送、储存、还原的技术。数字技术的发展，决定着新兴媒体的发展，因此，有人将数字技术分为两大类：一类是核心技术；另一类的应用技术。

核心技术具有核心价值性、延展性和不可复制性等特征，由于其开发投入大、周期长、代价高，因此研发门槛偏高，不是任何企业都能够触碰的。所以，核心技术一般是掌握在国家垄断的几个大型企业手中。应用技术就比较宽泛了，指具体的数字技术手段所表现出的客观形态，即微博、微信、QQ等平台，应用技术相比于核心技术，研发门槛低，周期短，回报快，这种技术也是目前传统媒体传播渠道拓展的主要方式。

数字技术的发展，使新兴媒体传播渠道大行其道，可以这么说：新兴媒体传播渠道的产生脱胎于数字技术。因此，其在数字技术领域有着传统媒体无法比拟的天然优势，但是这并不意味着传统媒体就无法对数字传播渠道进行拓展了。核心技术虽然决定着互联网的发展，但是数字传播渠道的拓展却是在应用技术中随着不断满足受众的个性化需求发展而来的。人们常说："用户体验，技术驱动"，说的是在合理使用技术的基础上，通过用户思维，来吸引受众和增加用户黏性。这里需要注意的是合理的技术，而不是新技术，最好的技术并不是最新的技术，而是适合用户需求的技术。因此，传统媒体的落脚点还是必须找准用户的需求，并以数字技术为支撑，在用户思维的指导下，使用最合理的技术，增强受众体验，增加黏性。

三、跨媒体人才的匮乏

近年来，传统媒体和新媒体在市场竞争中往往处于劣势。为了改变这种处境，传统媒体开始转型，但是这种转型是缓慢的变革，依然没有改变大环境下传统媒体的颓势。除传统媒体本身的缺陷制约外，跨媒体人才的匮乏也是束缚传统媒体加速转型的关键。主要有两方面的原因：

一方面传统媒体缺乏新媒体人才。传统媒体的优势主要来自内容的生产，在新媒体内容的汇集和分发、运营、市场开拓等方面还缺乏专门的人才。在传播渠道融合中，传统媒体人不仅需要熟悉本媒体的相关知识，还必须兼备其他媒体的知识体系，只有这样，才能更好地进行媒介融合。

另一方面，新兴媒体对传统媒体业务的蚕食，加大了传统媒体的运营压力，从而降低了传统媒体人的收入，导致传统媒体人才向着新兴媒体市场流动。从人才资源的流动来看，传统媒体的精英人才流向新兴媒体已成为一种行业的普遍现象，这样的事情频繁发生：南周副总编伍小峰跳槽万达当助理；香港卫视台长杨锦麟离开传统媒体，自建团队与腾讯合作，并开设属于自己的专属频道，向新媒体进军……时常听到传统媒体的精英人才转投新兴媒体行业，很少能听到新兴媒体精英人才转战传统媒体的，这些精英人才的流动则充分代表了媒体的发展趋势。

此外，由于我国的传媒行业是由国家进行监督管理的，因此，我国的主流媒体都是国有企业性质，资金由国家进行补贴。导致传统媒体的管理者缺乏留住人才、用好人才的机制与举措，缺乏对新兴媒体精英人才引进的人才意识，招聘员工还没突破中文或新闻专业的限制。“官本位”也让许多的有志青年感到很是无奈。

中国人民大学新闻学院蔡雯教授认为：在媒介融合的趋势下，未来媒体将需要两类新型人才：一是能在多媒体集团中整合传播策划的高层次管理人才；二是能运用多种技术工具的全能型记者编辑。

这也充分说明，在未来的媒介融合中，跨媒体、跨行业、跨区域的复合型人才、领军人物才是各大媒体公司争夺的焦点。

四、跨行业跨区域的政策、体制的制约

无论何种传播渠道融合模式，有一个稳定的、适于自身发展的环境就已经成功了一半，而要进行传播渠道的融合，跨行业、跨区域的政策和体制对其发展的影响是不可忽视的。由于媒体具有强大的意识形态功能，我国对其采取监管的态度，防止虚假信息的大量传播造成社会动荡。由此可见，我国对媒体的政策决定了传媒业发展方向和运营方式。网络媒体不具有采访权，内容只能来自传统媒体，这就导致不少网络媒体只是形成了浮于表面的“网络+报纸”“网络+电视台”等简单、机械的融合方式。

出现这种情况，主要和我国传媒业的体制有很大的关系，作为各行政区域喉舌的传统媒体，政治属性和市场属性是它们独特的属性，在定位上是事业性单位，实行的是企业化管理，在保证社会效益的同时兼顾经济效益。双重属性的定位，使传统媒体摆脱了政治工具的定位，走向市场，促进了传统媒体的发展。但是在以市场为主体的环境中，也恰恰是这种双重属性抑制了传统媒体的发展。传统媒体是事业性单位，拥有众多的监管部门，这些监

管部门的管理制度势必会对传统媒体的发展产生影响，传统媒体拓展传播渠道就是要跨行业、跨区域，这样才能释放出更大的活力，在跨行业、跨区域、跨介质的融合时，相应的也要受到电信、新闻出版、广电等监管部门的管理，不同媒体之间的不同规定也是传统媒体拓展传播渠道难以克服的困难。

鉴于以上困难制约了传统媒体的发展。因此，从 2003 年至今，国家为了促进文化产业的改革和发展，不断推出一些政策和法规。

每一项政策法规的出台，都为传统媒体提供了一个更好的发展环境，每一项政策法规的调整，都有力地推动着传统媒体的发展，特别是2008 年，政府出台了报业转企改制的具体步骤后，转企改制才正式出现在了大众视野中。

现阶段我国传统媒体还是处于“独自为政”的状态，由于数字技术的快速发展，使得跨行业、跨区域、跨介质的融合有了技术的基础，传播渠道的融合有了成功的可能。相比于传统媒体，以市场主导的新兴媒体行业就自由许多。在传统媒体裹足不前时，新兴媒体却快速发展，大有“一统天下”之势。因此，当下的传统媒体想要拓展传播渠道，延长媒体产业链，首先必须尽快打破跨区域、跨行业的政策、体制的制约。

小结

媒介融合是新时代发展中信息化发展的重要成果，在媒介融合的视角下，媒体的运营管理策略应适应时代的发展趋势，加强自身管理制度，创新战略性指导方向，寻找新型媒体产业运营的管理模式，促进媒体运营管理的高效发展。媒介融合时代的到来对媒体运营管理来说既是挑战，也是一种机遇，合理运用自身资源优势，在融合和管理上勇于创新发展战略，寻求新的发展道路。①

关于媒介融合，国内正进行得如火如荼，这是关系到党和政府的宣传文化事业的大事，习近平总书记多次就融合工作作出重要讲话。但是根据本章中梳理出的一些问题可以发现，有的融合也只是形式融合，没做到深度融合；有的则处于一头雾水的状态，不知何处下手。媒介融合不仅仅是将渠道融合到一起，而且还要以技术思维重塑我们的采编流程和管理机制。

① 于亚茹.基于媒介融合角度分析媒体运营管理探讨[J].传播力研究，2018(25):71-72.

第十一章

媒介营销与市场价格策略

前面我们依次介绍了媒介组织、媒介环境、媒介产品等，目的是让大家了解媒介外部和内部构成。有了这些认知相信大家可以想象得到媒介是如何生存的，营销是媒介活动中非常重要的活动，而媒介营销与其他的市场营销又略有不同。那么，媒介是如何从事营销活动的呢，我们常见的媒介产品又是如何定义价值的呢？本章我们就重点讲解这些知识。

第一节 媒介市场

伴随着工业革命的兴起,媒介市场渐趋形成。从20世纪80年代初期开始,随着真正的全球商业媒介市场的出现,国家媒体业发生了戏剧性的重新组合。目下报纸、广播、电视、互联网的竞争格局日益形成。控制全球媒体新系统的是三四十家大型跨国公司,而雄踞全球市场顶峰的是不到10家媒体公司。媒介兼并浪潮风起云涌,媒介巨型化、集团化成为潮流,整个媒介市场硝烟四起。本章拟就媒介市场的形成,厘清其脉络及探讨其中蕴含的规律,从而更好地把握和认识媒介市场。

一、媒介市场的多维化

在当今时代,信息如空气一样充斥全球。从历史上看,人类社会一出现就有了人与人之间的交流活动。在漫长的上古时代,封闭、落后的自然经济决定了当时的交流活动只能是小规模的、小范围的,并且主要以人际传播为主。随着人类文明的进步,造纸术、印刷术的发明开辟了人类传播活动的新纪元,出现了新闻信、新闻书、新闻传单、手抄报纸等简单的媒介传播形式。17世纪初定期报刊问世,近代报业诞生,此后定期报刊成为媒介的主体。19世纪中期 出现了通讯社。20世纪前期广播和电视相继问世。20世纪 80年代后期,由于计算机技术的应用和普及,互联网络异军突起。目下以四大媒介为主体构成了庞大的媒介市场,其互相竞争也日趋白热化。相对于普通商品市场的规模及竞争而言,媒介市场绝对有过之而无不及。由于媒介产品区别于企业产品的特殊性,对媒介市场的内涵的界定也有益于此。我们认为媒介市场绝非仅仅指产品或服务的交换场所,若如此界定恐过于简单。根据媒介产品作为一种精神产品的特殊性,用多维的视角来审视媒介市场或更为恰当。因此对其可做如下理解:所谓媒介市场,即指由媒介产品所集结的传媒生存、发展和消费的系统环境。这是一种较为开放的视角。媒介作为整个社会系统的一个子系统,将其置于整个社会的宏观大背景下进行考察，有利于开阔我们的视野，从而从更高的层次对媒介市场进行全面的理解和把握。

二、媒介市场二重性

1992年，邓小平南方谈话提出要建立中国特色社会主义市场经济，给我国的媒介带来了巨大变化和深远影响。我国媒介纷纷被“断奶”，政府不再对传媒进行财政上的扶持和补贴，而是由传媒在经济上自谋出路、自负盈亏。长期被淡化、掩盖着的经济创收者这一角色由此凸显，媒介不得不开始思考如何在确保社会效益的同时也能获取经济效益。

1.媒介的双重角色

虽然我们可以从人类的早期发展来追寻传播的足迹，但真正意义上的大众传播史并不很长。有一点可以肯定，就是人类一直需要传播，甚至可以说传播是人类与生俱来的一种社会本能。随着媒介的发展，当媒介成为一种机构和组织时，它就承担着双重角色，一个是舆论引导者，另一个是经济创收者。传媒的双重角色并非突然产生，也非中国所独有。可以说，传媒从它产生至今，一直身兼双重角色：一方面，对社会而言，它是为大众服务的公共机构，因此它要做社会公正的代言人；另一方面，就它自身来说，它的生存靠的是出售精神产品给受众。也就是说，它不是免费的公益事业，它要有产品的成本观念，它要靠回收投资来养活自己，从这个意义上来讲，它又兼有谋生者的角色。遗憾的是由于我国具体国情的特殊性，长期以来我们只强调媒介的社会角色而忽略了它的生存角色。

社会学认为，角色之间明显存在着互动关系。正因为如此，在社会学中讲到互动理论就会与角色理论相联系。角色如同一面镜子，它让不同的角色在互动中看清了自己。媒介亦然。我们认为媒介的双重角色之间有三种关系。首先，是矛盾和冲突的关系。社会公正代言人的角色要求传媒不能有私利，要尽可能服务于大众，而经济创收者的角色又要求传媒追逐利润。于是，传媒时常会在这种两难境地中徘徊。过于追求利润会损害社会公正代言人的地位，而忽略产品成本的做法会使传媒难以生存。其次，是合作和互利的关系。传媒经济上的独立会有利于其社会公正代言人的角色，因为如果传媒带来一定的偏向性，在某种程度上会动摇传媒客观公正的立场。同样，社会公正代言人角色也会给传媒带来巨大的经济利益，传媒良好的公众形象本身就是金字招牌，有时，传媒能够把它的政治优势顺利地转化为经济优势。最后，是平衡与制约的关系。舆论引导者的角色一可以在方向上引导传媒保持社会公正，防止传媒一味地追逐利润从而失去其社会价值。反过来说，传媒的经济创收者角色使传媒可以更加贴近受众，靠近市场。由此平衡和制约着传媒的舆论引导者角色，使传媒不至于成为高高在上的官僚主义机构。

2.媒介产品的商品性

商品是通过交换进入消费过程以满足人们某种需要的劳动产品。商品的本身，体现着使用价值和价值的统一。人们通常从直观上认为：凡是可以从市场上买到的物品，或者说，凡是可以在市场上出售的物品都是商品。从经济学角度而言，媒介产品也是商品。我们通常说媒介具有很多功能，但是如果其不经过流通即出售到达受众手中，一切都毫无意义。至于专制或封建时代的政党报刊来说那是例外。以报纸为例，报纸经过流通到达广大读者手中，读者花钱买报，报纸的商品性由此立显，这是经济学的常识。从中外新闻事业发展史来看，把报纸当作商品，按照商业原则来经营，是新闻事业的巨大进步，或者说是报纸按其规律发展的价值回归。作为近代报纸直接起源的威尼斯小报，既是适应商业活动需要而产生，其本身也是商品。换一个角度看，美国报业从18世纪80年代到19世纪30年代，号称“政党报刊时期”，办报靠政党津贴，报纸成为政党互相攻评的工具，成为美国新闻史上最丢丑的年代。1833年 以纽约《太阳报》为标志开始了“便士报”运动。“便士报” 完全按商业原则来办报，为推销报纸，处处迎合读者趣味而不惜丧失价值观念，对新闻业务的改革产生了一批面向大众、文风活泼、报道面广、售价低廉的报纸。“便士报”不但宣告了美国政党报刊的灭亡，而且推动了世界各国报纸的改革。所有这一切的动因都来自报纸的商品性。以中国为例，1872年创刊的《申报》是第一份按商业原则来经营的报纸，它对我国报纸的改革起了巨大的先导作用，掀开了中国新闻史新的一页。因而毫不讳言，在社会主义的新时期，报纸也是一种商品。报纸的这一属性是不以人们的意志为转移的客观存在。

3.质疑报纸商品性

对报纸商品性的疑问来自报纸行销方式所具有的特殊性。对物质商品来说，其市场价格必然要高于成本价格，才符合市场价值规律。但就报纸而言，正如美国一名出版商所说：“ 报纸大概是世界上唯一低于成本价出售的商品。”确实世界上大多数报纸的卖价抵不上成本，甚至一张报纸比同样的白纸还便宜。以20世纪90年代初的价格计算，一份每天80版的《洛杉矶时报》成本加合理利润应该卖到1.5美元，而实际售价却只有25美分。中国沿海的一些大报，零售价只抵成本的50%—75%。然而报纸的收入却有异于普通商品，其收入具有双重性。一次是发行收入，另一次就是出售广告。发行收入亏损，广告收入却是暴利。也可以说报纸的收入是“失之东隅，收之桑榆”。所以有学者曾指出：“报纸不是把广告版面出售给广告客户，而是把读者卖给了广告客户。”

4.广播电视节目也是商品

说报纸是商品，大多数人还能接受，因为报纸从报社到读者手中，毕竟还有买卖过程。而说广播电视节目也是商品，更多人对此就难以理解了。因为除少数付费电视频道(加密频道)外，受众收听收看广播电视节目从来都是免费的。其实，电台、电视台的行销手段和报纸差不多，所不同的是它们只有一次买卖即出售一定的时段给广告客户。电台、电视台播出各种节目，吸引受众来收听收看，在节目中插播广告，让受众有意或无意，自觉或被迫在欣赏节目的同时也收听收看广告。同时，电台、电视台的广告同样按质按量论价。黄金时段以及王牌节目的收费较高就因为受众多。从另外一个角度看，读者看报需要向报社支付钱，而受众收听收看节目也是要付费的，只不过这部分收入转移到了其他部门如电力部门及生产收音机和电视机的厂家，所以广播电视节目具有商品性也毋庸置疑。

5.媒介的双重属性

由于媒介产品具有商品性，作为有着强烈的意识形态属性的商品生产者，媒介从属于上层建筑范畴，又属于信息产业。这在西方发达国家已是一个常识。但在我国有此认识还是近几年的事情。长期以来我们受意识形态的影响和约束，把新闻事业的属性定位在上层建筑内，定义媒介为党和人民的喉舌和工具。这种单纯的工具性使得不搞经营，专事宣传成为我们党的新闻事业半个多世纪的基本运行模式。诚然，媒介作为一种形而上的工具，作为社会公器，承担着重要的社会职责。它所属政权的稳定需要它去维护，公众的价值判断、思想倾向需要它去引导，有害国体政体及公众利益的丑恶和腐朽需要它去鞭挞。因而我们强调媒介的政治性、阶级性或工具性实属应有之义。这一点对于一向自我标榜民主、自由的西方媒介来说，也不例外。所谓历史上一直为西方媒介津津乐道的“水门事件”只不过是“作秀之作”，其背后所暴露的统治集团内部利益的倾轧也显而易见。另外我们也要重视媒介作为信息业的属性及其本身存在的市场及商业经营规律。从历史上看,在这一点上我们已经远远落后于世界其他发达国家。因而强调和树立对媒介信息产业性质的认识显得刻不容缓。

6.媒介市场的二重性

与其他有形产品的运作相比,媒介产业运作的市场空间是相当独特的,呈现出一种典型的“二元产品市场”。媒介只创造一种产品,但却活跃于两个性质迥异的市场。媒介这种独特的运作方式也被称为“双重出售”或“二次出售”。

媒介运作的第一个市场,是物品市场,也即媒介产品市场。这一市场还可细分为两种类型:A.信息市场,指受众寻求的非广告性信息。为了获得信息,受众必须付费。B.知识市场,指受众或团体组织寻求的观念和追求的一定的社会目标。例如媒介的“硬新闻”和社论。媒介产品经媒介组织包装后以各种传媒渠道到达消费者手中,媒介将内容卖给受众,以使他们注意到产品的存在,藉以换取他们的时间或金钱。当然,并不是所有媒介都需要受众付费,但毫无例外受众均需支出稀缺的时间资源。对于媒介而言,信息市场和广告市场可以提供其在社会中的特殊地位和责任。因而许多国家对媒介在知识市场上的运作提供充分的法律保障。

媒介运作的第二个市场是广告市场。从表面来看,媒介是将其版面或时间出售给广告购买商,但广告客户购买版面或时间的前提是其必须具有广大受众群,这个群体越大越好。因此从本质上看,媒介是把受众卖给了广告客户。所以媒介是一种“注意力经济”的产物,意义在于能吸引受众的眼球。其具体表现为:先将内容传送给消费者,从而引起消费者群体及广告客户和广告代理公司的注意,最终从广告市场上获得回报。但同时我们也应该看到,并不是所有的媒介均参与了广告这个第二市场的开拓。有些媒介的收入是完全依靠产品内容的销售,比如杂志及一些学术刊物、图书等,这取决于媒介的具体特点。另外还有一些媒介是靠接受各种各样的资助来运作的,如有些机关团体报等,这是由媒介的性质来决定的。

第二节　媒介营销

一、媒介营销的观念

营销是指，企业发现或挖掘准消费者需求，从整体氛围的营造以及自身产品形态的营造去推广和销售产品，主要是深挖产品的内涵，切合准消费者的需求，从而让消费者深刻了解该产品进而购买该产品的过程，也就是我们常说的市场营销，又被称作市场学、市场行销或行销学。在这里我们需要强调的是“营销”与“销售”并不是相同概念，两者在性质和内容方面存在一定区别。销售是指以出售、租赁或其他任何方式向第三方提供产品或服务的行为，包括为促进该行为进行的有关辅助活动，例如广告、促销、展览、服务等活动。

媒介营销则主要是指媒介企业为了取得良好的传播效果和经济效益，主动与市场接轨而产生的一种沟通和推广方式。其主要目的是自我宣传和推广、扩大市场影响力、提高市场占有率、实现规模经济效益等，媒介营销的主体对象包括受众和广告客户。而媒介销售却具有其特殊性，一般都叫“二次销售”，第一次销售的是信息，回收的是受众注意力，第二次销售的是第一次销售回收到的注意力资源，将这些注意力资源销售给广告客户。

传统意义上媒介营销宣传方式主要包括广告宣传、公共宣传、公共关系、播出推广/非播出推广。在新媒体出现后媒介营销方式也更具有多元化，除传统的营销模式外还加大了对微信营销、微博营销、体验式微营销、视频营销、病毒式营销、事件式营销、口碑营销、饥饿营销、知识营销、情感营销、会员营销等多种营销方式的运用。

二、媒介营销管理的任务

结合现代管理学理论，媒介管理在媒介产业化中的作用还可以在微观层面进一步细分为以下五个方面：

1.计划

计划包括确定媒介组织的未来发展目标以及实现目标的方式，并为相关人员提供所需资源，以协助他们完成计划。计划既要制定出媒介组织在塑造社会影响力和实现市场转型方面的长远发展规划和目标，也要明确媒介组织在短期的宣传和经营目标。计划的制定需要媒介管理者和普通成员都参与其中，同时，计划还需要通过一定的执行日期、量化目标和书面形式加以明确。明确的计划和有效的计划实施，是媒介机构达成使命和目标的重要保障。

2.组织

组织功能是指协调媒介机构各部门及工作人员服从计划，并按照媒介机构设计的目标实现媒介机构的发展，完成日常工作。在当前的媒介机构中，部门负责制已成趋势（如在广播电视领域的频道制、中心制和制播分离制）。各个部门都应有本部门的计划目标、预算方案和工作人员，以达成本部门的目标；与此同时，各部门还需要服务于整体的组织结构，共同营造完整的组织环境。媒介管理的作用就在于寻求最佳的组织方案，有效调节和消除各部门合作过程中可能产生的矛盾及冲突，发挥媒介机构的整体效能。

3.领导

领导是指媒介机构的运营者、管理者有效地运用个人和机制的影响力，激励工作人员，以促进组织目标的实现。对于媒介机构来说，激励员工努力工作将直接有助于媒介目标的达成，提升媒介机构的生产效率。不过，媒介机构内部人员的分工非常复杂，对于从事内容、技术或广告销售的人员来说，激励方法需要因时因事而异。除了激励之外，领导职能还意味着要创造媒介机构共同的文化和价值观念，在整个组织范围内与工作人员沟通组织目标，以及培育员工树立起谋求卓越表现的个人工作目标。

4.控制

控制是指对工作人员的活动进行监督，判定媒介机构是否朝着既定的目标健康地向前发展，并在必要的时候及时采取矫正措施。具体而言，控制主要包括：对实现组织目标的进程进行监控，根据具体情况修正计划和方法，及时将控制信息反馈给相关管理人员和工作人员等。媒介机构处在不断变动的媒介市场中，任何计划的实施和目标的实现都会遭遇多种变数，管理控制功能实际上影响着媒介的变革能力和媒介目标的实现。

5.沟通

沟通即上传下达,是指将媒介管理者设定的理念计划目标,以及运作方法等有效地传达给媒介机构的各个部门及工作人员,并将各工作环节的反馈意见有效地传达给管理层,由此保证管理方略的有效实施和及时调整。

三、媒介营销的环境

任何事物都有一定的生存和发展环境。菲利普·科特勒认为:“营销环境是指在营销活动之外,能够影响营销部门建立和保持与目标顾客良好关系能力的各种因素和力量。”

媒介环境作为媒介营销活动外在的不以营销者意志为转移的因素,具有强制性和不可控性的特点。环境是媒介营销活动的制约因素,考虑媒介环境是进行媒介营销的前提。媒介营销的宏观环境,包括政治环境、法律环境、经济环境、人口环境、自然环境、科学技术环境和社会文化环境。这些都是媒介组织不可控制的社会因素,是营销过程中最优先考虑的因素。自然环境、科学技术环境、社会文化环境以及社会普遍的文化水平、教育程度和生活方式决定和影响人们对媒介的参与程度与需求程度。社会需求的变化也影响媒介的传播内容,影响媒介的市场定位。了解媒介市场所处的社会文化环境,对提高媒介营销的针对性,增强营销效果具有重要意义。

1.三大经典营销策略组合理论

4P营销理论

4P营销理论,产生于20世纪60年代的美国,随着营销组合理论的提出而出现的,它是营销策略的基础。杰罗姆·麦卡锡(McCarthy)于1960年在其《基础营销》(Basic Marketing)一书中将营销要素一般地概括为4类:产品(Product)、价格(Price)、渠道(Place)、促销(Promotion),即著名的4Ps。1967年,菲利普·科特勒在其畅销书《营销管理:分析、规划与控制》第一版进一步确认了以4Ps为核心的营销组合方法。媒介组织可以根据目标市场的特点,选择产品、产品价格、销售渠道和促销手法,专业术语称这些选择和决定为“营销组合战略决策”。4P营销理论实际上是从管理决策的角度来研究市场营销问题。从管理决策的角度看,影响企业市场营销活动的各种因素(变数)可以分为两大类:一是企业不可控因素,即营销者本身不可控制的市场;二是可控因素,即营销者自己可以控制的产品、商标、品牌、价格、广告、渠道等等。企业可以根据目标市场的特点，选择产品、产品价格、销售渠道和促销手法，专业术语称这些选择和决定为“营销组合战略决策”。

产品(Product)，注重开发的功能，要求产品有独特的卖点，把产品的功能诉求放在第一位。

价格(Price)，根据不同的市场定位，制定不同的价格策略，产品的定价依据是企业的品牌战略，注重品牌的含金量。

渠道(Place)，企业并不直接面对消费者，而是注重经销商的培育和销售网络的建立，企业与消费者的联系是通过分销商来进行的。

促销(Promotion)，企业注重销售行为的改变来刺激消费者，以短期的行为促成消费的增长，吸引其他品牌的消费者或导致提前消费来促进销售的增长。

4P营销理论的优势

(1)4P理论重视产品导向而非消费者导向，以满足市场需求为目标。

(2)4P理论是营销学的基本理论，它最早将复杂的市场营销活动加以简单化、抽象化和体系化，构建了营销学的基本框架，促进了市场营销理论的发展与普及。

4P营销理论的劣势

(1)营销活动着重企业内部，对营销过程中的外部不可控变量考虑较少，难以适应市场变化。

(2)随着产品、价格和促销等手段在企业间相互模仿，在实际运用中很难起到出奇制胜的作用。

(3)营销是交换关系的相互满足，而4P模型忽略了交换关系中大量因素的影响作用。

4C营销理论

4C营销理论是由美国营销理论专家罗伯特·劳特朋教授在1990年提出的，与传统营销的4P相对应。它以消费者需求为导向，重新设定了市场营销组合的四个基本要素：即消费者(Customer)、成本(Cost)、便利(Convenience)和沟通(Communication)。它强调企业首先应该把追求消费者满意放在第一位，其次是努力降低消费者的购买成本，然后要充分注意到消费者购买过程中的便利性，而不是从企业的角度来决定销售渠道策略，最后还应以消费者为中心实施有效的营销沟通。

Customer(消费者)主要指消费者的需求。企业必须首先了解和研究消费者，根据消费者的需求来提供产品。同时，企业提供的不仅仅是产品和服务，更重要的是由此产生的客户价值（Customer Value）。

Cost（成本）不单是媒介组织的生产成本，或者说4Ps中的Price（价格），它还包括消费者的购买成本，同时也意味着产品定价的理想情况，应该是既低于消费者的心理价格，亦能够让企业有所盈利。此外，这中间的消费者购买成本不仅包括其货币支出，还包括其为此耗费的时间、体力和精力消耗，以及购买风险。

Convenience（便利），即为消费者提供最大的购物和使用便利。4Cs营销理论强调媒介组织在制订分销策略时，要更多地考虑消费者，而不是企业自己的方便。要通过好的售前、售中和售后服务来让消费者在购物的同时，也享受到便利。便利是客户价值不可或缺的一部分。

Communication（沟通），则被用以取代4Ps中对应的Promotion（促销）。4Cs营销理论认为，企业应通过同消费者进行积极有效的双向沟通，建立基于共同利益的新型媒介/消费关系。这不再是企业单向的促销和劝导消费者，而是在双方的沟通中找到能同时实现各自目标的通途。

4C理论的优势

（1）瞄准消费者需求。只有探究到消费者真正的需求，并据此进行规划设计，才能确保项目的最终成功。由于消费者的生活经历、受教育程度、工作性质、家庭结构、个人审美情趣各不相同，每个人对商品品质需求的侧重点也大不相同，因此要了解并满足消费者的需求并非易事。4Cs理论认为了解并满足消费者的需求不能仅表现在一时一处的热情，而应始终贯穿于产品开发的全过程。

（2）消费者所愿意支付的成本。消费者为满足其需求所愿意支付的成本包括：消费者因投资而必须承受的心理压力以及为化解或降低风险而耗费的时间、精力、金钱等诸多方面。

（3）消费者的便利性。咨询、销售人员是与消费者接触、沟通的一线主力。他们的服务心态、知识素养、信息掌握量、言语交流水平，对消费者的购买决策都有着重要影响，因此这批人要尽最大的可能为消费者提供方便。

（4）与消费者沟通。营销大战在很大程度上就是广告大战，广告与沟通的差别不只是说法不同，还有着创作思维基础上的本质区别。仔细审视各种广告就会发现，它们大多面貌相似，模式化、定式化趋势非常明显。不仅是广告文案、创意表现大同小异，就连报纸上的广告发布版面、日期选择都高度雷同。众所周知，广告的天职是创新，是树立个性，广告面貌雷同的结果必须是广告质量的低劣。造成这一现象的原因是厂商们都以“请消费者注意，而不是注意消费者”的4P模式为出发点，广告创作的基础仍是对项目的简单认识和创作人员的瞬间灵感，而不是对目标消费者的了解和对消费者心理的深刻洞察。

4C理论的劣势

（1）4C营销理论是顾客导向，而市场经济要求的是竞争导向。企业不仅要看到需求，而且还需要更多地注意到竞争对手。

（2）不同企业至多是个程度的差距问题，并不能形成营销个性或营销特色，不能形成营销优势，保证企业消费者份额的稳定性、积累性和发展性。

（3）在4C理论的引导下，企业往往失之于被动适应消费者的需求，为被动地满足消费者需求付出更大的成本，如何将消费者需求与企业长期获得利润结合起来，是4C理论有待解决的问题。

4R营销理论

4R营销理论，是美国学者唐·舒尔茨2011年在4C营销理论的基础上提出的新营销理论，以关系营销为核心，注重企业和客户关系的长期互动，重在建立顾客忠诚。4R营销理论的营销四要素：Relevance（关联）、Reaction（反应）、Relationship（关系）和Reward（回报）。

Relevance（关联），通过某些有效的方式在业务、需求等方面与顾客建立关联，形成一种互助、互求、互需的关系，把顾客与企业联系在一起，这样就大大减少了顾客流失的可能性。特别是企业对企业的营销与消费市场营销完全不同，更需要靠关联、关系来维系。

Reaction（反应），在相互影响的市场中，对经营者来说最难实现的问题不在于如何控制、制定和实施计划，而在于如何站在顾客的角度及时地倾听，以及从推测性商业模式转移成为高度回应需求的商业模式。

Relationship（关系），在企业与客户的关系发生了本质性变化的市场环境中，抢占市场的关键已转变为与顾客建立长期而稳固的关系。与此相适应产生了5个转向：

（1）从一次性交易转向强调建立长期友好合作关系；

（2）从着眼于短期利益转向重视长期利益；

（3）从顾客被动适应企业单一销售转向顾客主动参与到生产过程中来；

（4）从相互的利益冲突转向共同的和谐发展；

(5)从管理营销组合转向管理企业与顾客的互动关系。

Reward(回报),任何交易与合作关系的巩固和发展,都是经济利益问题。一定的合理回报既是正确处理营销活动中各种矛盾的出发点,也是营销的落脚点,无异于营销目标必须注重产出,注重企业在营销活动中的回报。一切营销活动都必须以为顾客及股东创造价值为目的。

4R 理论的优势

(1)不仅仅停留在满足市场需求和追求顾客满意上,而是以建立顾客忠诚为最高目标,对4P和4C理论进行了进一步的发展与补充。

(2)4R理论以关系营销为核心,重在建立顾客忠诚。它既从厂商的利益出发又兼顾消费者的需求,是一个更为实际、有效的营销制胜术。

(3)以竞争为导向,以建立顾客忠诚为目标。在新的层次上概括了营销的新框架。

(4)强调企业与顾客在市场变化的动态中应建立长久互动的关系,以防止顾客流失,赢得长期而稳定的市场。

4P、4C、4R 三者的关系

4P营销理论是营销的一个基础框架,4C理论也是很有价值的理论和思路。因而,两种理论仍具适用性和可借鉴性。4R营销理论不是取代4P和4C理论,而是在它们的基础上的创新与发展,所以不可把三者割裂开甚至对立开。4P营销理论是营销理论中最基本的理论,它是以企业本身为导向的营销理论,4C营销理论是以消费者为导向的营销理论,4R营销理论是以竞争为导向的营销理论。三者相辅相成,合作下来可以达到相得益彰的效果。图11-1为三者的演变过程。

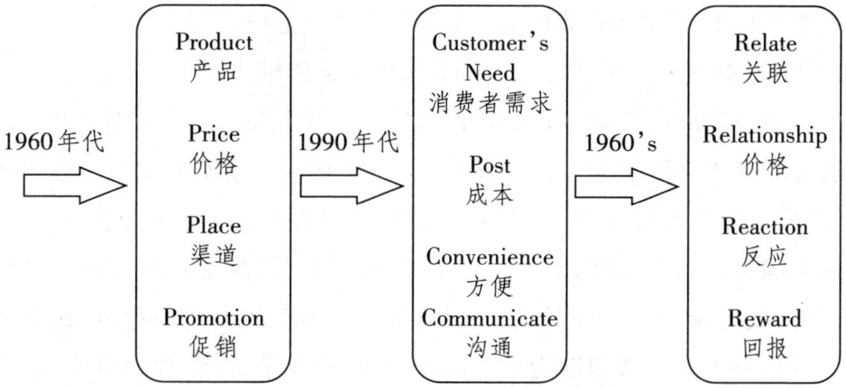

图11-1　4P、4C、4R三者的演变过程

4P营销理论是站在企业的角度来看营销。它是由上而下的运行原则,

重视产品导向而非消费者导向,它宣传的是"消费者请注意"。

4C营销理论是站在消费者的角度来看营销,其中的消费者、成本、沟通、方便直接影响了企业在终端的出货与未来。它以消费者为导向,宣传的是"请注意消费者"。

4R营销理论是站在消费者的角度同时注重于竞争对手争夺客户。它也有以消费者为导向,"便利"与"节省","沟通"与"关联"紧密相关。它宣传的是请"注意消费者和竞争对手"。

2.媒介营销环境的主要因素

媒介营销的开展同样身处于特定的环境之中,其有效的运作,取决于对环境的清晰洞察和积极适应。媒介的营销环境是指关系媒介生存与发展,影响和制约媒介营销战略的制定和实施的内外部因素的总称。根据对媒介活动的直接影响程度的高低和范围的大小,媒介营销环境可以分为微观营销环境和宏观营销环境两大类。

(1)宏观环境

媒介营销的宏观环境,是指给媒介组织造成市场机会和环境影响的社会力量,一般认为宏观环境因素有五类,即政治法律环境、经济环境、人口环境、社会文化与自然环境以及技术环境。在实际运用中,宏观环境分析大多采用PEST分析法。

政治环境(political environment)指一个国家或地区的政治制度、政治体制、政治形势、政治方针政策等方面,简而言之就是媒介营销的外部政治形势。由政治制度决定,世界上共有三种运行模式:

①以美国为代表的私营媒介为主体的完全商业化运作模式。

②以西欧、日本为代表的公私兼顾的双轨制运作模式。

③以中国为代表的完全国有的有限商业运作模式。

政治制度决定大众传媒的传播制度和管理制度。一般说来,大众传媒受所处环境的政治制度影响可谓最大。一个国家所信奉的意识形态和基本哲学(分为集权主义、自由主义、社会责任论和共产主义等四大基本哲学)决定这个国家的政治制度,而一个国家的政治体制便决定其对大众传媒的干预程度,决定媒介的管理形式。例如,美国信奉市场的自由竞争,它的大众传媒以自由主义传播制度为主,强调市场自由竞争,以营利为目的,它的媒体更多为私利的、商业的。

国家的政治制度决定其经济制度,进而影响媒介的经营管理。一个国家经济体制的选择是由政治力量决定的,政治制度的优劣、政局的稳定程度影响着宏观经济形势,从而也影响着媒介的经营管理活动。要留意政府关于经济发展的方针以及国家的各类政策,如人口政策、产业政策、财政金融货币政策等。政治及行政政策直接影响媒介组织的管理方针政策,影响其近期及长期计划的制定。

政治和媒介的互利互为。媒介和政治同属于上层建筑,按照传统惯例,媒介是政治的代言人,政治利用媒介,控制媒介,同时也扶持媒介:媒介通过政治获得很多优惠的政策及媒介权威。在媒介与政治之间,政治需要主流媒体作为其代言人,而政治领域的资讯是主流媒体的重要资讯来源,并构成媒介强大的影响力。政治、经济和社会的力量直接影响媒介内容,媒介拥有和控制者也影响媒介内容,这些反过来决定媒介的效果,影响媒介的经营管理方式。根据目前各国对广播电视媒介干预程度不同,大致可分为三类:即国家管理型、公营管理型、私营管理型。

在国内,安定团结的政治局面,不仅有利于经济发展和人民收入的增加,而且影响群众心理状况,导致市场需求的变化。党和政府的方针政策,规定了国民经济的发展方向和速度,也直接关系到社会购买力的提高和市场消费需求的增长变化。对国际政治环境的分析,应了解"政治权力"与"政治冲突"对媒介营销活动的影响。政治权力影响媒介营销,往往表现为由政府机构通过采取某种措施来约束外来媒介。政治冲突指国际上的重大事件与突发性事件。这类事件在和平与发展成为主流的时代也从未绝迹,对媒介营销的影响或大或小,有时带来机会,有时带来威胁。

法律环境(juristic)指国家或地方政府颁布的各项法规、法令和条例等。法律环境对媒介消费需求的形成和实现,具有一定的调节作用。媒介研究并熟悉法律环境,既可保证媒介自身严格依法管理和经营,也可运用法律手段保障媒介自身的权益。各个国家的社会制度不同,经济发展阶段和国情不同,体现统治阶级意志的也无异于不同。从事国际市场营销的媒介,必须对有关国家的法律制度和有关的国际法规、国际惯例和准则,进行学习研究并在实践中遵循。

同时,媒介还要注意与法律的互动性。大众媒介是宣传、普及法律的最好工具,媒介还承担着对法律执行的监督守望功能,媒介在推进法律完善的同时,也为自己创造了健全的法律环境。

经济环境(economic environment)指影响媒介市场营销方式与规模的经济因素,如消费者收入与支出状况及经济发展状况等。宏观经济政策决定政府对媒体的经济政策。一个国家如果推行的是全面的计划经济政策,没有引入市场机制和商品经营机制,以垄断代替竞争,媒介也就不存在经营管理,当然也就无所谓媒介市场营销。另外,一个媒体,如果能无偿营运,源源不断地获得财政的全力资助,那么媒介就不可能有积极的经营管理策略,也谈不上所谓的媒介营销。国家经济体制和媒介经济政策决定了媒介的经营管理模式。宏观经济景气与否决定媒介经营的兴衰,从而影响媒介营销活动的开展。国家经济处于何种阶段,萧条、停滞、复苏还是增长,以及宏观经济以怎样一种周期规律变化发展关系到媒介的经营状况。据统计,媒介主要的经营利润来自广告,而在1997年的亚洲金融危机中,就出现了全世界范围的媒介效益的萎缩,如果在这一时期忽略这一经济衰退的现实,而盲目制定较高的媒介营销目标,势必会遭到失败。

区域经济发展水平决定媒体的经营水平。媒介所处地区的经济发展水平越高,其媒介发展则呈繁荣势头;反之,媒介所处地区的经济发展水平低下,媒介的数量和种类相对较少,媒介的经营状况也相对萎缩,呈现"马太效应",如要求《青海日报》的发行量及其相关效益达到《解放日报》的水平无异于缘木求鱼。因而有效的媒介营销策略的制订和实施很大程度上受制于经济发展水平的发达与否。

自然环境(natural)指媒介营销者所需要或受媒介营销活动所影响的自然资源。媒介营销受自然环境的影响,也对自然环境的变化负有责任。营销管理者当前应注意自然环境面临的难题和趋势,如很多资源短缺,环境污染严重,能源成本上升等。因此,从长期的观点来看,自然环境应包括资源状况、生态环境和环境保护等方面。许多国家和政府对自然资源管理的干预也日益加强。人类只有一个地球,自然环境的破坏往往是不可弥补的,媒介营销战略中实行生态营销、绿色营销等,都是维护全社会的长期福利所必然要求的。

科学技术环境(technological environment)指一个国家和地区的科学技术水平、科学技术政策以及科技发展的动向等。对于媒介来说,要特别关注所在行业的科学技术发展动向和竞争者技术开发及新技术应用的动向。首先,科学为媒介的营运提供了理论平台,技术则为媒介提供了技术平台。科学和技术二者的形态是不一样的,科学一般表现为知识理论的形态,技术则表现为物质的技能的形态。其次,科学技术的发展革新和应用催生出新媒体,不断改变传播格局。美国著名的新媒介技术专家罗杰·菲德勒先生在他的专著《媒介形态变化》中论述:"传 播媒介的形态变化,通常是由于可感知的需要,竞争和政治压力,以及社会和技术革新的复杂的相互作用引起的。”推动媒介形态变迁的因素很多,技术是其中之一。基础学科的研究成果不断转化为应用技术,而新技术的开发和应用,导致越来越多媒体的产生。

再次,传播技术的发展,为媒介从业人员提供了更广阔的创作空间。媒介产品的质量逐步提高,扩大了传播范围,提高了传播效果。最后,先进的技术装备是传播媒介在激烈的竞争中制胜的法宝。拥有先进的技术装备是传播媒介重要的物质基础,新技术的发明改变了传播技术,新的传播技术对大众传媒的经营管理产生影响。总之,科学技术的发展通过对媒介经营及发展的渗透,深刻改变了传统媒介的经营方式,同时对媒介营销的方式和效果也产生更大影响。

社会文化环境(cultural environment),从广义上是指一个民族或社会的整个生活方式,是一个社会或一个时期物质财富和精神财富的总和,其中包括行为模式、艺术、价值观、信仰、制度和法律等;狭义则指人类的智力活动及产品。一般来说,我们习惯将社会文化环境认为是一个国家或地区的社会结构、民族特征、教育水平、文化传统、价值观、道德规范、宗教信仰、风俗习惯、社会生活方式和消费观的集合体。传播媒介存在于一定文化背景的社会中,受特定社会文化环境的鲜明影响。每一种文化都是一个价值体系,既包括这个民族所创造的物质文化,也包括其风俗、习惯、伦理、道德、信仰、哲学、法律、艺术以及文化制度和精神产品。处在这种文化价值体系中的媒介所传播的内容、方式遵从传统的风俗习惯,尊重社会各种宗教信仰,体现社会绝大多数人的价值观和道德观,符合大多数人的审美习惯。媒介从业人员的思维模式和创作模式,也深深地打上了所处环境文化的烙印,并通过他们制作出的媒介产品充分体现;媒介受众的接受心理和接受习惯更是受这种文化意识定势的影响。传播媒介是社会文化的传承中介,是社会文化的组成部分。社会文化作为一种普通的文化力量,是历史传递过程的产物,它具有延续性和发展性。在历史的演进过程中社会文化的核心部分不断地传递下去,同时社会的不断创新也赋予了社会文化新的精神,增加了新的内容。同时社会文化还具有共享性和横向传递性。社会文化纵向的延续发展和横向的传递融合,构成了社会文化的传播。任何传播都需要有传播渠道,大众传媒是社会文化传播的最重要的传播中介。同时,传媒本身就是社会文化的一个重要组成部分,它影响着社会文化的传递;社会文化的变迁也反过来影响传播媒介。另外,社会普遍的文化水平和受教育程度,以及人的生活方式决定和影响人们对媒介的参与程度及需求程度。社会需求的变化也影响媒介的传播内容,影响媒介的市场定位。了解媒介市场所处的社会文化环境,对提高媒介营销的针对性,增强营销效果具有重要意义。

(2)微观环境

微观环境,是媒介生存与发展媒介营销的微观环境构成的具体环境,也叫工作环境。它是指与媒介的生产、制作、推广、销售等生产经营过程,与媒介的人、财、物、信息、时间等经营要素直接发生关系的客观环境,是决定媒介生存与发展的基本环境。

媒介的行业性质,指行业所处发展阶段、行业在社会经济中的地位和行业基本特征。从大众媒介整个行业的发展周期来看,媒介正身处高速发展阶段,媒介所处的行业环境对其经营状况有重要影响。媒介是否有长远的发展前景,首先同它所处的行业本身性质有关。另外,从媒介在社会经济中所处地位和其行业特征来看,大众传播媒介既具有上层建筑的属性,又具有经济基础的属性。媒介直接服务于社会生产,但它不直接从事物质生产活动,而是从事信息服务,用信息产品与传统产业交换价值,所以媒介又可看成信息产业。媒介强调社会效益和经济效益的互相补充。

媒介行业竞争状况。在激烈的媒介市场竞争中,媒介会面临许多竞争的挑战。宏观而言,大致可分为三类。首先就是现有竞争对手间的竞争。媒介的竞争有同质媒体和异质媒体的竞争,主要表现为价格、广告、节目形式和版面形式、媒介产品品质、受众服务、人才等诸方面的竞争。竞争之所以发生,是竞争者感受到了来自其他对手的竞争压力,或看到了提高市场占有率的机会。其次是新进入者的竞争。媒介行业每年都有新进入者,他们也想获得一定的市场份额,在狼烟四起的媒介竞争中分一杯羹。新进入者往往分流一部分受众的注意力,甚至引起“价格大战”,他们提供更多的广告时段和广告版面,导致广告价格下降。最后是替代品的竞争压力。广义上看,每一种新的媒介形态的出现,都可以看成是替代品的出现。但由于媒介形态变化的特殊性,新媒介形态的出现,并不意味着传统媒体的消亡。它只是替代部分受众的注意力和部分广告资源,来自媒介替代品的压力主要表现为这方面的竞争。另外,从狭义上看,每一种新的节目形式和版面形式的出现,也可以看成替代品的出现。新形式的出现源于竞争的压力,竞争使媒介不断创新制作方式和传播方式,会给受众耳目一新的感觉。一旦获得成功,对受众的吸引不可低估。但现阶段,由于媒介制作方式还处于一种管理的真空地带,东施效颦者众,使得替代品显得十分尴尬。

(3)**内部环境**

媒介的内部环境,指构成媒介生产媒介营销的内部环境 经营过程的各种要素的组合,是媒介从事经营所具备的内在客观条件和主观工作状况。其中包括资金、设备、媒介版面(频道)资源等“硬件”部分,还包括管理者的管理组织水平、经营理念、经营管理机制、员工素质等“软件”部分。具体而言,媒介的内部环境是媒介的生产制作能力、媒介的营销能力、经营管理能力和资源状况等的综合。

媒介的生产制作能力由媒介一定时期内提供的版面(节目)数量和质量来体现,取决于媒介的策划能力,技术设备拥有和使用能力,人力资源构成等。媒介营销能力指对媒介及其产品,广告资源的推广和销售能力,其水平取决于销售机构设置、渠道选择、市场有效分析等。媒介的经营管理能力直接对媒介的经济效益和社会效益产生影响,包括经营管理机构的设置、人员的配备、管理制度的建立、运行方式的确定,媒介的经营管理思想和企业文化、媒介的创新体系等。媒介的资源状况包括媒介所拥有或可支配的资产、人力资源、技术资源、频道或版面资源等。

以上我们对媒介营销的内外部环境进行了深入探讨,从中我们可以看出媒介环境的复杂性、广泛性。因而当我们开展媒介营销活动、制定媒介营销策略时,必须对上述种种进行必要的关注,以取得良好的营销效果,赢得良好的效益。

(4)**对媒介环境的辨识与反应**

错综复杂的媒介环境,对媒介营销以至媒介的经营与发展关系重大。因而我们有必要对媒介营销环境进行深入的分析,从而做出有针对性的举措,取得营销的成功。本节拟就此展开论述。

透过纷纭复杂的媒介市场及其与媒介营销活动紧密相连的关系,我们可以抓住一些本质性的东西。从宏观的角度对二者进行观照,其实质就是媒介营销环境对媒介组织构成威胁或提供机会而影响媒介营销活动。环境威胁是指环境中不利于媒介营销的因素的发展趋势,对媒介组织形成挑战,对媒介组织的市场地位构成威胁。这种挑战可能来自国际经济形势的变化,如1997年爆发的东南亚金融危机给世界多数国家的经济和贸易带来负面影响,而媒介作为经济链条中的一环,其发展也深受其影响。这种挑战也可能来自媒介本身技术环境的变化,这种情况在当前尤为突出。

市场机会指对媒介营销活动富有吸引力的领域,在这些领域,媒介拥有竞争优势。环境机会对不同媒介有不同的影响力。媒介在每一个特定的市场机会中成功的概率,取决于其业务实力是否与该行业所需要的成功条件相符合。如媒介是否具备实现营销目标所必需的资源,媒介是否能比竞争者利用同一市场机会获得较大的"差别利益"。

这一点,作为中国报业的龙头老大的《广州日报》很能说明问题。随着时代及报业本身的发展,传统的新闻观念不断更新,渐趋向新闻的本质及规律回归。随之而来的,来自政府方面的管理也发生了变化,媒介逐渐走上了经营之路。相对这一点而言,宏观背景对全国报业来说都是一样的,但这个千载难逢的机会却让《广州日报》争了先。其成功的本质可以归结为"敢为天下先"的办报理念。

首先,随着中国经济的迅速发展,人们对信息的需求越来越大,几十年不变的版报已不能满足这个需求,报纸愈来愈厚是中国报业发展的必然趋势。然而中国报业的率先扩版,不是起自号称中国第一报的《人民日报》而是起自《广州日报》,这本身就发人深省。没有超前的观念、锐意改革的胆识是做不到这一点的。

其次,《广州日报》是中共广州市委的机关报。十几年前,它也和全国其他机关报一样是一种机关报模式。作为市委的宣传工具和党的舆论阵地,机关报的宣传功能比较单一。其特点是政府出钱办报,读者公费订报。报纸内容离百姓生活远,信息量少。随着改革开放的深入,这种机关报模式已越来越不适应时代的需求。《广州日报》率先冲破机关报模式,尝试把权威性与可读性结合起来,把宣传功能与新闻功能结合起来,贴近市民,服务市民,摸索出一条在中国的国情下把机关报转变为都市报的新路,由此开中国报纸市场化的先河。最后从广州报业市场的情况来看。广州人有喝早茶的习惯,周末是人们读报时间最多的时候,《广州日报》的周末版厚达48版,开辟了休闲指南、旅游指南等一系列假日服务栏目。同时《广州日报》还增设了大量文化娱乐版、求职证券、时尚等生活服务版,以满足读者多方面、多层次的需求。用《广州日报》老总黎元江的话说,就是每个年龄段、每种身份与职业的读者,都能从《广州日报》找到自己感兴趣的内容。由此,我们不难看出,面对同样的市场机会,《广州日报》先行一步就取得了较好的市场地位和优势。

第三节 媒介市场价格策略

一、媒介价格影响因素

1.媒介定价目标

媒介产品的定价目标,是在一定时期内为实现媒介单位战略目标对价格制定提出的总的目的和要求。不同的媒介单位有不同的定价目标,同一媒介在不同时期定价目标也不同。媒介要慎重选择待定价目标。任何媒介都不可能孤立地制定价格规划,而必须按照媒介的目标市场战略及其市场定位战略的要求来进行。媒介价格规划目标主要有四种:

(1)维持影响力规模。如果媒介产品处于成熟期或者衰退期,媒介市场上产品趋向于饱和,竞争成本增高,有时候会威胁到媒介的影响力规模。这种情况下,维持规模比利润增长重要得多,媒介必须制定较低的价格,并针对目标市场中的价格敏感者集中营销。许多媒介常常通过大规模的价格折扣,来保持对目标市场使用关系的维持,然后通过广告市场的交叉补贴实现利润增长。

(2)当期利润最大化。如果媒介遭遇外部经济环境波动,广告吸纳能力受到限制时,往往会寄希望于利用价格变化来实现当期利润最大化。价格的调整常常高于先前价格,减少发行亏损比率,提高总体收益水平。还有些媒介希望在衰退期通过获取短期的利润最大化来赢取较多的现金收入。这是因为市场的衰退、核心使用者的不断流失,使媒介影响力不断衰减,已经很难从广告市场获取重要的资源补贴,只有在发行等内生性收入上着手,以尽可能地减少市场收缩带来的损失。

(3)市场占有率最大化。有些媒介常常希望通过价格规划来取得控制市场的地位,即使市场占有率最大化,也要降低潜在挑战者进入市场的机会。当具备下列条件之一时,媒介可以考虑通过低价来实现目标媒介市场占有率的提高:一是目标使用者对价格的敏感度较高,因此相对低价能够刺激需求的迅速增长;二是媒介产品制作与市场扩散的单位成本会随着市场经验的积累而下降;三是低价位对现有的和潜在的竞争者具有强烈的威慑作用。

(4)媒介产品价值最大化。价值最大化是指寻找和满足最佳消费者最高层次的需求以使产品形成最大价值的过程。当媒介以价值最大化为市场目标时,必须考虑媒介产品质量和服务应领先于竞争对手,并在整个制作和市场营销过程中始终贯彻价值最大化的操作原则。这就要求用高价格来弥补高价值供给和研发的高费用,使媒介伴随高价值的供给获得高的收益。

2.媒介成本

由于存在替代品及竞争者的原因,任何媒介都不可能随心所欲地制定价格。某种媒介产品的最高价格取决于目标市场需求,最低价格则取决于这种产品的成本费用。从长远来看,任何产品的价格都要高于成本费用,否则就无法经营。但是由于媒介经营受经济的影响,媒介产品的补贴来自两部分,并因此形成内生型、外生型两种收入结构模式。

3.媒介市场需求

媒介市场需求、成本费用、竞争产品价格结构对媒介产品定价有着重要的影响。而需求又受价格和需求变动的影响,因价格与收入等因素引起的需求相应的变动率,被称为需求弹性。

一般来说,需求弹性大于1时,需求富有弹性,即价格变动,需求量有较大变化;需求弹性小于1时,需求缺乏弹性,即价格降低需求量变化不大,总收益趋于下降;需求弹性等于1时,需求弹性中性,价格降幅和需求量的增幅一致。需求弹性可分为:

媒介市场需求的收入弹性。它是指因收入变动而引起的需求相应的变动率。有些媒介产品的收入需求弹性大,当使用者的货币收入提高的时候会导致对该类产品需求量有较大幅度的增加。

媒介市场需求的价格弹性。价格会影响媒介市场的需求,在正常情况下,市场需求会按照与价格相反的方向变动。价格提高,市场需求就会减少;价格降低,市场需求就会增加。这是价值规律在供求关系中发挥作用的表现。

$$需求的价格弹性 = \frac{需求量变动的百分比(\%)}{价格变动的百分比(\%)}$$

需求的价格弹性常常用需求量变动的百分比与价格变动的百分比来表

示。在以下条件下,媒介市场需求的价格可能缺乏弹性:一是市场上没有替代品或者没有竞争者;二是媒介使用者对产品内在品质的重视高于价格因素;三是媒介使用者使用习惯的转换成本较高,也不积极去寻找较便宜的替代品;四是使用者认为产品质量有所提高,价格较高是可以接受的。如果媒介产品不具备上述条件,那么该产品需求就具有弹性。在这种情况下,媒介管理者可以考虑降价,以刺激需求,促使更多目标使用者选择本产品。

媒介市场需求的交叉弹性。在为媒介产品定价的时候,还必须考虑各类产品项目之间相互影响的程度。媒介产品线中的某一个产品项目很可能是其他产品的替代品或者互补品;同时,一项媒介产品的变动往往会影响其他产品项目使用率的变动,两者之间存在着需求的交叉价格弹性。交叉弹性可能是正值,也可能是负值。如果为正值,则两项媒介产品为替代品,表明一旦某一产品的价格上涨,则另一产品的需求必然增加;相反,如果交叉弹性为负值,则两项媒介产品为互补品,也就是说,当某一媒介产品价格上涨时,另一媒介产品的需求量会下降。

4.媒介市场竞争结构

不同的市场竞争结构赋予媒介不同的市场权利,这些权利的大小决定了竞争者价格规划空间的大小。按市场竞争结构划分为:①完全竞争市场,是指媒介产品的价格由整个市场的供求关系决定。②垄断竞争市场,是指媒介价格规划空间的大小由媒介所具有的差异性大小决定的。③纯粹寡头垄断市场,是指媒介产品的价格由少数寡头通过协议或默契所确定;或者由一家最大的寡头先行定价,其他寡头跟随。④完全垄断市场,是指一家媒介可以完全控制市场价格,理论上可以在法律允许的范围内自由定价。

5.行业管理政策

媒介产品的价格有时候要受到政府的干预以及政策法规的制约。政府的干预一般可以分为两类,一是政府等主管部门为了扶植某个区域市场的发展,而规定进入该市场的媒介产品的最低限价,以保证该区域市场的媒介获取扩大媒介产品线规模所需的资本积累,这一最低限价常常是高于市场供求平衡点的价格;二是政府等主管部门为了防止物价上涨而规定媒介产品的最高限价。这一最高限价往往低于市场供需平衡点的价格,由于价格偏低会出现供给短缺。对有线电视、收费电视等的价格制定,国外有相应的政策规定,有时候甚至举行相关的价格听证会以决定价格水平。

6.心理因素

价格的制定和改变在受众心理上的反映对市场需求有很大的影响。受众有时会依据价格来判断媒介产品的优劣。“价高质优”的消费心理在现实生活中是存在的。所以,媒介产品的定价,要充分考虑受众的消费心理因素,避免因低价而被消费者视为质劣。

二、媒介价格策略

价格策略,源于19世纪末大规模零售业的发展,是指企业通过对顾客需求的估量和成本分析,选择一种能吸引顾客、实现市场营销组合的策略。价格策略的确定需要以科学规律的研究为依据,以实践经验判断为手段,在维护生产者和消费者双方经济利益的前提下,以消费者可以接受的水平为基准,根据市场变化情况,灵活反应,买卖双方共同决策。

媒介的价格策略,是媒介组织为向市场提供媒体产品或服务而进行定价的政策。媒介企业的价格政策必须与它的其他政策如产品、渠道和宣传政策保持一致,这样才能保证媒介企业通过向消费者提供媒体产品或服务而获得收入和利润。

媒介组织在定价时需要考虑以下几个方面因素:

(1)定价目标。媒介的定价目标是以满足市场需要和实现媒介盈利为基础的,它是实现媒介经营总目标的保证和手段。同时,也是媒介定价策略和定价方法的依据。

(2)确定需求。价格会影响市场需求。在正常情况下,市场需求会按照与价格相反的方向变动。价格上升,需求减少;价格降低,需求增加。

(3)估计成本。需求在很大程度上为媒介确定了一个最高价格限度,而成本则决定着价格的底数。价格应包括所有生产、分销和推销该产品的成本,还包括对媒介组织的努力和承担风险的一个公允的报酬。

(4)选择定价方法。定价方法,是企业在特定的定价目标指导下,依据对成本、需求及竞争等状况的研究,运用价格决策理论,对产品价格进行计算的具体方法。定价方法主要包括成本导向、竞争导向、顾客导向、折扣与折让定价等四种类型。

1.成本导向定价法

成本导向定价是媒介组织以产品成本为中心的生产力导向定价思路。

其目标是在不亏本的情况下获得尽可能高的利润。通常包括总成本加成定价法、目标收益定价法、边际成本定价法、盈亏平衡定价法等方法。

(1)总成本加成定价法。在这种定价方法下,把所有为生产某种产品而发生的耗费均计入成本的范围,计算单位产品的变动成本,合理分摊相应的固定成本,再按一定的目标利润率来决定价格。

(2)目标收益定价法。目标收益定价法又称投资收益率定价法,是根据企业的投资总额、预期销量和投资回收期等因素来确定价格。

(3)边际成本定价法。边际成本是指每增加或减少单位产品所引起的总成本变化量。由于边际成本与变动成本比较接近,而变动成本的计算更容易一些,所以在定价实务中多用变动成本替代边际成本,而将边际成本定价法称为变动成本定价法。

(4)盈亏平衡定价法。在销量既定的条件下,企业产品的价格必须达到一定的水平才能做到盈亏平衡、收支相抵。既定的销量就称为盈亏平衡点,这种制定价格的方法就称为盈亏平衡定价法。科学地预测销量和已知固定成本、变动成本是盈亏平衡定价的前提。

成本导向定价仅仅从生产方的角度制定价格,却忽视了市场需求和市场竞争,因此所制定的价格可能偏离顾客心理对产品价值的感知,也可能不利于获得媒介组织的竞争优势。

2.需求导向定价法

需求导向定价是企业以消费者对产品价值感知为出发点的定价思路。其目标是最大程度地获取消费者的理解和需求。具体有感知价值定价法、心理定价法和歧视性定价法(差别定价法)等。需求导向定价法通常是一种较理想的定价方式,但了解消费者对产品价值的感知要比估计产品的生产成本更为困难和抽象。此外,当消费者对产品的感知价值低于产品的单位成本时,导致企业不得不以低于成本的价格销售产品。

3.竞争导向定价法

在竞争十分激烈的市场上,媒介组织通过研究竞争对手的生产条件、服务状况、价格水平等因素,依据自身的竞争实力、参考成本和供求状况来确定商品价格。这种定价方法就是通常所说的竞争导向定价法。竞争导向定价主要包括:

(1)随行就市定价法。在垄断竞争和完全竞争的市场结构条件下,任何一家媒介组织都无法凭借自己的实力而在市场上取得绝对的优势,为了避免竞争特别是价格竞争带来的损失，大多数媒介组织都采用随行就市定价法，即将媒介组织某产品价格保持在市场平均价格水平上，利用这样的价格来获得平均报酬。此外，采用随行就市定价法，媒介组织就不必去全面了解消费者对不同价差的反应，也不会引起价格波动。

(2)产品差别定价法。产品差别定价法是指媒介组织通过不同营销努力，使同种同质的产品在消费者心目中树立起不同的产品形象，进而根据自身特点，选取低于或高于竞争者的价格作为媒介组织产品价格。因此，产品差别定价法是一种进攻性的定价方法。

(3)密封投标定价法。在国内外，许多大宗商品、原材料、成套设备和建筑工程项目的买卖和承包以及出售小型企业等，往往采用发包人招标、承包人投标的方式来选择承包者，确定最终承包价格。一般来说，招标方只有一个，处于相对垄断地位，而投标方有多个，处于相互竞争地位。标的物的价格由参与投标的各个媒介组织在相互独立的条件下来确定。在买方招标的所有投标者中，报价最低的投标者通常中标，它的报价就是承包价格。这样一种竞争性的定价方法就称密封投标定价法。

4.折扣与折让定价法

大多数媒介组织通常都酌情调整其基本价格，以鼓励顾客及早付清货款、大量购买或增加淡季购买，这种价格调整叫作价格折扣和折让，主要有现金折扣、组合折扣、数量折扣、交易折扣、运费让价、促销让价六种类型。例如，媒体组织在广告销售方面也会根据白天和晚间的不同阶段制定不同的广告定价。

三、媒介定价策略

1.媒介定价基本策略

①盈亏损益点定价策略。媒介产品的内生收入总额大于或者等于媒介产品制作和推广的总成本，媒介则可以保证获利或收支平衡。当内生收入总额等于成本总额时的媒介产品流通的数量被称为盈亏损益点。如果在实际的交易中超过了这个点，媒介就会盈利；反之，媒介则会亏损。

②预期价值定价策略。这是一种根据媒介使用者所预期的媒介产品对它们所具有的价值来对媒介产品进行定价的策略。

③差异需求定价策略。目标使用者不同，其表现出的使用需求也不一

样。根据媒介使用者的需求差异来规划不同媒介产品价格的方法被称为是差异需求定价策略。

④竞争比照定价策略。

2.媒介定价依据

①按照顾客的不同,对不同年龄、职业、消费状况的人群实行差异化的价格;

②按照媒体产品的数量;

③按照消费媒体产品的时间;

④按照所消费的有形资源;

⑤按照所覆盖的地理范围;

⑥按照媒体产品是否在一段时间里需要反复购买,而采用低价渗透或用吸脂定价策略;

⑦按照媒体产品式样和包装进行区别定价;

⑧按照媒体产品所在的销售窗口的不同;

⑨按照后续服务的不同,这经常出现在游戏产品或软件产品中。

小结

通过本章的学习,相信大家已经感受到媒介营销是媒介与市场营销学的一个交叉学科。实际上媒介营销也是非常庞大的体系,在本书中也只是以点带面地梳理了媒介营销可以用于定价的参考要素,而涉及定价的方面就需要许许多多复杂的公式来推演计算,可想而知媒介营销活动不是什么人都可以从事,他必须具备一定的数理知识和媒介知识,能根据媒介内外部环境因素制定出价格及相应的策略。作为一部适用于本科阶段的教材,在本书中就省略了很多复杂的计算和推演,目的是培养大家的营销意识从而达到大局意识。如果对媒介营销和价格策略的制定比较感兴趣的同学可以课后去补充相关知识。

第十二章

媒介管理创新

创新是内生动力，媒介环境复杂多变更需要创新。关于媒介的创新包括内容创新、形式创新、模式创新、机制创新等，无外乎都是要激发媒介组织及其产品参与市场竞争的活性。作为媒介未来的管理者，我们应该深刻地意识到体制机制的创新是根本创新，只有灵活高效的机制才有可能更健康的发展。本章我们将以体制机制创新带动管理创新的议题，介绍媒介运营与媒介管理创新的几个关键性要点。

第一节　体制机制创新

一、制播分离制

制播分离最早起源于英国，是指电视播出机构将部分节目委托给独立制片人或独立制片公司来制作，以此实现节目来源的多元化和采买的社会化。因为制播分离顺应了节目专业化和集约化要求，其产生后迅速在世界各国推行并逐渐形成潮流。关于制播分离的含义，学术界已形成大体一致的观点：指在电视节目的生产、流通与播出的过程中，节目的生产制作与节目的播出分别由不同单位负责的管理制度。在传统制播合一的体制下，节目的制作和播出都是由广播电视台自行负责，广播电视台既是节目生产者，也是播出者，充当着双重角色。而在制播分离的体制下，广播电视台可以对节目的生产实施外包制度，将部分节目的生产制作交给第三方专业节目制作公司，不再负责某些节目的制作，把工作的重点和核心转向节目的审查、编排和播出上，进而提高效率、节省成本、创造出一批优质好节目。

党的十六大后，党中央明确提出在电台、电视台进行制播分离改革的要求。2004年以来，中央领导同志多次作出重要批示，要求认真研究国内外制播分离的实例，明确哪些节目栏目可以制播分离，哪些不宜制播分离，并在全国性的会议上，明确提出要积极推进电台、电视台制播分离改革，改变单纯自制自播模式，引入竞争机制，不断提高节目制作水平。国家广电总局在《2004年广播影视工作要点》中正式提出了制播分离改革，并将其作为该年度改革工作的重点内容；2006年，国家广电总局制定下发了《广播影视改革工作实施方案》，明确提出文艺、科技、体育类节目可以有选择地逐步探索实行制播分离；2009年，国家广电总局印发《关于认真做好广播电视制播分离改革的意见》的通知，这是我国首部专门针对制播分离改革发布的指导性政策文件，标志着我国直播分离改革进入快速发展期，此次改革的重点是针对中央广播电视总台、中央人民广播电台和部分省级、副省级广播电视台。2008年，中央人民广播电台控股成立“央广智库广告有限公司”，“音乐之声”实行制播分离，成为中央台实施制播分离的最早实践者，随后在2008年上海召开广播电视制播分离改革大会，成立上海广播电视台、上海东方传媒（集团）有限公司，标志着整体实施制播分离为核心的广播电视改革拉开帷幕。

我国的电视节目播出机构基本以多频道运作为主，且一直实行采编播一体化的生产模式，大多都是自产自播，缺乏竞争机制，广播电视台效率低下，成本高昂。随着我国居民的文化消费水平、审美需求与精神需求的逐步提升，群众对广播电视节目的质量要求也随之提升，拓宽广播电视节目创新渠道、引入电台电视节目制作人才、广开内容生产平台成为我国广播电视台可持续发展的有效途径，制播分离由此在我国产生。我国最早提出制播分离可追溯到1999年9月国务院下发的《关于加强广播电视有线网络建设管理的意见》（国办发〔1999〕82号），意见提出了实行网台分营，广播与电视、有限与无限合并，停止四级办台，在该政策的指导下，以中央广播电视总台为龙头，各级广播电视台和社会化的节目制作公司，纷纷开始投入了对制播分离的尝试之中。此后，我国在探索制播分离道路上，从提出制播分离概念到推行至少经历了两次较为重要的浪潮：第一次是1999—2003年，标志性事件是电视剧制播分开的初步实现和最早一批民营电视制作公司的涌现；第二次是2009年至今，以央视、上海、湖南、浙江、江苏等为代表的广播电视台开始自上而下、由内而外实行制播分离，播出平台的开放成为社会广播电视节目制作公司兴起的基础。以时间为轴线回顾我国制播分离的历程，充分印证了改革在曲折中前进的道理。2005年，国内首次明确提出制播分离一词，改革率先进入实质性阶段。2009年，原上海文广新闻传媒集团获得第一个关于制播分离的批复，政策层面上首次提倡了制播分离。广电总局《关于推进广播电视“制播分离”改革（修改稿）》明确规定，除影视剧外，电视台从市场购买节目的比例，原则上每年不低于播出总量的30%。这一政策极大地改变电视台传统的自制自播模式，促进电视节目市场的繁荣发展，同时也给民营制作公司的壮大带来机遇。纵观当下，在电视节目生产与播出分离深化改革的大环境下，广播机构与生产机构的双重身份已成为电视台的标准，同时也要注重社会效益和公共服务效益。

现阶段，国内制播分离主要有四种体现形式。一是制播分离栏目制片人制。这种运行方式主要是借助栏目制片人和电视台之间的合作模式，有效控制制播分离。该运行方式要求电视台在合作过程中出让播放时间，而栏目的制片人要以自身的团队为中心建立自主化经营模式。在这个过程中，栏目的制作人身份并没有特殊的规定，而其自身的权利较大，不仅能有效支配人力和物力，对于整个电视节目的财务组成也具有绝对的支配权，甚至是广告经营也是处于一种自负盈亏的运营模式，因此，在实际运行过程中，栏目制作人制也被称为资源置换型制播分离。二是制播分离购买节目制。制作节目的机构进行集中制作，而电视台的运营部门购买播出权，广告运营也由电视台自行负责，这种运行方式在我国电视剧播放操作中较为常见，最大的优势就是电视台不需要对节目进行前期的市场调研和策划，只需要顺应市场特点进行播出即可，但是，这种操作框架中，节目的版权完全属于制作机构，电视台最大的支出就是购买过程中支付的费用。三是制播分离合作制。在合作之中，最根本的要求就是频道的专业化，要求电视台和制作机构建立一种共生协作的关系，一起投资策划以及制作节目，从而对节目的版权进行分摊，这种运行模式关系到双方的实际利益。其中，电视台主要提供部分的制作经费，并且提供一定的广告时段供制作单位自行经营，审查之后集中投放。这种运行模式，最大的优势就是能提高资金的吸纳效率，保证频道得到全新的包装和整改。四是制播分离整体推进制。这种模式推动的是广电集团改制为传媒集团公司，实现了制播分离的整体性，在实际运营操作中，实现了频道管理以及宣传编辑的升级，并且实现了播出管控项目的优化，提高了新闻节目的制作效果。另外，最重要的是将节目的制作和广告的经营业务从传统的事业体制中有效剥离出来，实现最基本的市场化和商业化。

制播分离已经成为加快中国电视产业化进程的一项必然选择，是我国广播电视产业化的标志。制播分离的发展有利于培育我国广播电视之外的节目内容生产产业，使之逐步成熟壮大，形成产业链，给资本市场带来众多较高回报的投资机会，促进资本和产权的整合，也有利于促进节目交易市场的繁荣和兴旺。同时，更意味着电台、电视台全台的运作转移到以市场为中心，广播电视媒体将会通过体制创新和市场的力量整合资源，不断发展壮大，赢得与国外传媒抗衡的实力。当下，我国的制播分离分为台内、台外“两条腿”走路。纵观全国制播改革进行得较顺利的电视台，几乎都是在一个全新搭建的基础上进行的，即新成立的人员班子和试验性质的内部机制，而这些制播改革探索中，又分“制作”的利益关系是在台内或集团内分化，还是彻底分离到社会市场中“两条腿”走路。

二、工作室制

工作室(Workshop)制的起源可以追溯到德国建筑师和教育家瓦尔特•格罗皮斯于1919年开创的一种实践教学形式，即以“作坊”为教学场所，帮助学生更快地掌握手工技巧和生产技能，将教学成果直接转化为产品，产生经济效益。如今，工作室制被广泛应用于各种领域和机构，虽服务于不同的目的，但其灵活性、开放性、市场性等特点被保留了下来，对广电而言也不例外。

随着新媒体的不断发展和媒体融合的深入推进，各种新的产品、内容、渠道、介质、样态、形式等不断涌现，特别是在人工智能和大数据的深度介入和持续赋能下，传统广播电视媒体感受到了巨大的压力和冲击，有的广播电视运营模式面临着巨大的挑战。如何升级和重构广播电视的生产运营模式成为广电人思考的重点，而工作室制的运用成为解决这一问题的有效举措之一。对于广电而言，工作室是一个相对专业化和业务化的团队，可以充分发挥其“小、快、灵”的优势，突破传统体制和外部市场之间的障碍，快速适应变化的媒介环境，加速融入市场、开展全媒体运营。

中心制和频道制是目前我国广电媒体广泛采用的组织结构形式，伴随媒介经营环境、传播渠道的变化，媒体组织结构也随之发生变革，广东、湖南、浙江等地广电媒体先行探索的融媒体工作室应运而生。工作室的改革试点激发了员工创新创业的热情，是适应媒体融合发展要求的复合型人才的孵化基地，广电工作室制度的建立已经成为广电创新发展的有效途径和必要趋势，将有效为传统媒体的转型升级做出巨大贡献。

广电工作室制的生产力主要体现在体制上的灵活和人员的灵活。体制的灵活创新了工作室内部的运营模式和节目生产方式，工作室综合利用更多新媒体的技术优势，加上内部资源高度整合、共享共创，使得内容生产、表现形式和表现手法创新以及资源集约方面的优势充分体现，加之工作室提出的品牌激励、创新激励、用人激励、收益激励等各种激励措施以及员工内部竞争意识提升，大大激发了内部人员的工作激情和行动力，因此使得工作室的生产力和效能尤为显著。在全国各级广电媒体深入推进媒体融合的道路上，工作室制度的提出对广电推动融合发展、全产业链发展、高质量发展，培育产业竞争新优势，探索发展新模式，促进转型升级起着积极促进作用。具体体现在媒体的包装推广手段、人员融合、内容生产融合、市场经营等方面。

三、创新名义小组

名义小组法又称名义群体法、名目团体技术、名义群体技术等，是管理决策中的一种定性分析方法。决策过程中对群体成员的讨论或人际沟通加以限制,但群体成员是独立思考的。在这种技术下,管理者先召集一些有知识的人,把要解决的关键问题告诉他们,并请他们独立思考,要求每一个人尽可能地把自己的备选方案和意见写下来。然后再按次序让他们一个接一个地陈述自己的方案和意见,在此基础上,赞成人数最多的备选方案即为所需要的方案。当然,管理者最后仍有权决定是接受还是拒绝该方案。

第二节 技术创新

媒介技术,也称传播技术,是人类赖以生存和发展的基础技术。人类借助媒介技术进行思想意识、观念的交流和沟通,不断改进生产方法、工具、手段、技术以达到生产力和传播效率的提高,促进社会发展的目标。媒介技术也是推动社会发展和社会进步的重要技术措施,对加快各行各业的科技创新具有积极促进效用。我国媒介技术历经了口语传播时代、文字传播时代、印刷传播时代、网络传播时代和新媒体与数字传播时代五个发展阶段,媒介技术的每一次重大创新,对人类和社会进步都产生了深刻影响。在新媒体与数字传播时代发展的今天,媒介技术创新发展取得了重大进步,媒体技术通过互联网、云计算、大数据、物联网、人工智能等为代表的数字技术全方位嵌入了人们的日常生活,影响着人们的生活方式和观念,极大程度地增进了人们之间的沟通和相互理解,有利于消除愚昧,普遍提高人们对自身和自然世界的认知水平。

一、媒介技术变革与人类传播活动的主要发展进程

沿着人类传播活动发展的历史轨迹往回追溯,我们不难发现,人类社会一经诞生,其生存和发展就未曾离开信息传播活动。人类社会的生存离不开个体之间的有效合作,为实现个体之间的有效合作,人类必须通过交流信息、沟通思想感情和经验,达到相互了解的目的。这就需要不断进行传播活动。进行传播活动需要通过一定的方式、手段、工具。因此,人类在其社会赖以存在的最基本的活动—生产劳动过程中不断发明和更新传播手段、技术,从而不断延伸传播的时空距离并扩大传播的规模。信息传播的孕育和诞生,与媒介技术的发展和更新始终有着不解之缘,传播技术的演变使得传播行为在人类生活中所扮演的角色越来越重要。

1.符号时代

在人类诞生后的漫长时期内,人类只能依靠原始而古老的方式如表情、

动作等来传递信息。简单的方式限制着复杂的信息交流，也限制了信息传递的范围。因而出于满足生产劳动和生活中更有效地进行传播活动的需要，人类发明了使自己彻底完成“从猿到人”转变的传播工具——(口头)语言。(口头)语言能系统、抽象地表达声音和客观事物、人类行为等之间的联系，使人类把声音同它们所指的对象分离开来，有助于人类更有效地利用信息、从事信息传播活动。然而(口头)语言转瞬即逝，其传递的信息无法离开人的记忆系统而被保存下来，同时(口头)语言将传播距离局限在声音所及的范围之内，虽然可以通过“接力棒”式的方法扩大信息传播距离，但是因为各种原因造成的“走样”，使得口头传播的时空局限性仍然很大。随着人类生产水平的提高，社会组合的规模扩大，人类接触的频繁程度也大大提高，进一步克服口头传播活动时空局限性势在必行。于是，使信息得以离开人脑的记忆系统储存下来，得以大规模的有效积累成为可能的传播工具——文字，作为抽象化、规范化的符号系统应运而生。人类运用文字和书写工具将信息记录、保存下来，传给远方、传给更多的人、传给后世；同时也为文化的代代传承和大规模的社会管理控制提供了可能。语言和文字的诞生，是人类传播手段、技术进化中的里程碑，两者同属于符号系统，是符号层面的重大革命。

2.印刷媒体时代

出于文字传播的需要，人类渐渐发明了书写文字的笔墨纸张，但是手写、刀刻的文字书写手段显然是无法实现真正意义上的大规模迅捷的社会传播。从某种意义上来说，传播史上更为重大的突破有赖于能迅速地、大规模地复制信息的技术手段的出现与应用，以及负载符号的载体媒介技术层面的重大突破。这种突破由较为先进的金属活字印刷术和金属活字印刷机的问世以及以此为技术基础的最早的近代印刷媒介——近代印刷书籍的诞生拉开了帷幕。发明世界上第一台手摇金属活字印刷机，将机械技术运用于印刷术的，是德国人谷腾堡。西方学者往往把1450年谷腾堡发明世界上第一台手摇金属活字印刷机和1456年他运用这种手摇印刷机一下子印刷了200册《圣经》这两个事件，视为人类传播新闻活动开始进入大众传播时代的标志。然而从严格意义上来说，第一张著名廉价报纸纽约《太阳报》的问世，才能称得上是真正的大众传播时代来临的标志。《太阳报》在技术上，注意采用先进的印刷技术，从1837年起采用改进了的、当时最先进的滚筒印刷机，为大量发行提供了技术保证。

3.电子传媒时代

随后现代报业开始了向大众化、现代化进军的历程,大众传媒业在全社会的影响也日趋凸显。现代报业开始形成于19世纪90年代,由此成为人类传播活动发展中一段熠熠生辉的时期。而随后发生的声像媒介尤其是靠电波传送信号的电子媒介广播电视的诞生,则是这段时间中传播领域更为意义重大的突破。声像媒介的问世,也是以一系列传播科技发明为技术基础的。1844年,电报发明者美国人莫尔斯成功地发送了第一次电报讯号:1873年,约瑟夫·梅发现了化学元素硒的“光电作用”;1876年,美国人贝尔发明电话:1888年,赫兹发表了有关电磁波发生和接收的实验论文,证实了电磁波的存在;1895年,意大利科学家马可尼成功地进行了横越大西洋的远距离无线电信号传递;1906年,美国科学家李·德福雷斯特研制了真空三极管,使无线电技术获得了重大的进展,使无线电广播成为可能:1920年,世界上第一家广播电台美国匹兹堡的KDKA电台成立开播,标志着无线电广播的诞生。1923年,俄裔美国科学家兹沃里金发明了电子扫描装置光电摄像管,奠定了现代电视摄像的基础;1925年,英国发明家贝尔德实验室播送和接收画面获得成功;1936年,英国广播公司(BBC)在伦敦市郊建立了世界上第一家电视台,正式进行电视广播,开创了电视时代。

与印刷传媒相比,电子传媒在克服时空限制方面又实现了一次飞跃。这样从19世纪末到20世纪30年代,就成为现代大众传媒业迅速发展的一个重要时期。这一切令人们不得不对信息传播刮目相看,但还在广播电视作为传媒领域的最新成员备受青睐之时,信息传播中的新变化又在悄然发生。以电脑技术为核心的信息传播新技术、新媒介的兴起和发展,是近半个世纪以来人类传播中媒介技术层面的新突破。

4.网络传播时代

20世纪80年代以来,社会形态和经济结构的巨大变化使得整个人类社会出现了全球化和信息化的发展趋势。然而,仅有社会的需要,网络传播时代是不会到来的,必须要有坚实的技术基础。

目前,已经在全球范围内的信息传播中显示出其独特优势的电脑技术(电子计算机技术),自1946年第一台电子计算机诞生以来,即开始了其从主要用于数据处理及信息的储存和检索到用于包括各种层次的传播活动在内的信息处理工作的发展历程。尽管最早的电子计算机是一个操作复杂的庞然大物,尽管在20世纪50年代早期,电子计算机的电子记忆及其处理储存数据的程序编制还是“科学的奇迹”，但是电子计算机作为能帮助人脑工作的数字化机器，很快在其发展过程中因其技术的进步和成熟得到了优化，并实现了微型化，达到了能够用于全方位进行信息存储、处理、检索、发送和接收等信息工作的境界。计算机网络技术是伴随着电脑渗透到大众传播当中的，引起了大众传播形态以及结构的巨大变化。电子计算机将各种现代电缆电视结合而发展出新的大众媒介——多媒体，从而形成网络传播时代普及的新媒体。多媒体是在有线网和电子计算机基础上，将有声语言、图像、文字、传真通讯、娱乐性服务等结合起来，深刻地改变了人类所熟悉的传播方式。这种一体化的传播媒介不仅意味着传播所提供的信息量在不断增加，同时也意味着完全新型的信息提供方式和利用方式的诞生。

除了电子计算机网络技术以外，有线电视在20世纪50年代初期兴起，与此同时，诞生后很快就用于广播电视传播的卫星技术也在不断发展。20世纪90年代卫星已经被普遍用于大众传播之中，卫星作为中介将电视节目转发给地面的各个有线网，或直接将节目信号传给个体用户，卫星广播电视的普遍使用，也标志着广播电视进入了一个崭新的发展时期。此外，1970年适合于长距离传输的光纤首次问世。光纤技术的应用使信息传输的速度和容量都产生了惊人的变化。在迅速发展的信息传播新技术、新媒介中，电脑技术、卫星技术、光纤技术的发展，对世界性的信息传播来说，意义尤为重要，而电子计算机技术尤其起着核心的主导作用。

5.新媒体与数字传播时代

新媒体时代是指报刊、广播、电视等传统媒体以后发展起来的新的媒体形态，新媒体（New media）概念是1967年由美国哥伦比亚广播电视网（CBS）技术研究所所长戈尔德马克率先提出的。新媒体时代是相对于传统媒体而言的，是利用数字技术、网络技术、移动技术，通过互联网、无线通信网、卫星等渠道以及电子计算机、手机、数字电视机等终端，向用户提供信息和娱乐服务的传播形态和媒体形态。严格意义上来说，新媒体应该称为数字化媒体。

在新媒体与数字传播时代，信息的传播速度相当快，信息已经从单向传播变为双向传播，从链条式传播变为圆规式传播。同时，传播行为更为个性化，这种传播方式使得每一个人都成为信息的发布者，能够个性地表达自己的观点，传播自己关注的信息，形成了“人人都是自媒体”的局面。而无线移动技术的快速发展使得新媒体具备移动性的特点，用户的接收方式从固定到转变为移动，且信息在传播内容方面更为丰富，文字、图像、声音等多媒体化成为一种趋势，与此同时交融性还表现在终端方面，多种媒体的功能集合在一部手机上。

随着传播技术的进步，大众传播媒介的种类，从传统的报纸、杂志、电视、广播，扩大到了网络、电视等新媒介。虽然新的传播技术的诞生并不一定表示传统的传播技术就会被淘汰，比如：人类可以运用新兴的传播技术改变原有的传播形式，而使传统媒介重新发展出一种新的面貌，像电子报纸、电子图书、网络广播、网络电视、电子邮件、远程教育等等。但是也由于多媒体、数字、网络技术等高新技术的发展，使得原本无法相通的媒介得以相互融合，而媒介的服务功能也逐渐趋于完善和一致。电子报纸比传统的纸质报纸更易于搜寻特定讯息；数字广播与数字电视成为可听、可看的媒体，特别是超媒介的网络，透过电脑终端机的连接，就能让使用者在出版、电视、广播和电子计算机等多媒体资讯环境中来去自如。

新的传播技术的便利逐渐模糊了大众传播和其他形式传播活动之间的界限。各种传播技术都可以广泛地为大众、小众甚至人际传播所使用。因此，在传播媒介上，对于大众与人际传播的服务功能的划分，在高新技术的背景下已经不再是那么清楚和绝对了。

二、媒介技术创新

1.信息化时代下的媒介技术创新

在20世纪90年代后，现代媒介技术发生了巨大的变迁，催生了一大批以互联网为代表的数字媒介，促使信息的传播从传统的单向传播向互动传播转化，信息传播正式迈入了一个以关系为主的互动时代。媒介技术的创新增加了大众获取信息的速度、广度、深度和宽度。相比印刷传播时代数字化媒介的出现和发展实现了信息传播的重大突破，通过互联网和海量的数据库，受众只要在联网的状态下随时随处可发布、查询、接受信息，而超链接技术的产生则为信息的深度挖掘和用户的使用提供了极大的便利性，促使信息阅读不再仅仅依托于传统的纸质文本。从纸质媒介、电子媒介到数字媒介，媒介技术的不断发展极大程度地降低了受众对媒介的使用成本，受众可以运用不同的媒介工具获取想要的信息，而所付出的时间和经济成本也在逐步降低。

但随着人们对信息的要求不断提高，单一的图文信息已经难以满足当代读者的需求了，媒介多媒体技术也由此应运而生。以VR、FLASH动画、3D

技术等为代表的多媒体技术新增了科学传播的互动性、多样性和娱乐性，也营造出了不同的场景感，使得现实世界和虚拟世界越来越接近，在重塑人际交往模式的同时也改变着人的传统思维方式，例如参与传播的主体在不同媒介发展阶段所代表的角色和地位是不同的。由此可见在新兴媒介的不断出现下，不仅传播者与受众之间距离得以缩短，而且信息交流方式也在发生变化，由传统的“单向需求”转为“双向互动需求”，受众对信息的接收方式也由传统的被动转为了主动吸取，也就是传播学概论中提及的以受众为中心的传播模式。

2.融媒体环境下的媒介技术创新

“融媒体”是指充分利用媒介载体，把广播、电视、报纸等既有共同点，又存在互补性的不同媒体，在人力、内容、宣传等方面进行全面整合，实现“资源通融、内容兼融、宣传互融、利益共融”的一种新型媒体。传媒业受融媒体环境的影响，媒介技术已经不再局限于传统的纸质媒体和单一媒介技术，而是不断涌现出了各种新媒介，以及新老媒介之间“抱团取暖”的相互融合与渗透。

(1)手机媒介

手机媒介，是以手机为视听终端、手机上网为平台的个性化信息传播载体，它是以分众为传播目标，以定向为传播效果，以互动为传播应用的大众传播媒介。在融媒体环境下，手机已不再单单是通讯工具，而是成为继报纸、广播、电视、网络四大媒介之后的“第五媒介”，它由报纸、移动通信商和网络运营商联手搭建的信息传播平台，用户可通过手机浏览到当天发生的新闻，其实质是最新电信增值业务与传统媒体相结合的产物。手机媒介的出现强化了“四大媒介”的时效性和互动性，具备多媒体优势，有效实现了信息的及时传播和接收，有利于受众及时参与话题讨论，更为深刻地理解信息，提高信息的传播效果，已经成为人们信息传播的重要媒介。

手机媒介的基本特征是数字化，最大的优势是携带和使用方便。手机媒介作为网络媒介的一种延伸，具有网络媒介互动性强、信息获取快、传播快、更新快、跨地域传播等特性。手机媒介还具有高度的移动性与便携性，信息传播的即时性、互动性，受众资源极其丰富，多媒体传播，私密性、整合性、同步和异步传播有机统一，传播者和受众高度融合等优势。从传播角度看，手机媒介拥有的独特优势有：高度的便携性，跨越地域和电脑终端的限制，拥有声音和震动的提示，几乎做到了与新闻同步；接收方式由静态向动态演变，用户自主地位得到提高，可以自主选择和发布信息；信息的即时互动或暂时延宕得以自主实现,使人际传播与大众传播完美结合。

同时,手机媒介对新闻的传播也具有积极促进效用。一是消除了时空维度对新闻传播的限制,实现了传播的随时性、随地性。手机媒介不仅可以提供线性方式传播,而且还可以提供非线性方式的点播和下载,实现了实时性传播和异时性传播的共存,人们不仅可以了解正在发布的新闻,而且可以了解过去发布的新闻。同时手机是一种随身媒体,可以随时随地收听收看新闻信息。与需要在客厅、卧室、办公室或者汽车等固定地点接收信息的其他媒体相比,其新闻发布与新闻接收之间的时间之差更小,基本做到即时发布、即时接收。在空间上,由于移动通讯网实现全球覆盖和全球漫游,手机媒介彻底打破媒介地域性和疆域性,让地球上的距离对新闻传播的影响减小至可以忽略不计的地步。无论身处世界的哪个角落,只要手机用户愿意,都可以获取需要的信息,实现超越空间的沟通。

二是消除了不同媒介之间的隔断,实现了媒介大融合,使新闻传播走向全媒介化。手机是数字化多媒体终端,既接收音频、视频,又接收图文、数据。这一卓越的物理性能赋予了手机强大的媒介融合能力。通过一个小小的手机,人们可以借助文字、图片、图像、声音的任何一种或者几种的组合来开展新闻传播活动,可以采用手机报、手机广播、手机电视、手机网站、手机博客等不同的形态实现新闻传播的意图,满足新闻传播的需要。在这里,报纸、广播、电视、互联网之间的分界不再具有意义,手机集成了它们的能力,成为一个全媒介的媒体。

三是消除了大众传播与人际传播的主从关系,使新闻传播更多地表现为个体性行为。在传统的新闻传播格局中,大众传播占据主导地位,被视为“大道消息”,而人际传播处于从属状态,被视为“小道消息”。手机的媒介化改变了这一格局,手机用户之间的人际传播在新闻传播的速度和广度上已经不弱于大众传播。特别是对于社会性突发事件和地震、海啸、疫病等灾害事件,手机用户进行的人际传播常常快于、广于大众传播。这一点,在2008年5月12日发生汶川大地震时表现得特别突出,大多数人是利用手机获得或发布了有关这次地震的消息。

四是消除了传与受的界线,使新闻传播从单向传播向多向互动传播转变。传统媒介是单向的,所谓的信息反馈只能在一定限度内发生,并且常常是事后的、延时的、缺乏即时性和直接性。手机不仅是手机报纸(国内的悦无线)、手机广播、手机电视的终端,还是移动电话的终端,无线互联网的终端,可以做到一边收看收听新闻,一边通过电话、短信和WAP网等多种方式与手机媒介的内容运营商进行即时的、直接的交流、沟通和反馈。“传授”双方可以随时根据对方的反应修改、调整、补充自己的传播内容，从而实现新闻传播的高质高效。

(2)数字电视

数字电视就是指从演播室到发射、传输、接收的所有环节都是使用数字电视信号或对数字电视信号进行处理和调制的全新电视系统。该系统所有的信号传播都是通过由0、1数字串所构成的数字流来传播的，数字信号的传播速率是19.39Mb/s，如此大的数据流的传递保证了数字电视的高清晰度，克服了模拟电视的先天不足。作为新媒体之一的数字电视同样在吸引着人们的眼球，2003年12月在长沙举行的全国广播影视工作会议上，广电总局正式提出将2004年作为“数字电视年”和“产业发展年”，2004年被媒体称作“中国数字电视元年”。

数字电视传输信息的优势在于：①图像清晰度可接近于发射端信源部分的清晰度；②伴音质量高，音域范围宽；③频道利用率高；④数字电视与模拟电视可实施信道兼容；⑤很容易实现加密/解密、干扰/解扰，以便扩展各类收费的广播电视服务和其他专业应用，如军事、商业服务；⑥便于与通信和计算机融合，有利于构成国家信息高速传输网终端；⑦可以采用纠错编码技术提高电视机的抗噪声干扰能力；⑧数字电路成本低，无需调整、调谐，不会老化，所以生产成本降低，维修也容易。

发展数字电视，需要巨额的资金投入。在现有的情况下，单靠一方力量发展数字电视是不现实的，强强联合，上下联合，行业系统内外的联合成为大趋势。各方按投资确立产权股份，按业务、按提供的服务进行分成便成为现实。以产权、业务为纽带，能够理顺各方的关系，通过市场原则，使网络运营商、节目供应商、监管者能够各司其职，既各自独立，又相互关联，有利于广电产业的有效整合。同时，发展数字电视有利于为专业化频道提供发展的机会、为业务开拓提供巨大发展空间、为民企、外资进入广电行业提供平台，更对广播电视行业经营管理提出了更高的要求。

(3)IPTV

IPTV是互联网协议电视(Internet Protocol Television)的缩写，在国内也称为网络电视。它利用ADSL、以太网或者有线电视网络等接入宽带网，通过互联网协议(IP协议)来传送广播电视信号，以家用电视机或电脑作为主要接收终端，提供包括电视节目在内的多种数字媒介服务。IPTV是集互联网、多传媒、通信等多种技术于一体，向家庭用户提供包括数字电视在内的多种交互式服务的崭新技术，是一种个性化、交互式服务的崭新的传媒形态。通过IPTV的应用，可以实现包括视频点播、视频直播、图文资讯和网络游戏等丰富的业务形式。它是以IP机顶盒为主要终端，以电视机为主要显示设备，以遥控器为主要输入设备，以宽带IP为主要传输网络提供多传媒信息服务。IPTV优势在于具有交互性、节目内容丰富、收视方便等，用户可以实时参与进来，非常容易地将电视服务、互联网浏览、电子邮件等多种在线信息咨询、娱乐、教育及商务功能等进行结合。

3.5G时代下的媒介技术创新

通信技术的每一次革命都给人类社会带来了巨大变革。移动通信的发展史最早可以追溯到19世纪。早在1864年，英国物理学家麦克斯韦就从理论上首次证明了电磁波的存在；1876年，德国物理学家赫兹用实验证明了电磁波的存在；1896年，意大利无线电工程师马可尼用电磁波进行了约2公里距离的无线电通信试验，并获得了成功，从此世界便进入了无线电通信的新时代。到1983年，美瑞泰克科技（Ameritech）推出了第一个美国1G网络，允许早期采用者随时拨打语音电话。1987年，中国推出第一批商用移动网络，1G时代手机仅用于接听和拨打电话。1995年，中国进入2G时代，数据传输服务的速率可以达到9.6Kbit/s—14.4Kbit/s，在语音传输的基础上，短信、彩信服务开始流行，甚至有超越通话使用频率的趋势。随之而来的3G网络将速率大幅提升至384Kbit/s，视频通话带来了新的沟通方式，iPhone的出现使手机开始变得真正“智能”，并彻底改变了我们的生活方式。替代报纸、广播、电视等传统媒介已无法满足移动终端的野心，QQ、微博、微信、短视频等真正的新媒体初具雏形。4G时代手机则更多超越了传统媒体的定义，随着移动支付、电子商务等进一步发展，外卖、滴滴、共享单车等原生于手机的新应用、新业态，极大提升了社会协作效率与居民生活质量。手机的影响力跨越了虚拟世界与现实社会的边界线。而如今我们已经开始进入5G时代，在5G时代媒介技术将得到再次创新。

（1）**万物皆媒介**

5G网络高传输速率的优势，将更能与AR增强现实、VR虚拟技术、AI人工智能、云计算、智能家居、智慧城市、4K乃至8K技术等深度融合。即将全面覆盖的5G时代，依靠PC端、手机、平板电脑等4G时代的媒介产物，会催生例如联网无人机等一批进一步满足受众需求的新兴媒介，真正达到“万物互联""万物皆媒"的"物联网"时代。同时新兴媒介的出现必定意味着媒介传播技术将会发生变革。

(2)**媒介新技术的颠覆**

媒介的技术变革会颠覆原有的媒体的信息采集、新闻报道、传播与沟通方式。之前3G催生了微博,4G催生了微信和短视频,而基于5G核心技术之上的想象力和洞见将引领未来媒介的发展方向、逻辑变革和传播方式等的转移。基于大规模多入多出、毫米波传输、多连接等技术,5G实现了峰值速率、用户体验数据速率、频谱效率、移动性管理、时延、连接密度、网络能效、区域业务容量性能的全方位提升。同时,5G"无线光纤"可以使广电媒体在远程直播报道期间,通过减少现场操作规模节省技术人员,节省布线、光纤安装和卸载、天线设置的成本。对美国公开案例研究的分析表明,与现有方法相比,5G蜂窝系统可以将预算减少至34%。未来5G时代的电视媒体则可以针对人眼、环境等因素,改善视频细节。视频点播系统与AI、大数据、人脸和语音识别结合,可以识别出每个收视者及其以往的视频使用特征,创造"轻页面、轻操作、千人千面"的新视频点播模式。

英特尔委托Ovum推出的《5G娱乐经济报告》显示,预计未来10年(2019—2028),视频将占5G数据使用量的90%,但是5G驱动的VR和AR将达到临界点。到2028年,游戏等非工业用途将占5G驱动的AR数据的90%。当前社交媒体平台正在迅速转向以视频为中心的服务,Facebook、Twitter、Instagram、Snapchat都已经制作了大量视频产品。微信最新改版也引入了"时刻视频"支持录制(剪辑)并发布视频。实际上,在2017年马克·扎克伯格表示,"Facebook将在未来5年内成为视频媒体"。社交媒体是贯穿3G、4G时代的杀手级应用,但现有社交媒体还是以文字或图片为主要互动形式。即使以上社交媒体引入了"视频"应用,但这类应用还处于"单向"播放的初级阶段,缺乏"双向"互动。随着时间的推移,5G为传媒所带来的营收还会进一步增加,研究报告预计到2028年,5G将会为传媒产业带来3350亿美元的营收,在无线所带来营收中的比重会提升到79.9%。

(3)**媒介传播技术的变革**

在5G时代,媒介传播技术将从传播形态、传播格局等多方面发生变化。媒介呈现出沉浸式、家庭式、共享式等形式。所谓的沉浸式也就是通过技术支持提供4K、8K超高清晰度视频,以及AR、VR的内容和包装,受众接收信息获得的是沉浸式通感,通过深度的在场感的营造,能够满足缺席受众的所有个性化需求。对于传统媒体来说，打造全息视角，实现窥视式沉浸观看，注重细节营造，将是未来5G时代节目的发展方向。家庭式则是由于视频清晰度升高，交互性增强，未来的受众有望实现由微端、网络回归到电视，而服务类的、教育类的、情感类的节目更适合阖家观赏。例如央视《朗读者》，自播出以来频频受到好评，收视率居同时段全网收视前五，年轻人观看居多。而在新媒体受众中，大多以中年、青年人居多，但传统电视媒体可以抓住未来将要大批进入网络的"黄发"与"垂髫"，打造全年龄段受众的家庭节目。5G时代的电视不仅仅是传统电视频道与网络电视的结合，它还是一个突破微端视听局限的大型终端。5G技术时代，电视机终端将沿着互联网电视(OTT TV)的发展道路转变为智慧家庭的信息屏幕，即成为海量化、类型的网络媒介信息内容的播放设备。同时它也将是一个家庭碰撞交流，获得幸福感的重要来源。家庭性将成为未来电视向前发展的重要考量因素之一。共享式则是我们通常意义上理解的通过"云"的形式进行分享和传播，可以概括为"提供资源的网络"，通过将软件、硬件、数据等资源从本地迁移至云端，让用户不必花费高昂的时间和金钱成本购买、学习和使用复杂的本地硬件软件资源及存储数据，反而能够通过成本较低的客户端，对处于云端的功能强大的软件、硬件和数据资源完成随时随地的连接。当前的"云"，更多是使用"存储+分享"的模式，登录"云"下载信息资源到本地来满足需求，本地终端需要编辑完成再上传到"云"上，例如百度云、微盘等。不久后的5G时代，则是"共享"模式，万物皆处于"云"中，其高速率和低延迟能够保证所有数据的编辑处理都在云端完成，对媒介数据传输和信息传播起着有效作用。

第三节 经营理念创新

一、去刊例化经营

广告一直以来都是媒体的核心盈利模式。电梯广告、影院广告、户外卖场广告这些实体高频场景，共同构成的城市生活圈媒体，则是互联网时代线下广告的核心载体。其中，电梯广告主要包含电梯电视媒体和电梯海报媒体，影院广告主要是影院银幕广告，户外卖场广告则是户外、实体商场、消费场所环境广告。而刊例价正是广告的一种价值体现。

刊例价是指每家媒体官方对外报出的价格，根据媒体的知名度、发行量、发行区域等因素，每家媒体都会核定适合自己定位的刊例价格。在互联网时代和数字经济浪潮下，传统广告和媒体预算的时代已经成为过去，许多媒介组织因移动互联、跨界融合、消费升级等因素的影响致使经营陷入困境，这一点在传统电视广告经营上显得尤为明显。2019年第一季度我国整体广告市场遇冷，传统媒体和全媒体广告刊例价双双降低，半数广告品类花费下滑，上涨的品类总花费占比仅达两成。在市场大环境和企业自身的营收状况、产品周期等多重因素影响下，2019年广告主信心和2018相比有所降低。因此，媒介在经营上可以不再一一遵循传统的广告段位进行刊例价格体系的制定，而是要运用互联网思维、流量思维、大数据思维等结合创新采取“去刊例化经营”模式。

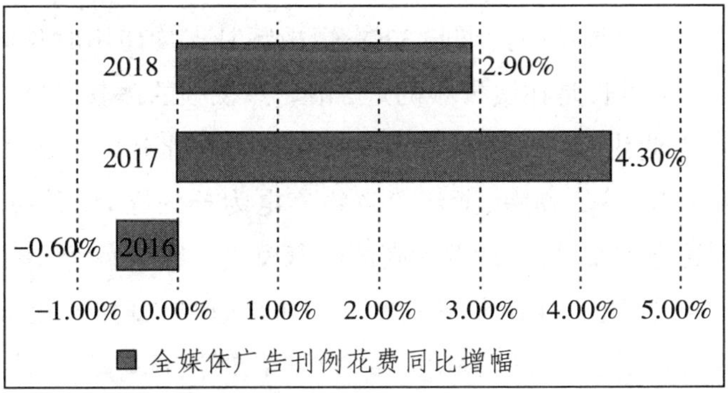

图12-1　2016-2018年全媒体广告刊例花费同比增幅

“去刊例化经营”意味着媒介组织的管理者需要跳出传统广告经营思维,积极主动迎合市场发展和大众需求。一方面广电媒介组织需及时改变传统的商业模式,从传统的仅仅收取节目制作费和贴片广告费等转化为利益分配,运用市场化运作和公司化运作经营模式,联合民营制作公司结合制播分离模式,探索在线下收益。另一方面是以融媒市场化为核心,专注互联网内容产品打造及互联网经营模式探索,依托广电的优势资源,着力构建互联网内容产品矩阵,将大量的经营中心放到流量的整合归集上面,积极探索流量入口、大数据、优质内容整合的经营模式,提升媒介组织的市场经营水平,对传统广电创新发展而言不可或缺。而广电探索MCN(多频道网络)则是“去刊例化经营”中的一种有效创新途径。

MCN模式源于国外成熟的网红经济运作,其本质是一个多频道网络的产品形态,将PGC(专业内容生产)内容联合起来,在资本的有力支持下,保障内容的持续输出,从而最终实现商业的稳定变现。MCN提供的价值大致分为信息价值和效率价值两大类。对于有投资价值的MCN项目,他们有着较强的内容判断及制作能力,有自己的模板化、工业化的生产机制,同时有很强的流量采购能力,对流量有着水龙头一样的控制力,能够从内容生产和消费两端实现调控,形成匹配。同时,公司对红人的服务能力也很重要,要让红人们甘做个纯纯的内容生产者,从而产生对红人的控制能力,这需要非常细致而体系化的服务。《2019中国MCN行业发展研究白皮书》显示,截至2018年12月,全国MCN数量已超5000家,90%以上头部网红都被MCN收入囊中或成立自己的MCN。而从具体的内容形态来看,催生这股MCN热潮的正是PGC和UGC(用户原创内容)的合流。

目前,媒体已经进入了视频化表达的时代,短视频在媒体视频化中扮演的角色更加重要。CTR(市场研究公司)的数据显示,截至2019年上半年,短视频月活跃用户数量同比增长32%;短视频月人均使用时长同比增长9%,其月人均使用时长是在线视频的近2倍。短视频的蓬勃发展直接催生了内容产业化、专业化、垂直化的趋势,广电MCN也在此背景下诞生。

近年来以央视、湖南、浙江等省级广电为首的媒介相继开始向综合性MCN机构转型和布局,主动探索新的经营模式。以湖南娱乐频道为例,面对市场的挑战,频道在2018年正式踏入短视频领域,开始孵化MCN机构Drama TV,全力打造湖南娱乐MCN,到2019年5月,从广告拓展到电商推广,Drama TV的商业变现驶入良性发展通道;截至2019年8月底,在全网近6500家MCN机构中,Drama TV处于前20名左右,并位列广电MCN头名。而中广天择则致力于传统媒体和新媒体的融合，利用中广天择在传统广电的合作平台和自有的影视剧投资计划，签约并扶持具备独特创意和网络分享精神的原创视频达人，为他们提供视频技术、多平台运营策划和全网粉丝管理等多方位的专业支持，并通过天择的行业影响力和紧密的平台合作，为出色的原创视频作品注入精准匹配的商业内容价值，形成了“短视频开发运营+头、腰部平台推广+影视娱乐宣发+商业客户合作”等业务模式。湖南广电和中广天择案例的成功实践进一步为转型中的广电媒体和传媒机构提供可供参考的路径。

二、知识产权的培育与经营

知识产权，也称“知识所属权”，是指人们就其智力劳动成果所依法享有的专有权利，通常是国家赋予创造者对其智力成果在一定时期内享有的专有权或独占权。知识产权从本质上说是一种无形财产权，它的客体是智力成果或是知识产品，是一种无形财产或者一种没有形体的精神财富，是创造性的智力劳动所创造的劳动成果。媒介的知识产权主要涉及各种智力创造例如图文设计、文学和艺术作品、音视频等，以及在商业中使用的标识、名称、图像、著作权、情节模式等，都可被认为是某一个人或组织所拥有的知识产权。

党的十八大以来，以习近平同志为核心的党中央高度重视知识产权工作，知识产权治理取得历史性成就。党的十八届三中全会提出“加强知识产权运用和保护，健全技术创新激励机制”。国务院《关于新形势下加快知识产权强国建设的若干意见》确立了“基本实现知识产权治理体系和治理能力现代化”的改革目标。国家知识产权局重新组建，专业化的知识产权审判体系日益成熟，一系列重要改革举措落地生根。2019年4月，国家广播电视总局在发布《关于2018年度法治政府建设情况的报告》也明确提出了：“落实《国家知识产权战略纲要》要求，积极参与国家知识产权战略实施工作，推动广播电视知识产权运营体系建设，加强广播电视法治调查研究和国际交流合作。”提升了对广电知识产权创造、保护、运用、管理和服务能力。

知识产权是广播电视台产业价值链的核心，大量优质的IP业已成为广电媒体的核心竞争力。在融媒体时代的发展环境下，内容版权之于广电产业发展的核心价值地位愈加凸显，现在衡量一家广电媒体的综合实力，不再是如往常一样看其广电大楼的高低、演播厅的豪华配置等固定资产，而是看其版权资产的多少。目前,我国广电版权管理与开发正在逐步探索与健全,版权开发方式主要为节目模式交易、成品素材增值和衍生品开发三类,但开发程度及深度仍然受到历史因素的制约。当下,广电媒体关于数据管理的探索大行其道,通过对载体信息与权利信息进行融合式管理、收视信息的全面分析及版权线上交易平台的深化打造,能够有效推动版权产业化的发展。因此,在我国推动媒介的知识产权培育与经营,对广电媒体与新媒体有效融合,打破与新媒体竞争尴尬局面,实现健康可持续发展至关重要。

新形势下广电媒体对知识产权的运用,一是要以IP为起点,夯实竞争基础。以往广电媒体都是分成许多节目生产团队和制作公司,大家在各自的所属部门或单位里研发、制作,团队与团队之间缺乏沟通,公司与公司之间缺乏协调。因此,在IP打造的数量上应该向IP团队作坊式规模化生产转变。同时,通过节目模式引进、人才引进、头脑风暴、大众创新、激励机制等方式不断激发员工潜力,理顺广电经营体制机制,不断孵化出大量的优质IP产品和内容,提升在媒体中的竞争力,在传媒发展中夺得先机。二是要以IP为支点,撬动产业大局。在媒体融合的大背景下,广电系统正在摆脱以往单一的竞争模式,从线下的节目制作到线上的节目互动,从影视制作到相关衍生品开发,积极布局各类型的产业链条。但产业布局,要以IP授权为核心,做到规范有序。产业链的布局需要做好顶层设计,这可以由广电媒体相关知识产权管理部门进行统一协调,以避免交叉授权、重复授权。克服下属公司因业务权属不清,IP资源浪费等诸多问题。合理的产业链布局,也可以协调各部门一同发力,将IP资源进行合理有效的开发,进一步实现IP资源的保值和增值。同时,广电媒体在进行IP资源开发时,可以借鉴或者参照湖南广电IP资源开发的原则,做到"一个内容多个IP、一个IP多次开发、一次开发多个产品,实现一次销售多个渠道、一次投入多次产出、一次产出多次增值"。三是要以IP为亮点,加快国际化步伐。在全球经济一体化、媒体大融合的环境下,国内广电媒体走出国门参与世界竞争将是必然趋势。在这一点上广电也肩负着国家文化"走出去"的历史重任。IP作为一个企业的战略性资源和国际竞争力的核心要素,将发挥越来越重要的作用。在世界的舞台上讲好中国故事,传播中国好声音,以IP为亮点,才能加快向国际化进军的步伐。一方面以我国文化内涵和文化精神为基准积极打造原创IP,将传统的"节目引进"模式改为"节目输出"模式,加快广电媒体全球覆盖步伐,提升我国传媒的话语权;另一方面积极拓展IP交易海外市场,实现从文化"走出去"到文化"走进去",对优质的IP资源进行多媒体传播、多渠道营销和多层次开发,让外国人心甘情愿地为我们国家的文化产品和服务"买单",例如我国大火的电视剧《甄嬛传》等优质原创电视剧作品。此外,还需要注重IP人才队伍的建设,完成从配角到主角的转变,建造一支政治过硬、本领高强、求实创新的专业队伍。加强IP人才队伍建设需要抓两手,一是内部挖潜,二是外部引援。内部挖潜,则是重在加强知识产权的培训,对现有的版权管理部门员工和节目生产一线员工进行"充电",积极培养既熟悉媒体业务又懂得IP市场运作的复合型人才。外部引援,则是通过人才引进的方式,大力引进更多具有国际视野和深厚文化素养的外向型人才为其服务,扩展思维,增加视野,加大原创内容生产和制作力度。

三、探索行政管理下的媒介公共服务

行政管理作为国家对社会事务的一种管理活动,并没有一种固定不变的模式,而是伴随着社会的发展不断改进。随着我国经济发展进入新常态,我国民众对于行政管理部门监督工作的要求逐渐提高,从早期的传统媒体到自媒体,再到自媒体聚合形成"群媒体",最后自媒体与"他媒体"的融合发展,不同表达形式的媒介已经成为提高我国行政管理水平、推进社会主义民主政治建设的重要力量,也着重体现出了媒介在其中所承担的社会责任不断得以提升。

互联网技术的快速发展为媒介进一步探索行政管理下的公共服务提供了更加有力的基础支撑和条件,全国各地的传统媒介开始逐渐完善"两微一端一抖"(即微博、微信、新闻客户端、抖音)多平台参与、多渠道发布积极全面参与公共服务,这种参与方式体现了传统媒体的权威性,使得信息在传递过程中效率高、相对稳定。而"自媒体"探索行政管理下的媒介公共服务则更多的是采用信息互动的方式,一方面"自媒体"运营者可以通过"两微一端一抖"等平台多方倾听用户心声,另一方面可以去解答用户遇到的疑难杂症,与传统媒体而言"自媒体"所受的约束条款更少,信息传递更加及时,但是信息内容的真实性有待商榷和考察,容易被个人有心人士炒作或传播不实消息。这时就需要借助"群媒体",通过现代化的方式,将信息进行聚合,根据内容分类讨论,分组进行管理。

当下,行政管理面临的最新挑战就是在媒介融合环境下,如何建立起具有自身属性的"他媒体"通道,形成整合传播合力,达到既有发布的权威性,对条款原则专业性的解读,同时又具备亲和的沟通功能和更高的沟通效率。

另外还要兼顾维护这个媒介渠道的成本和人力投入。在未来,随着媒介形式的不断发展,行政管理还将遇到更多的挑战,单一的沟通方式将不复存在。构建一种恰当、复合的沟通方式,以当下的媒介发展情况为基础,形成一种双向管理、双向互动的机制,才是媒介不断参与、不断探索行政管理下的公共管理服务的最终目的。

第四节　中国媒介管理创新的现状及存在的主要问题

现阶段，我国传媒业正处于从事业向产业逐步转变的过程中。作为文化产业的核心部分，传媒业性质转换的成功与否很大程度上将决定我国文化产业未来发展的成败，而媒介管理在这个过程中将扮演重要作用。我国媒介产业的特殊属性和发展历程决定了其发展的道路将有别于其他任何国家，没有现成的经验可以借鉴。在转型过程中，我国传媒业改革除了要面对国外媒介产业发展过程中所遇到的文化与商业的矛盾之外，还将面对政治利益、公共利益与市场利益的冲突问题，政策监管和行业自律缺位的问题，媒介评估体系尚未建立健全的问题，以及社会媒介素养相对偏低的问题和内容管理缺位的问题。这些问题与我国媒介产业诞生及发展过程中所处的体制与制度环境有关，也与我国政治、经济和文化的发展现状有关，因此，在媒介管理的过程中，媒介管理部门、业界和学界必须对此予以足够的重视。

一、政治利益、公共利益与市场利益的权衡及管理主体的明确问题

在我国媒介产业化的发展过程中，政治利益、公共利益与市场利益的权衡问题及管理主体的明确问题始终是媒介管理所面临的争论焦点之一。2000年之后，中国媒介市场曾掀起一股集团化的整合热潮，但在经过几年发展之后，大多数传媒集团都未能取得预想的成效，甚至有部分集团已经不复存在。导致这种局面的因素，一方面是由于政策强制引导下的集团化，缺乏对市场规律的考量，不能有效地实现对资源的优化整合和利用，另一方面则是由于在推行集团化的过程中政治利益、公共利益和市场利益难以权衡，管理主体难以确认，导致集团管理效率低下，经营不力。

在采取“条块结合，以块为主”的广电行业，这种情况尤为明显。不少政府官员和业内人士在对广电集团化改革进行经验总结时都曾指出，地方党

委宣传主管部门、地方政府广电主管部门以及地方广电媒介之间未能有效地实现政事分离、政企分离和市场利益之间的冲突,已经成为限制我国媒介集团化和产业化发展的重要因素。这种矛盾的存在不仅对集团化过程中的资源整合造成了影响,而且也对现在的数字电视转换和整合造成影响,制约着广电行业与电信行业在市场环境下进行公平竞争的能力。有学者指出,在中国媒介体制改革过程中,确立公共服务体系、市场经营体系、政府监管体系和中介社会服务体系四个相互独立、相互关联的体系,明确主管部门、立法机构、行业协会以及媒介机构在媒介管理中的责任和功能,才是理顺媒介体制关系、促进媒介行业发展的可行道路。

二、政策监管和行业自律问题

与媒介管理主体密切相关的另一大问题,是有关各管理主体管理职能的明确。在过去计划经济体制时期,我国的媒介产业都处在党政主管部门的直接管理之下,部分主管部门除了在舆论宣传上对媒介进行监控和引导之外,还对媒介业经营的具体业务进行干涉。这种政企不分的媒介管理策略,极大地降低了媒介的管理效率,阻碍了媒介的市场化进程,更不利于媒介的产业化和集团化发展。

随着新媒介环境和世界媒介市场的形成和成熟,在媒介管理改革的过程中,为了加快中国传媒业与国际接轨的步伐,提高传媒业的国际竞争力和创新能力,必须实现事业管理和企业管理职能的分离。即在媒介管理中,政府应该更多地扮演规划、标准制定和宣传等角色,而与内容产品直接相关的公共服务行为和市场经营行为,应该由作为市场主体的媒介本身来负责。当然也有学者认为,中国传媒业一直以来都是党的宣传事业的重要组成部分,在意识形态的宣传上应该受到党和政府宣传主管部门的直接控制。尽管前一种观点目前已经获得比较广泛的认可,但在历史遗留下来的体制问题、利益分配问题尚未解决,政府尚未建立起合适的监管机制的情况之下,争论还将会继续。

除了在政府监管机制等方面存在争论外,目前我国媒介管理的行业自律体系也处于缺失状态。尽管我国也拥有多个与新闻或广播电视经营相关的行业协会,但这些协会的存在更多是为了组织经验交流和学术研究,缺乏行业监督的权威性和影响力。而在美国等传媒行业相对发达的西方传媒监管体系中,在政府相关部门制定政策法规对媒介机构进行管理之外,行业协会也会通过行业公约或行业准则，对媒介机构进行行为规范，从产业层面上对媒介管理予以补充，这是值得中国传媒业在媒介管理实践中加以借鉴的宝贵经验。

三、媒介评估与媒介素养问题

媒介评估与媒介素养是媒介管理的重要组成部分。当前中国媒介管理面临的一个重要问题就是如何构建一个可以全面评估媒介社会和经济价值的评估方法，以媒介管理提供有效的反馈机制。从传统的媒介评估操作方法来看，中国传媒业一度以管理层和专业人士的主观判断为主来进行媒介评估，这种评估方法在某种程度上会导致媒介运作与受众和市场脱离，曲高和寡，不能准确客观地反映传媒业的发展现实，因此也不能为媒介管理提供有效的参考数据和建议，不利于媒介产业的健康发展。近十几年来，伴随着以收视率调查为代表的客观评估标准的引入，媒介评估体系开始出现向市场需求倾斜的趋势，这在一定程度上推动了中国媒介产业的整体繁荣和进步。然而，由于在实践过程中，部分媒介片面强调经济利益，将以收视率为代表的市场评估指标作为评价媒介的唯一标准，在某种程度上削弱了媒介在舆论引导和文化宣传方面的作用，引致不少专业人士的质疑。在经历了长期的争论后，政府主管部门、学术界和产业界对主观评价和客观评估在媒介评估中所扮演的角色有了更清晰的认识，各界正致力于构建一个能够全面评估媒介社会和经济价值的评估体系，这对中国媒介管理体系的进一步发展和完善将产生巨大的推动作用。

与媒介评估争论直接相关的另一个问题是媒介素养问题。1933年，英国学者F.R.·利维斯和丹尼斯·汤普森在《文化和环境：培养批判的意识》中首次提出“媒介素养”的概念，提出在面对以电影为首的大众传媒所带来的流行文化时，人们应该有批判意识，应该注重维护传统价值观念和精英文化。在美国，经常被引用的媒介素养概念是1992年Aspen媒介素养教育领导协会提出的：“媒介素养是一种获得、分析、评价以及产制各种形式媒介的能力”。美国媒介素养研究中心还对媒介素养作出如下界定：媒介素养就是指人们面对媒介各种信息时的选择能力、理解能力、质疑能力、评估能力、创造和生产能力以及思辨的反应能力。20世纪下半叶，在欧洲、北美洲、大洋洲、拉丁美洲以及亚洲部分地区，应时代要求，媒介素养教育蓬勃兴起，目前，媒介素养理念在境外许多国家和地区已经被广泛接受，媒介素养教育活动方兴未艾,已形成较为全面系统的思路与体系。然而在我国,由于历史环境和教育理念等原因,通识的媒介素养教育尚处于自觉的状态,无论是理论研究还是实践活动都处于起步阶段。"媒介素养"问题在我国传媒业中的凸显,很大程度是由于以经济效益为唯一或主要判断标准的媒介评估体系的存在,导致流行文化的迅速泛滥并危及"压缩"精英文化,进而引发了一系列社会问题。尤其值得注意的是,随着互联网等新兴媒介的出现,受众获得了更多的传播能力和权利,可以在多种媒介渠道上表达自己的观点,在受众本身变为传播者的情况下,"媒介素养"问题将更加突出,也会给媒介管理带来更大的挑战。

四、媒介把关人问题

对于媒介评估和媒介素养的系列争论,很大程度上可以归结为对"媒介把关人"的争论。按照媒介的议程设置理论,媒介在信息传播的过程中扮演着"把关人"的角色,其决定着把什么样的信息,以什么样的先后和重要性顺序传递给受众。如果媒介能够全面评估自身的社会价值和经济价值,严格把关,就能正向引导受众的"媒介素养",有效发挥媒介的社会功能。但是,随着媒介市场化改革的深入,近年来,在经济利益的驱动之下,不少媒介一再放低"把关人"的标准,出现了暴力色情内容泛滥、虚假新闻层出不穷以及盗版侵权等不良行为,损害了媒介的公信力和影响力,扰乱了媒介市场的正常发展,并对社会文化环境构成危害。在媒介管理研究中,有关媒介把关行为的争论已经成为媒介管理部门、业界和学界共同关注的话题,而随着信息时代的来临,以及媒介市场全球化国际化趋势加剧,其也将成为媒介管理研究中一个更加重要的组成部分。

第一,随着数字技术的不断发展,传统媒介行业必须直面与各类新媒介和电信行业相互融合与竞争的新局面。在这种情况下,如何进行管理机制的调整以适应不同媒介和不同技术载体的运作需要,实现内容资源和渠道资源的整合成为媒介管理面临的新问题;第二,随着国内媒介机构向海外市场发展业务以及国外媒介巨鳄纷纷进驻国内市场,媒介管理还将面临如何有效协调跨区域和跨文化资源,在本土市场上维持本土文化和本土媒介的影响力,在境外市场中实现信息传播突破的挑战;第三,新媒介形态日新月异,网络文化随之蓬勃发展,并在社会文化领域产生巨大的影响力,进而影响到现实生活的受众行为,面对新传播环境所造成的巨大社会变迁,如何实现对媒介组织和信息传播的有效监管已经成为新媒介环境下媒介管理亟待解决的问题;第四,媒介产业作为文化产业和创意产业的特殊属性,决定了其相比其他行业更容易受到来自社会文化体制改革的影响。对于中国传媒业来说,不断深入的媒介改革,将不可避免地涉及传媒管理体制、法制体系、行业自律体系和媒介运营等多层次的调整,这也对媒介管理者的动态适应能力和创新能力提出了新的挑战。

小结

媒介管理是一项复杂的系统工程,不仅涉及一般现代企业管理的内涵和要求,而且还要求管理者从传媒本身所具有的社会和经济双重属性出发,协调实现传媒的社会功能和经济功能。随着当前国际传媒形势的不断变化,以及信息时代全球传媒市场一体化趋势的加强,在新媒介环境下,加强对现代媒介管理的研究和实践,建立有效而完善的媒介管理体系,对中国传媒业实现自身的发展壮大,迅速融入世界媒介市场,乃至推动整个媒介产业经济的快速发展,都具有极为特殊而重要的意义。